D0638841

Сергей Цветков

Эпизоды истории в привычках, слабостях и пороках великих и знаменитых

Сергей Цветков

Эпизоды истории в привычках, слабостях и пороках великих и знаменитых

АСТ
Астрель
Москва
ВКТ Владимир

УДК 929
ББК 63.3(0)-8
Ц25

Цветков, С.Э.

Ц25   Эпизоды истории в привычках, слабостях и пороках великих и знаменитых / Сергей Цветков. – М.: АСТ: Астрель; Владимир: ВКТ, 2011. – 445, [3] с.: илл.

ISBN 978-5-17-069913-1 (ООО «Издательство АСТ»)
ISBN 978-5-271-30606-8 (ООО «Издательство Астрель»)
ISBN 978-5-226-04348-2 (ВКТ)

Марк Аврелий, Ричард Львиное Сердце, Никколо Паганини... Эти имена рождают в воображении картины минувших эпох: Античности, Средневековья, Нового времени. В сборник исторических миниатюр вошли наиболее яркие факты биографий знаменитых правителей, злодеев, художников и философов прошлого, а также выразительные, но малоизвестные исторические эпизоды, относящиеся к разным странам и эпохам. Главная особенность автора в том, что он нащупывает детали, которые ускользнули от официальных летописцев, показывает характерные особенности великих, их привычки, слабости и пороки.

УДК 929
ББК 63.3(0)-8

ISBN 978-5-17-069913-1 (ООО «Издательство АСТ»)
ISBN 978-5-271-30606-8 (ООО «Издательство Астрель»)
ISBN 978-5-226-04348-2 (ВКТ)

Содержание:

МАРК
АВРЕЛИЙ

На свете найдется немного людей, к чьим склонностям и задаткам Лахесис[1] проявила такое же равнодушие, какое она обнаружила по отношению к судьбе Марка Аврелия. Человек, мечтавший об уединении в сельской тиши, был брошен на шумный Олимп римского престола; государь, воздвигнувший на Капитолии статую своей любимой богини — Доброты, должен был царствовать, не выпуская из рук меча; философ, презиравший свою бренную плоть и молившийся в душе Единому Богу, был вынужден разделить посмертный позор предыдущих цезарей — обожествление. Он носил императорский пурпур как власяницу, с твердостью аскета, но без его надежды сменить ее на белые шелковые одеяния в царстве небесном. Он не бросил ни одного проклятия гибнущему миру, над которым был вознесен так высоко как будто только затем, чтобы лучше видеть его разрушение; не оттолкнул ни одного человека из толпы, дергавшей края его плаща с требованием разделить ее безумства, суеверия и похоть. Лишь в часы ночных бдений ему было дано отвратить взор от золота, оружия, крови, от зрелища чужого ничтожества и людских страданий, чтобы поднять его к небу или опустить на рукопись Эпиктета.

---

[1] Лахесис — одна из трех мойр, богинь судьбы в греческой мифологии; она определяла участь человека. (Здесь и далее — Примеч. автора.)

Эпоху Антонинов (эта династия правила Римом с 96-го по 192 год) называли «счастливым временем», «золотым веком» Римской империи. «В наше время все города соперничают между собой в красоте и привлекательности, — писал ритор Элий Аристид. — Везде множество площадей, водопроводов, торжественных порталов, храмов, ремесленных мастерских и школ. Города сияют блеском и роскошью, и вся земля цветет, как сад». Но взгляд историка видит, что эти прекрасные города начинают пустеть от упадка рождаемости, эпидемий и войн. Вторжения германских орд опустошают целые провинции; через несколько лет после только одного из таких набегов варвары при заключении перемирия возвращают империи сто пятьдесят тысяч ее пленных граждан.

Римская монета с профилем Марка Аврелия

Государство не знает мира — ни внешнего, ни внутреннего. Восставшие Иудея и Британия залиты кровью, мятежные легионы бунтуют на востоке. Императоры спокойны за свою жизнь лишь до тех пор, пока солдаты помнят, как выглядят их профили на монетах. Рим забывает свои суровые добродетели. «Здесь, — говорит Лукиан устами одного из своих персонажей, — можно получать наслаждение через „все ворота“ — глазами и ушами, носом и ртом и органами сладострастия. Наслаждение течет вечным грязным потоком и размывает все улицы; в нем несутся прелюбодеяние, сребролюбие, клятвопреступление... с души, омываемой со всех сторон этим потоком, стираются стыд, добродетель и справедливость, а освобожденное ими место наполняется илом, на котором распускаются пышным цветом многочисленные грубые страсти».

Но и наслаждение теряет былую беспечность. Лица развратников искажены тревогой и страхом — они уже видят, подобно Валтасару, огненную руку, чертящую на стене роковые слова[1]. Будущее внушает им ужас, настоящее текуче и зыбко, прошлое предано или забыто. Безвольные дети усталого века, они отдали цезарям вместе с бременем власти также и право жить, думать и действовать за них. Даже слово делается личной привилегией императоров. Ритор Фронтон увещевает Марка Аврелия изучать красноречие из жалости к миру, который станет нем без его голоса: «Мир, чрез тебя наслаждавшийся даром слова, станет немым! Если кто-нибудь отрежет язык одному человеку, это будет жестокость. Какое же преступление лишить дара слова весь человеческий род?!» Перед отъездом Марка Аврелия на войну с маркоманами народ молит его не уезжать, не опубликовав своих философских откровений.

Но слово разума уже не может найти себе места в головах этих людей, жаждущих одних лишь чудес. Они готовы поверить любому шарлатану, выдающему себя за пророка или чародея. Один такой проходимец возвещает с верхушки фигового дерева на Марсовом поле близость конца света, если, упав на землю, он превратится в аиста. Затем он прыгает и выпускает спрятанную за пазухой птицу; толпа народа в ужасе разбегается, чтобы укрыться в домах от небесного пламени. Другой пророк и маг по имени Александр, выдающий себя за доверенное лицо придуманного им божества Гликона (его роль удачно выполняет змея с открывающейся пастью, искусно сделанная из тряпья), изрекает туманные предсказания,

---

[1] В Библии говорится, что последний вавилонский царь Валтасар пировал с приближенными в то время, когда персидское войско царя Кира осаждало город. Во время пира таинственная рука начертала на стене три слова: «мене, текел, упарсин»; пророк Даниил разъяснил, что они означали «исчислен, взвешен, осужден» — и предвещали близкое падение Вавилонского царства. Через несколько дней Вавилон пал.

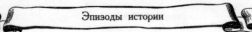
которые обеспечивают ему бешеный успех среди самых знатных римских патрициев.

Вера отцов теряет святость истины и неприкосновенность традиции. Прекрасные боги Лациума теснятся, впуская в Пантеон чудовищ восточного идолопоклонства. Ассирийская Астарта, покровительница всех зачатий, появляется на улицах Рима, влекомая жрецами, публично оскопляющими себя в ее честь; вслед за ней в храмах вечного города размещается весь египетский зверинец. Красота оставляет Рим вместе с разумом, которому вскоре предстоит склониться перед чем-то еще более непостижимым — религией распятого Бога, и освятить крест — знак величайшего преступления и позора.

Один из римских историков пишет о глубокой грусти, охватившей Марка Аврелия после его усыновления Антонином Пием[1], предназначавшим его к власти вместе с другим пасынком, Луцием Вером. Этому сообщению веришь, когда смотришь на бюсты Марка Аврелия: одухотворенное раздумьями лицо, запущенная борода, утомленные чтением глаза... Этому человеку не могло быть знакомо властолюбие.

И, однако, он, посвятивший себя познанию истины и жизни в согласии с Богом, должен был нарушить сосредоточенность своей души, допустив в нее страсти того века, к которому не принадлежал, расточить ее силы на служение обществу, которое презирал и осуждал.

---

[1] Антонин Пий (86—161) — римский император с 136 г. Своим безупречным поведением и миролюбием заслужил прозвания Благочестивый и Миролюбивый.

Его царствование напоминало те далекие времена, когда боги и титаны сходили на землю, чтобы вызволить людей из полузвериного существования, дать им законы и обучить ремеслам и искусствам. Марк Аврелий был воплощением человечности, лучшим из людей, как сказал бы Платон. Его ум обнимал все отрасли управления огромной империей, душа была свободна от порочных наклонностей предыдущих и последующих цезарей, тело не знало наслаждений и отдыха.

«К народу он обращался так, как это было принято в свободном государстве, — говорит римский историк. — Он проявлял исключительный такт во всех случаях, когда нужно было либо удержать людей от зла, либо побудить их к добру, богато наградить одних, оправдать, выказав снисходительность, других. Он делал дурных людей хорошими, а хороших — превосходными, спокойно перенося даже насмешки некоторых... Отличаясь твердостью, он в то же время был совестлив». Он был первым и единственным из цезарей, кто возвратил свободу — народу и былое значение — сенату. «Справедливее мне следовать советам стольких опытных друзей, — говорил он своим приближенным, — нежели стольким опытным друзьям повиноваться воле одного человека». Патрицианская спесь внушала ему отвращение, он признавал только аристократию добродетели и заслуг перед родиной.

Гражданское право, принципы ответственности государя перед законом и заботы государства о гражданах, полиция нравов, регистрация новорожденных — ведут свое начало от Марка Аврелия. Он желал не просто повиновения закону, но улучшения душ и смягчения нравов. Все слабое и беззащитное находилось под его покровительством. Рабство было признано юстицией нарушением естественного права, убийство раба стало преступлением, а его освобождение поощрялось государством. Сын перестал быть вещью отца, а женщина — собственностью мужчины. Государство взяло на себя попечение о больных и увечных. Применение пытки было ограничено, в уголовное право было введено положение о том, что виновность заключается в воле человека, а не в самом факте преступления.

 Марк Аврелий не вынес ни одного смертного приговора и уничтожил практику конфискаций; единственный род людей, к которому императорские указы проявляли суровость, было презренное племя доносчиков. Если он и не осмелился посягнуть на самый отвратительный обычай, оскорблявший величие Рима, — на гладиаторские бои, то, по крайней мере, решился отучить подданных от вида и вкуса крови, приказав выдавать гладиаторам тупое оружие.

Его сан требовал снисхождения к кровожадным инстинктам толпы: император был обязан присутствовать в цирке во время боев. Но он подчеркивал свое осуждение этого зрелища тем, что с презрительным равнодушием читал книгу, давал аудиенции и подписывал бумаги, не обращая внимания на бесновавшихся зрителей и насмешки над собой. Однажды толпа потребовала свободы для дрессировщика львов, после того как один из этих зверей эффектно растерзал гладиатора. Марк Аврелий, отвернув голову от арены, велел глашатаю объявить свое решение: «Этот человек не сделал ничего, достойного свободы».

 Jus summum saepe summa malitia est. – Высшее право часто есть высшее зло.

Он часто цитировал Платона: «Государства процветали бы, если бы философы были властителями или властители – философами». Словно в насмешку над этими словами, все мыслимые бедствия обрушиваются на империю. Тибр выходит из берегов, грозя затопить Рим, саранча пожирает поля, землетрясения поглощают целые города в Италии, Иллирии, Галлии. Войны следуют беспрерывно одна за другой. Парфяне разбивают римские легионы в Сирии, Малой Азии и Армении, маркоманы, квады и катты вторгаются в Рецию, Норик и Паннонию. Полководцы Марка Аврелия отбивают эти нашествия, но на смену войне приходит чума, которая продолжается еще дольше. Император организует на государственный счет похороны умерших от заразы и этим окончательно истощает казну. Маркоманы и квады вторично наводняют обезлюдевшие провинции. На этот раз они ведут за собой весь варварский мир — варистов, гермундуров, свевов, сарматов, лакрингов, языгов, буреев, виктуалов, созибов, сикоботов, роксоланов, бастернов, аланов, певкинов, костобоков.

Бой германцев с римскими лучниками. Рельеф с колонны Марка Аврелия

Ничего подобного империя еще не видела; государству приходится вооружать рабов и гладиаторов. Теперь Марк Аврелий сам встает во главе легионов. Но на войну нужны деньги, и вот на форуме Траяна два месяца идет необычный аукцион: там продаются императорские драгоценности, золотые и хрустальные бокалы, дорогие вазы и сосуды, картины, статуи и даже золоченое платье императрицы. В итоге дворец Марка Аврелия опустошается так, словно там действительно побывали варвары, но необходимые средства на войну найдены без увеличения налогов. Он уезжает из Рима больной и восемь лет сражается среди снегов и болот, в климате, убийственном для его чахоточной груди. Желудочные боли порой не позволяют разогнуться его изможденному телу, но он ест только утром и вечером и лишь то, чем питаются его солдаты. Поражения не могут поколебать твердость его духа, а победы — забыть о великодушии.

Calamitas virtutis occasio. —
Бедствие — пробный камень
доблести.

Марк Аврелий милует маркоманских вождей

Он укрощал варваров силой оружия и приручал их мирными переговорами и раздачей земель для поселения. Его собственные триумфы вызывали в нем лишь отвращение и презрение; цезарь и стоик вели в его душе войну не менее упорную и разрушительную. Когда сенат поднес ему титул «победителя сарматов», он записал в своих «Размышлениях»: «Паук гордится тем, что поймал муху; а между людей один гордится тем, что затравил зайца, другой — рыбу, те — кабанов и медведей, этот — сарматов!» Эта высокомерная ирония — упрек самому себе, напоминание о том, как низко он пал в своем триумфе.

Испытание его убеждений не ограничивалось войной. Ради государственных традиций и народных предрассудков он должен был налагать оковы на свой разум и, стыдясь себя, всенародно фиглярствовать в одеянии первосвященника во время жертвоприношений в честь множества богов официального политеизма.

Можно только догадываться, что чувствовал поклонник Единой Сущности, вынужденный на церемонии угощения богов подносить еду бронзовым и мраморным истуканам, покоящимся на ложе. Представьте Моисея, пляшущего перед золотым тельцом в окружении астрологов и магов!

Но, быть может, поразительнее всего то, что этот героизм, эти жертвы самоуничижения были напрочь лишены какого-либо идеализма. Что значил Рим для человека, который с двенадцати лет называл себя гражданином Вселенной? Какую любовь он мог питать к народу, который даже для собственного спасения не желал отдавать гладиаторов в армию и кричал на форуме: «Император хочет отнять у нас наши развлечения, чтобы заставить нас заниматься философией!»? Мог ли он не презирать людей, требовавших от него, чтобы он заплатил им за ту свободу, которую он добыл для них, харкая кровью в снегах Сарматии? Когда он возвращается в Рим после долгих походов, усмирив варваров и спасши империю, народ кричит со всех сторон, чтобы засвидетельствовать, что в столице считали

года: «Восемь, восемь!» Но в то же время из толпы ему делают знаки пальцами, что они должны получить за нерозданный в эти годы хлеб по восемь золотых монет. Марк Аврелий кивает и повторяет с улыбкой: «Да, восемь лет! Восемь динариев!» И все же это улыбка стоика, а не циника.

Денарий Марка Аврелия

Ultra posse nemo obligatur. –
Никто не обязан делать что-либо
сверх возможного.

Он не мог найти опору ни в ком, кроме самого себя. Его лучший полководец Авидий Кассий поднял мятеж в Сирии, обвинив Марка Аврелия в том, что он «занимается исследованиями об элементах, о душах, о том, что честно и справедливо, и не думает о государстве». Луций Вер, его сводный брат и соправитель, беспутничал и разорял казну. Даже собственная семья Марка Аврелия бесчестила и позорила его имя. Его жена Фаустина высматривала в гавани красивых матросов, чтобы затем отдаваться им в портовых кабаках; актеры в театре публично называли имена ее любовников и высмеивали терпение ее супруга. Коммод, его сын и наследник, уже обнаружил многие из тех качеств, которые затем сделали его имя ненавистным для римлян; отец с ужасом видел, что для блага государства должен желать смерти своего сына. Среди предательств и измен Марк Аврелий сохраняет благородную чистоту души, тщательно следя за тем, чтобы ни одно злобное или мстительное чувство не проникло в нее. Милосердие и снисходительность никогда не оставляют его. Он отнесся к предательству Кассия с великодушным спокойствием. «Марку Аврелию была доставлена связка писем, адресованных Кассием к заговорщикам, — пишет Аммиан Марцелин. — Марк Аврелий, не распечатывая, приказал тут же эти письма сжечь, чтобы не узнать имен своих врагов и не возненавидеть их непроизвольно». Когда один римлянин стал упрекать императора в снисходительности к Кассию, Марк Аврелий ответил ему: «Не так плохо мы почитали богов и не так плохо мы жили, чтобы он мог победить» — и напомнил ему старую поговорку: «Ни один государь не убил своего преемника». Своей жене, заклинавшей его из любви к собственным детям не щадить заговорщиков, он написал: «Да погибнут мои дети, если Авидий заслуживает любви больше, чем они, если жизнь Кассия для государства важнее, чем жизнь детей Марка Аврелия». Современники не сомневались, что он пощадил бы Кассия, если бы это от него зависело.

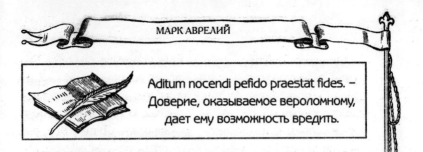

Aditum nocendi pefido praestat fides. –
Доверие, оказываемое вероломному,
дает ему возможность вредить.

Когда ему принесли голову мятежного полководца, отрубленную его же воином, император отвратил от нее свое лицо и велел похоронить голову с церемониями, подобающими любому другому гражданину. Сенату, желавшему угодить ему изгнанием семьи Кассия, он дал суровую отповедь: «Они ни в чем не виновны. Пусть живут они в безопасности, зная, что живут в царствование Марка Аврелия». По отношению к Луцию Веру он делал вид, что ничего не знает о его распущенности, так как стыдился упрекать брата. Узнав о пире, на который Вер пригласил всего двенадцать человек и который обошелся в шесть миллионов сестерциев, Марк Аврелий испустил тяжелый стон и пожалел о судьбе государства. Он наказал Вера лишь тем, что на несколько дней поселился в его дворце, полном мимов и куртизанок, и постарался личным примером приохотить его к стоической жизни.

Фаустина всегда оставалась ему дорога. Она сопровождала его во всех походах, из-за чего он называл ее «матерью лагерей». О ее безнравственности он не знал, или скорее не хотел знать. Она была дочерью Антонина Пия, и Марк Аврелий боялся, отвергнув ее, оскорбить память своего благодетеля, которого боготворил.

Он все прощал жене ради двух дочерей, «маленьких малиновок», как он любил называть их. Когда он говорил о них, его сердце переполнялось любовью. В одном письме Фронтону он пишет: «Вот опять настали летние

жары, но так как наши детки чувствуют себя хорошо, то мне кажется, что у нас весенний воздух и весенняя температура... В нашем гнездышке каждый молится за тебя как умеет». Он жил для них, для них он воевал и побеждал. Когда по окончании войны с парфянами ему был дарован триумф, он въехал в Рим на колеснице, на которой рядом с ним стояли обе его «малиновки».

Время полустерло деяния его царствования, но целиком сохранило книгу его «Размышлений» — слепок этой великой души, — словно для того, чтобы мы мерили ее не поступками цезаря, а мыслями философа. Книга эта может служить ответом на страстный призыв Эпиктета: «Пусть кто-либо из вас покажет мне душу человека, жаждущего быть единым с Богом, жаждущего не обвинять более ни Бога, ни человека, ни в чем не терпящего неудачи, не испытывающего несчастья, свободного от гнева, зависти и ревности, — того, кто (зачем скрывать мою мысль?) жаждет изменить свою человечность в божественность и кто в этом жалком своем теле поставил себе целью воссоединиться с Богом». Свою книгу Марк Аврелий писал большей частью в лагерной палатке, во время бессонниц, на дощечках, без определенного плана; первая ее часть помечена: «В стране квадов, на берегу реки Гран», вторая: «У Корнунта»[1].

«Размышления» имеют подзаголовок: «Наедине с собой». Действительно, еще никогда человек не беседовал со своей совестью более интимно, не смотрел более пристально в лицо своему одиночеству. В этой книге чувствуется сосредоточенность души, вопрошающей о себе ночное безмолвие Вселенной. Мысли следуют одна за другой, как удары сердца, как вдох и выдох, вовлекая в свой кру-

---

[1] Река Гран — левый приток Дуная. Карнунт — город и стоянка римских легионов в Паннонии на правом берегу Дуная около нынешнего Пстронсля (Австрия).

говорот вещи и страсти, жизнь и смерть, природу и Бога. Истина здесь почти лишена мифологических и религиозных одеяний, ее обнаженное величие схоже с суровым величием храма, лишенного барельефов и орнаментов.

 Бог для Марка Аврелия неотделим от мира, чья вечность — «как бы река из становлений, их властный поток. Только показалось нечто и уже пронеслось...». Бог-мир — живое существо, вечно обновляющее себя согласно им самим установленным законам.

Его текучая изменчивость запечатлена и в человеческом уделе: «Время человеческой жизни — миг; ее сущность — вечное течение; ощущение — смутно; строение всего тела — бренно; душа — неустойчива; судьба — загадочна; слава — недостоверна. Одним словом, все, относящееся к телу, — подобно потоку, относящемуся к душе, — подобно сновидению и дыму. Жизнь — борьба и странствие по чужбине; посмертная слава — забвение». Поток становлений вовлекает в себя человека, с каждым мгновением подвигая его к неизбежному концу. Желание наслаждений и счастья в мире, где нет ничего постоянного, сродни безумию: «Это то же самое, как если бы ты влюблялся в пролетающих птиц».

Волны небытия накатываются на человека из прошлого и будущего, грозя захлестнуть с головой; настоящее, та единственная щепка, на которой он пытается устоять, предательски ускользает из-под ног: это дар, которым невозможно воспользоваться. Ни младенец, ни юноша, ни старик не имеют никаких преимуществ друг перед другом. «Да живи ты хоть три тысячи лет, хоть тридцать тысяч, только помни, что человек никакой другой жизни не теряет, кроме той, которой жив; и не живет он лишь той, которую теряет. Вот и выходит одно на од-

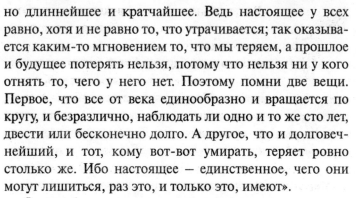

но длиннейшее и кратчайшее. Ведь настоящее у всех равно, хотя и не равно то, что утрачивается; так оказывается каким-то мгновением то, что мы теряем, а прошлое и будущее потерять нельзя, потому что нельзя ни у кого отнять то, чего у него нет. Поэтому помни две вещи. Первое, что все от века единообразно и вращается по кругу, и безразлично, наблюдать ли одно и то же сто лет, двести или бесконечно долго. А другое, что и долговечнейший, и тот, кому вот-вот умирать, теряет ровно столько же. Ибо настоящее — единственное, чего они могут лишиться, раз это, и только это, имеют».

Философ оглядывает мысленным взором ушедшие поколения людей, всю историю человечества и говорит себе: «Созерцай с возвышенного места эти бесчисленные толпы, эти тысячи религиозных церемоний, эти плавания сквозь штиль и бурю, это разнообразие существ рождающихся, живущих вместе, уходящих... Вер умирает раньше Луциллы, Луцилла потом; Максим раньше Секунды, потом Секунда; Диотима раньше Эпитинхана, потом Эпитинхан; Фаустина раньше Антонина, потом Антонин; и так во всем... И все эти люди с умом таким проницательным и те, опьяненные гордостью, где они? Где Харакс, Деметрий, Эвдемон и все, кто походил на них? Призрачные, давно умершие существа. Некоторые на одно даже мгновение не оставили своего имени; другие перешли в ряды преданий, третьи исчезли даже из самих преданий». Величайший из царей и его раб получают одно: «Александр Македонский и его погонщик мулов разложились после смерти при тех же самых условиях, или они оба вернулись в ту же творящую сущность мира, или один так же, как и другой, рассеялись в атомах...». Все, чем люди тешат себя при жизни, в чем они полагают цель и смысл своего существования, оказывается безумным фарсом.

«Все, что мы так ценим в жизни, — пустота, гниение, ничтожество... Тщета всякого великолепия, театральные зрелища, стада мелкого и крупного скота, битвы гладиаторов — все это не больше, чем кость, брошенная собакам, кусок хлеба, раскрошенный рабам. Это изнеможение муравья, тащущего свою ношу, бегство испуганных мышей, кривляние кукол, которых дергают за веревочку!»

Ужаснувшись зрелищу, которое открылось его глазам, он восклицает: «Смрад и тлен на дне всего!»

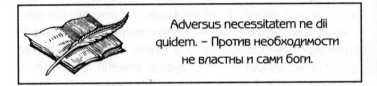

Adversus necessitatem ne dii quidem. – Против необходимости не властны и сами боги.

Чтобы сжиться с этой мыслью, он советует себе видеть во всех вещах их тленную суть, мысленно препарировать их: «Как представлять себе насчет подливы и другой пищи такого рода, что это — рыбий труп, а то — труп птицы или свиньи; а что фалернское, опять же, виноградная жижа, а тога с пурпурной каймой — овечьи волосья, вымазанные в крови ракушек; при совокуплении — трение внутренностей и выделение слизи с каким-то содроганием, — так надо делать и в отношении жизни в целом, и там, где вещи представляются такими уж преубедительными, обнажать и разглядывать их невзрачность и устранять предания, в которые они рядятся. Ибо страшно это нелепое ослепление...».

Марк Аврелий склоняется перед божеством, которое непостижимым образом заставляет нас чувствовать красоту мира, исполненного зла, скорби, страдания, несправедливости и смерти. Он постигает, что все это лишь необходимые диссонансы единой симфонии, гармония которой ускользает от нашего понимания. В творчестве Бога даже прах обретает величие, ибо служит вящей его славе. «Даже пасть льва и смертельные отравы, все, что может вредить, как шипы и грязь; являются лишь сопутствием благородных и прекрасных явлений. Не воображай же, что в них может быть нечто постороннее тому Существу, которое ты почитаешь. Размышляй об истинном истоке всех вещей!» В необходимости череды рождений и исчезновений Марк Аврелий видит милосердие Бога, определившего каждой вещи свои сроки, как бы ни казались они малы в сравнении с бесконечностью Его существования; он покоряется Его законам, растворяя в вечном потоке каплю своего бытия. «Все мне пригодно, мир, что угодно тебе; ничто мне не рано и не поздно, что вовремя тебе; все мне плод, что приносят твои, природа, сроки. Сказал поэт: "Милый Кекропов град"[1], ты ли не скажешь: "О, милый Зевеса град"»?[2] Благословляя и славословя мир, он ожидает смерть «в кротости разумения», ибо она приходит не поздно и не рано, а также в свой срок, чтобы, собрав свою жатву, освободить поле для нового посева: «Есть много зерен ладана, предназначенных для одного алтаря; одно падает в огонь раньше, другое позже, но разницы нет... Следует покидать жизнь со смирением, как падает созрелая оливка, благословляя землю, свою кормилицу, и принося благодарность дереву, которое ее взрастило».

Марк Аврелий разделяет стоическую доктрину, согласно которой душа умирает вместе с телом, разлагаясь

---

[1] Стих принадлежит Аристофану. Кекропов град — Афины, называемые так по имени их основателя и первого царя Кекропа.

[2] То есть мир, вселенная. Сравнение мира с городом часто встречается у писателей-стоиков.

на первоэлементы. Лишь однажды то, что кажется ему истиной, исторгает у него вздох благородного сожаления: «Как случилось, что Бог, который так хорошо и с такой добротой к людям распределил все вещи, забыл только об одном: почему истинно добродетельные люди, которые в течение всей жизни были в известных сношениях с Божеством, которые были любимы им за свое благочестие, не воскресают после смерти, а погасают навсегда!» Но он тут же одергивает себя: «Ты видишь хорошо, что делать подобные изыскания — это значит спорить с Богом о его правах... Либо ты живешь здесь — и уже привык, либо уходишь отсюда и этого захотел, либо умираешь и уже отслужил. Кроме этого — ничего. Будь же весел».

Felix, qui potuit rerum cognoscere causas. – Счастлив тот, кто мог познать причины вещей.

Он убежден, что совесть — тот живой гений, который дает душе ощущение сопричастности с божественным; она — лепесток священного огня, который человек, пока он жив, должен всеми силами хранить неугасимым. Властелин мира заклинает себя: «Гляди, не оцезарей, не пропитайся порфирой — бывает такое. Береги себя простым, достойным, неиспорченным, строгим, прямым, другом справедливости, благочестивым, доброжелательным, приветливым, крепким на всякое подобающее дело. Вступай в борьбу, чтобы оставаться таким, каким захотело тебя сделать принятое тобой учение. Чти богов, людей храни. Жизнь коротка; один плод земного существования — праведный душевный склад и дела на общую пользу... Пусть Божество в тебе будет руководителем существа мужественного, зрелого, преданного интересам государства, римлянина; облеченного властью, чувствующего себя на посту, подобного человеку, который, не нуждаясь ни в клятве, ни в поручителях, с легким сердцем ждет зова оставить жизнь... Нежно люби человеческий род и повинуйся Богу... Нужно жить с ним!»

Удивительно это бескорыстное стремление служить Божеству — в себе и себе — в человечестве. Тем неожиданнее звучит резкий окрик: «Покройся бесчестием, о моя душа! Да, покройся бесчестием! Потому что до сих пор ты еще полагаешь свое счастие в душах других людей». Нам никогда не узнать, каким разочарованием вызваны эти слова. Мы можем видеть кровоточащие раны и затянувшиеся рубцы этой души, но не оружие, которым их нанесли. Какое преступление или низость вызвали у него эту жалобу: «Они не перестанут делать то, что делают, хоть ты умри!» Что — донос, клевета или лесть заставили его негодующе воскликнуть: «Так вот те мысли, которые руководят ими! Вот предмет их вожделений! Вот почему они нас любят и почитают! Приучайся созерцать их души обнаженными. Они воображают, что могут вредить своим злословием и служить своими похвалами. Суета!»

Порой одиночество приводит его в отчаяние, и он призывает смерть: «Ты видишь теперь, как ужасно жить с людьми, чувств которых ты не разделяешь. Приходи скорее, о Смерть! Потому что я боюсь, что в конце концов забуду самого себя». Есть минуты, когда он готов подставить грудь под кинжалы наемных убийц: «Пусть увидят, узнают люди, что такое истинный человек, живущий по природе. А не терпят, пусть убьют — все лучше, чем жить так». Но отчаяние проходит, и он с тихим безразличием всматривается в сумерки своей жизни: «Не блуждай больше; не будешь ты читать свои заметки, деяния римлян и эллинов, выписки из писателей, которых ты откладывал себе на старость. Так поспешай же к своему назначению и, оставив пустые надежды, самому себе — если есть тебе дело до самого себя — помогай, как можешь... Недалеко забвение: у тебя — обо всем и у всего — о тебе».

Смерть Марка Аврелия не прибавила ничего к тому, о чем бы ранее не сказала его жизнь. Чума, распространившаяся в римском лагере во время третьей войны с варварами, не миновала и его. «Едва пораженный болезнью, — говорит Капитолин, — он стал воздерживаться от пищи и питья с намерением умереть». За два дня до своей смерти он сказал друзьям, что огорчен совсем не тем, что умирает, а тем, что оставляет после себя такого сына. Коммод, словно спеша оправдать эти слова, при последнем свидании сказал ему, что он, живой, понемногу сможет сделать многое, а мертвый Марк Аврелий — ничего.**

Друзья спешили оставить его, чтобы не навлечь на себя гнев наследника. Он проводил их без жалоб: «Если вы уже покидаете меня, то прощайте, я иду впереди вас». Одно место в его «Размышлениях» говорит о том, что он предвидел эту последнюю измену. «Разве во время твоих последних минут, — говорится там, — не будет таких, которые скажут сами себе: наконец-то мы сможем вздохнуть, освободившись от этого педанта; конечно, он не делал зла никому из нас, но мы замечали, что втайне он нас осуждал. Да, размысли в самом себе: я ухожу из жизни, где те, что делили ее со мной, для которых я столько работал, столько приносил обетов, отдавался стольким заботам, те самые пожелают, чтобы я исчез, и будут надеяться, что это принесет им некоторое благо». Только однажды горечь, скопившаяся в нем, прорвалась наружу. Когда военный трибун пришел спросить у него последних распоряжений, он отослал его к Коммоду: «Ступай к восходящему солнцу, для меня настал час заката».

Сенека сказал, что жизнь не бывает незавершенной, если прожита честно. Книга Марка Аврелия осталась недописанной, но слова, которыми она обрывается, придают ей совершенство законченности: «Человек! Ты был гражданином этого великого града. Что же тут страшного, если тебя высылает из города не деспот, не судья неправедный, но введшая тебя в него природа? Словно комедианта отзывает занявшийся им претор. "Но я же сыграл не все пять актов, три только". Превосходно, значит, в твоей жизни всего три действия. Потому что свершения определяет тот, кто прежде был причиной соединения, а теперь распадения, и не в тебе причина как одного, так и другого. Так уходи же кротко, ведь и тот, кто тебя отзывает, кроток». Не эти ли слова он шептал, когда на седьмой день болезни, завернувшись в плащ, как бы для того, чтобы заснуть, тихо испустил дух?

Quidquid agis, prudenter agas et respice finem. – Что ни делаешь, делай разумно и предвидя конец.

Люди и время не прекратили своего глумления над ним и после его смерти. Память благочестивейшего и терпимейшего из цезарей сенат почтил тем, что провозгласил его «Благосклонным Богом» и объявил, что каждый человек, не имевший у себя его изображения, будет считаться святотатцем. Коммод в первые же годы своего правления истребил все его начинания, последующие императоры уже не возвращались к ним. Тот, кто жил

открыто, ибо ему нечего было сты-
диться, получил историческое бессмертие инкогнито. Христианский
мир долгое время чтил Марка Аврелия под чужим именем. Его памятник уцелел в Средние века только
потому, что считался изображением
императора Константина Великого.

*Триумфальная арка
Марка Аврелия в
Триполи*

Он и сегодня стоит на Капито-
лийском холме в Риме. Царственный всадник с вытяну-
той рукой шлет прощение и благословение вечно измен-
чивому потоку, кипящему под ногами его коня, — тому
миру, в котором он как никто другой мог сказать: «Omnia
fui nihil prodest»[7].

Si vera narretis, non opus sit testibus. –
Если говорите правду, свидетели
не нужны.

---

[1] Я был всем, и все ни к чему (*лат.*).

БЕНВЕНУТО
ЧЕЛЛИНИ

В своем всемирно известном жизнеописании «Жизнь Бенвенуто Челлини, сына маэстро Джованни Челлини, флорентийца, написанная им самим во Флоренции» автор рассказывает, что однажды, когда ему было пять лет, его отец, сидя у очага с виолой, увидел маленького зверька вроде ящерицы, резвящегося в пламени. Он подозвал Бенвенуто и дал ему затрещину, от которой малыш заревел. Отец быстро осушил его

Саламандра, которую Челлини увидел в пламени камина, предзнаменовала будущему мастеру покровительство короля Франциска I, чьим геральдическим знаком она являлась

слезы ласками и сказал: «Сынок мой дорогой, я тебя бью не потому, что ты сделал что-нибудь дурное, а только для того, чтобы ты запомнил, что эта вот ящерица, которую ты видишь в огне, это — саламандра, каковую еще никто не видел из тех, о ком доподлинно известно».

Читая эту книгу, написанную рукой старца, дрожащей не от слабости, но от заново переживаемого гнева или восторга, видишь пламень, пожирающий самого Челлини.

Ярость буквально душит его. От первой до последней страницы он неистовствует, бесится, бранится, громит, обвиняет, рычит, угрожает, мечется — работа, потасовки и убийства лишь ненадолго выпускают из него пар. Ни одна обида, как бы незначительна она ни была, не остается неотомщенной, и о каждом возмездии рассказано простодушно и чистосердечно, без капли сожаления и раскаяния. Удивляться тут нечему – это Италия Борджиа и кондотьеров.

Тигр не терпит, когда его дергают за усы. Челлини, этот бандит с руками демиурга, пускает в ход кинжал не реже, чем резец. Помпео, золотых дел мастер папского двора, с которым у Челлини были счеты, убит им в Риме прямо на улице. «Я взялся за маленький колючий кинжальчик, — повествует Челлини, — и, разорвав цепь его молодцов, обхватил его за грудь с такой быстротой и спокойствием духа, что никто из сказанных не успел заступиться».

Убийство не входило в его намерения, поясняет Челлини, «но, как говорится, бьешь не по уговору». Какого-то солдата, убийцу своего брата, он выслеживает «как любовницу», пока не закалывает его у дверей кабака ударом стилета в шею. Почтового смотрителя, который не вернул ему после ночлега стремена, он убивает из аркебузы. Работнику, ушедшему от него в разгар работы, он «решил в душе отрезать руку». Один трактирщик возле Феррары, у которого он остановился, потребовал уплаты за ночлег вперед. Это лишает Челлини сна: он проводит ночь, обдумывая планы мщения. «То мне приходила мысль поджечь ему дом; то зарезать ему четырех добрых коней, которые у него стояли в конюшне». Наконец «я взял ножик, который был как бритва; и

Бенвенуто Челлини в молодости

четыре постели, которые
там были, я все их ему ис-
крошил этим ножом».
Свою любовницу-натур-
щицу, изменившую ему с
одним из его подмастерь-
ев, он заставлял часами
позировать в самых не-
удобных позах. Когда де-
вушка потеряла терпение,
Челлини, «отдавшись в

Натурщица для «Нимфы Фонтенбло» не раз становилась жертвой крутого нрава великого мастера

добычу гневу... схватил ее за волосы и таскал ее по комнате, колотя ее ногами и кулаками, пока не устал». На
следующий день она снова ласкается к нему; Челлини
размякает, но как только его снова «разбередили» —
опять беспощадно колотит ее. Эти сцены повторяются
несколько дней, «как из-под чекана». Кстати сказать,
это та самая натурщица, которая послужила ему моде-
лью для безмятежной «Нимфы Фонтенбло».

Non avessimo bisogno delle donne,
saremmo tutti signori. – Не нуждайся
мы в женщинах, мы все были бы
господами.

Здесь я должен напомнить читателю то, что говорится в великолепном предисловии Проспера Мериме к
«Хронике царствования Карла IX». «В 1500 году, — пишет
Мериме, — убийство и отравление не внушали такого
ужаса, как в наши дни. Дворянин предательски убивал
своего недруга, ходатайствовал о помиловании и, испро-
сив его, снова появлялся в обществе, причем никто и не
думал от него отворачиваться. В иных случаях, если
убийство совершалось из чувства правой мести, то об

убийце говорили, как говорят теперь о порядочном человеке, убившем на дуэли подлеца, который нанес ему кровное оскорбление».

Да, Челлини был убийцей, как и половина добрых католиков того времени[1]. Конечно, иной раз и он мог бы, вытирая свой «колючий кинжальчик», сказать вместе с пушкинским Дон Гуаном: «Что делать? Он сам того хотел»; конечно, и ему можно было бы возразить вместе с Лаурой: «Досадно, право. Вечные проказы — а все не виноват». Совесть даровала ему «легкий сон», а жизнь выработала у него привычку широко огибать углы домов — предосторожность, не лишняя в тот век даже для человека, который не знал, «какого цвета бывает страх». Участие Челлини в обороне Флоренции от войск Карла Бурбона и головокружительный побег из папской тюрьмы имеют тот же духовный источник, что и его беззакония. Думаю, слово «мужество» будет здесь уместно.

Там, где нет возможности или повода выяснить отношения при помощи ножа или шпаги, Челлини обрушивает на врагов всю силу своей гомерической брани. Его ругань льется какой-то кипящей лавой, противник оказывается совершенно раздавлен глыбами его проклятий.

Так и кажется, что слышишь, как он поносит скульптора Бандинелли, который в присутствии герцога Козимо Медичи осмелился хвалить своего «Геркулеса» в

---

[1] Стендаль в одном из писем (24 февраля 1801 г.) приводит такую статистику итальянских нравов, относящуюся к более цивилизованным временам: в Брешии, пишет он, на 30 тысяч жителей ежедневно случается 60—80 убийств, Париж с его 800—900 тысячами горожан дает могильщикам в два раза меньше работы.

ущерб искусству Челлини. «Государь мой, — начинает свою оправдательную речь Челлини, — вашей высокой светлости да будет известно, что Баччо Бандинелли состоит весь из скверны, и таким он был всегда; поэтому, на что бы он ни взглянул, тотчас же в его противных глазах, хотя бы вещь была в превосходной степени сплошным благом, тотчас же она превращается в наихудшую скверну». И затем он обрушивается на «Геркулеса» с гневом Аполлона, сдирающего кожу с Марсия: «Говорят, что если обстричь волосы Геркулесу, то у него не останется башки, достаточной для того, чтобы упрятать в нее мозг; и что это его лицо, неизвестно, человека оно или быкольва, и что оно не смотрит на то, что делает, и что оно плохо прилажено к шее, так неискусно и так неуклюже, что никогда не бывало видано хуже; и что эти его плечища похожи на две луки ослиного вьючного седла; и что его груди и остальные эти мышцы вылеплены не с человека, а вылеплены с мешка, набитого дынями, который поставлен стоймя, прислоненный к стенке. Также и спина кажется вылепленной с мешка, набитого длинными тыквами; ноги неизвестно каким образом прилажены к этому туловищу; потому что неизвестно, на которую ногу он опирается или которою он сколько-нибудь выражает силу; не видно также, чтобы он опирался на обе, как принято иной раз делать у тех мастеров, которые что-то умеют. Ясно видно, что она падает вперед больше, чем на треть локтя; а уже это одно — величайшая и самая нестерпимая ошибка, которую делают все эти дюжинные мастеровые пошляки. Про руки говорят, что обе они свисают без всякой красоты, и в них не видно искусства, словно вы никогда не видели голых живых, и что у правых ног Геркулеса и Кака[1] двух

---

[1] Как, или Какус, — великан-разбойник. Похитил у Геркулеса часть стада и был им убит за это.

икр не хватит на одну ногу; что если один из них отстранится от другого, то не только один из них, но и оба они останутся без икр в той части, где они соприкасаются; и говорят, что одна нога у Геркулеса ушла в землю, а что под другою у него словно огонь».

После всего этого странно читать, как Челлини называет себя меланхоликом.

Беззастенчивая похвальба и горделивое сознание своего достоинства в равной мере присущи ему, и порой невозможно отличить, где кончается одно и начинается другое. На замечание одного дворянина, что так роскошно, как Челлини, путешествуют только сыновья герцогов, он ответил, что так путешествуют сыновья его искусства. В уста папы Климента VII он вкладывает такие слова о себе: «Больше стоят сапоги Бенвенуто, чем глаза всех этих тупиц». Какому-то заносчивому собеседнику он сказал: «Такие, как я, достойны беседовать с папами, и с императорами, и с великими королями, и что таких, как я, ходит, может быть, один на свете, а таких, как он, ходит по десять в каждую дверь». Он приписывает себе убийство Карла Бурбона и Вильгельма Оранского в дни осады Рима и отражение атаки французов на Ватикан. А о своей жизни до пятнадцатилетнего возраста он говорит: «Если бы я захотел описывать великие дела, которые со мной случались вплоть до этого возраста и к великой опасности для собственной жизни, я бы изумил того, кто бы это читал». Челлини никогда не унижается до того, чтобы назначать плату за свои произведения. Он чувствует себя королем своего искусства, а иногда — святым. В тюрьме ему являются ангелы и Христос с лицом «не строгим и не веселым» (это лицо мы видим на его «Распятии»). С подкупающими подробностями он говорит — и это не самое удивительное место в книге — о появившемся у него нимбе. Это сияние, поясняет Челлини, «очевидно всякого рода человеку, которому я хотел его показать, каковых было весьма немного. Это видно на моей тени утром при восходе солнца вплоть до двух часов по солнцу, и много лучше видно, когда на травке бывает этакая влажная роса; также видно и вечером при закате солнца. Я это заметил во Франции, в Париже, потому что воздух в тамошних местах настолько более чист от туманов, что там оно виделось выраженным много лучше, нежели в Италии, потому что туманы здесь много более часты; но не бывает, чтобы я во всяком случае его не видел; и я могу показывать его другим, но не так хорошо, как в этих сказанных местах».

Far tacere un vecchio и cosa difficile. Far poi tacere un vecchio autore и cosa impossibile. – Заставить замолчать старика трудно. Но заставить замолчать старого писателя невозможно.

Однако он не прочь заглянуть и в мир демонов, для чего участвует вместе со своим учеником в опытах какого-то священника-некроманта. Когда появившиеся легионы демонов испугали ученика, Челлини приободрил его: «Эти твари все ниже нас, и то, что ты видишь, — только дым и тень; так что подыми глаза».

Челлини не опускал глаза и перед папами, грозными пастырями, железным жезлом пасшими свои стада. Удивительные люди были эти Юлии, Клименты, Павлы! Искусство было их второй религией (первой была политика), славу христианства они видели в том, чтобы распятия в церквах были изваяны так же хорошо, как античные боги. Они чтили художественный гений как Божью благодать, ниспосланную в мир, и боялись оскорбить ее своей необузданностью. Микеланджело для Юлия II имел ценность собственности римского престола, попытка сманить скульптора грозила анафемой. Когда Микеланджело бежал от его суровости во Флоренцию, Юлий писал громовые послания флорентийской сеньории, обвиняя ее в воровстве и требуя выдать творца Сикстинской капеллы. Ему пришлось самому ехать за ним в Болонью. При новой встрече папа не смог удержать свой гнев: «Итак, вместо того чтобы приехать к нам в Рим, ты ждал, что мы приедем искать тебя в Болонью!» Один из кардиналов неуклюже попытался смягчить Юлия, сказав: «Пусть ваше святейшество на него не гневается, ведь люди этого рода невежды, которые не понимают ничего, помимо своего ремесла». Разъяренный папа ударил посохом глупого попа: «Сам ты невежда, раз оскорбляешь того, кого мы сами, мы не хотим оскорбить!»

Dio и uno scandalo, ma uno scandalo che rende bene. – Бог это скандал, но скандал выгодный.

У Челлини бывали с папами не менее выразительные сцены. Климент VII называл его Benvenuto mio[1] и прощал ему любые выходки. Челлини затягивал и менял сроки работы, откладывал папские заказы ради своих замыслов, не отдавал выполненных работ и гнал к черту папских гонцов. Папа скрежетал зубами и вызывал его в Ватикан. Их ссоры были ужасны и в то же время комичны. Вот Челлини является с гордо поднятой головой. Климент

[1] Мой Бенвенуто, однако в буквальном смысле это значит «мой желанный».

яростно смотрит на него «этаким свиным глазом» и обрушивает на строптивого художника гром небесный: «Как Бог свят, объявляю тебе, взявшему себе привычку не считаться ни с кем в мире, что если бы не уважение к человеческому достоинству, то я велел бы вышвырнуть тебя в окно вместе со всей твоей работой!» Челлини отвечает ему в тон, кардиналы бледнеют, шепчутся и беспокойно переглядываются. Но вот из-под плаща мастера появляется готовая вещь, и лицо папы расплывается в отеческой улыбке: «Мой Бенвенуто!» Однажды Челлини ушел от него взбешенный, так как не получил просимой синекуры. Климент, знавший его свободолюбивый нрав и боявшийся, что мастер покинет его, в растерянности воскликнул: «Этот дьявол Бенвенуто не выносит никаких замечаний! Я был готов дать ему это место, но нельзя же быть таким гордым с папой! Теперь я не знаю, что мне и делать».

Челлини мог наполнить Рим убийствами и бесчинствами, но стоило ему показать папе перстень, вазу или камею, как милость тотчас бывала ему возвращена. Полурельеф Бога Отца на большом бриллианте спас ему жизнь после сведения счетов с убийцей брата; убив Помпео, он попросил помилования у Павла III, грозя в противном случае уехать к герцогу флорентийскому, — прощение тут же было даровано ему.

Недовольным его решением папа объявил: «Знайте, что такие люди, как Бенвенуто, единственные в своем художестве, не могут быть подчинены закону». Искусство Челлини принесло последнее утешение умирающему Клименту VII. Заказав ему медали, папа вскоре заболел и, боясь, что не увидит их, приказал принести их к своему смертному одру. И вот, умирающий старик приказывает зажечь вокруг себя свечи, приподнимается на подушках, надевает очки — и ничего не видит: смертельный мрак уже застилает ему глаза. Тогда своими негнущимися пальцами он гладит эти медали, стараясь ощупью насладиться прекрасными рельефами; потом он с глубоким вздохом откидывается на подушки и благословляет своего Бенвенуто.

Bisogna veramente che l'uomo muoia, perchй altri possa appurare, ed ei stesso, il di lui giusto valore. – Нужно, чтобы человек умер, чтобы другие, да и он сам, увидели его подлинную ценность.

Челлини пользовался покровительством и дружбой Франциска I, северного варвара из еще убогого тогда Парижа. Король не уставал ходатайствовать перед папой об освобождении Челлини из тюрьмы и приютил его у себя после побега. Трудно указать другой пример, когда бы монарх был столь искренен в своем восхищении искусством. Как некогда крестоносцы изумлялись чудесам Востока, он радуется всему, что Челлини, словно чародей, достает перед ним из своего рукава. Щедроты, которыми он осыпал флорентийца, изумили даже самого Челлини, знавшего себе цену. Франциск дает ему деньги, не дожидаясь выполнения работ. («Хочу придать ему бодрости», — поясняет король.) «Я утоплю тебя в золоте», — говорит он ему однажды. Вместо мастер-

Франциск I восхищался работами Челлини и осыпал его дорогими подарками. Портрет работы Леонардо да Винчи

ской он дарит Челлини замок Маленький Нель и выдает грамоту на гражданство. Но Челлини для него не подданный, король предпочитает звать его «мой друг». «Вот человек, которого должен любить и почитать всякий!» — не устает восклицать Франциск.

Знаменитая солонка «Салиера», выполненная Челлини для Франциска I

Этот король, проведший жизнь в эпических войнах с громадной империей Карла V, умел испытывать сладостное забвение, разглядывая какую-нибудь маленькую безделушку вроде изготовленной Челлини солонки с аллегорическими фигурами Земли и Воды с переплетенными ногами. Однажды кардинал Феррарский повел короля, озабоченного возобновлением войны с императором, взглянуть на модель двери и фонтана для дворца Фонтенбло, законченные Челлини. Первая изображала нимфу в кругу сатиров, сладострастно изогнувшуюся и обвившую левой рукой шею оленя; вторая — нагую фигуру со сломанным копьем. Развеселившийся Франциск мигом забыл все свои горести. «Поистине, я нашел человека себе по сердцу! — воскликнул он и добавил, ударив Бенвенуто по плечу: — Мой друг, я не знаю, кто счастливее: государь ли, который находит человека по сердцу, или художник, встретивший государя, умеющего его понять». Челлини почтительно сказал, что его удача, безусловно, гораздо больше. «Скажем, что они одинаковы», — смеясь, ответил король.

Но не было никого, кто бы относился к искусству более благоговейно, чем сам Челлини. Его тело могло вытворять что угодно, преступая все законы, божеские и человеческие, и все же, когда утро заставало его в мастерской, изнуренного безжалостной лихорадкой вдохновения, он должен был чувствовать себя Адамом, совлекшим ветхую плоть. Я не хочу сказать, что это что-нибудь оправдывает. Искусство — к чему заблуждаться на этот счет? — не выписывает индульгенций, и красота не спасет мир (разве что кого-нибудь из нас?). Достаточно того, что желчь и кровь, которыми пропитаны страницы его жизнеописания, испаряются там, где Челлини говорит о своих произведениях. Конечно, и здесь его корчит от ярости, лишь только речь заходит о первенстве в искусстве ваяния (надо отдать ему должное: он не унижается до спора с соперниками, он просто отрицает их талант — полностью и безоговорочно). Но, как сказал Честертон, в человеке, который не скрывает своего честолюбия, всегда есть некая толика смирения. Челлини знал это смирение, когда говорил о равных себе. «От Микеланджело Буонаротти, а никак не от других, я научился всему тому, что знаю», — признается он в одном месте. Неизменным остается его уважение к Донателло и Леонардо да Винчи; он одобряет учеников Рафаэля, которые хотели убить Россо за то, что тот унижал их учителя.

Il giudicio uman come spesso erra! — Как часто ошибается человеческое суждение!

Красота, в чем бы она ни заключалась, тотчас переполняет его восторгом. Человеческий костяк, символ Смерти для большинства его современников, исторгает у Челлини в «Речи об основах рисунка» настоящий гимн великолепию изящества его форм и сочленений.

Брошь «Леда и лебедь» работы Челлини

«Ты заставишь своего ученика, — поучает он воображаемого собеседника, — срисовывать эти великолепные тазовые кости, которые имеют форму бассейна и так удивительно смыкаются с костью лядвии. Когда ты нарисуешь и хорошо закрепишь эти кости в твоей памяти, ты начнешь рисовать ту, которая помещается между двух бедер; она прекрасна и называется sacrum... Затем ты будешь изучать изумительный спинной хребет, который называют позвоночным столбом. Он опирается на крестец и составлен из двадцати четырех костей, называемых позвонками... Тебе доставит удовольствие рисовать эти кости, ибо они великолепны. Череп должен быть нарисован во всевозможных положениях для того, чтобы навсегда закрепить его в памяти. Потому что, будь уверен, что художник, который не держит в памяти четко закрепленными всех черепных костей, никогда не сможет нарисовать мало-мальски грациозную голову... Я хочу также, чтобы ты удержал в голове все размеры человеческого костяка для того, чтобы затем более уверенно одевать его плотью, нервами и мускулами, божественная природа которых служит соединением и связью этой несравненной машины». Говоря о своем «Юпитере», он упоминает наряду с другими членами совершенство «прекрасных детородных частей».

Настоящим драматизмом насыщена сцена отливки «Персея» — главного произведения Челлини, от которого его долгие годы отвлекали заказы государей и вельмож и жизненные обстоятельства. Здесь вдохновение неотделимо от ремесла, творческое дерзание — от робости перед величием замысла. Челлини тщательно записывает все подробности своего титанического труда, словно маг, старающийся заклинаниями вызвать из огня чудесное видение. «Я начал с того, что раздобылся несколькими кучами сосновых бревен... и пока я их поджидал, я одевал моего Персея теми самыми глинами, которые я заготовил за несколько месяцев до того, чтобы они дошли как следует. И когда я сделал его глиняный кожух... и отлично укрепил его и опоясал с великим тщанием железами, я начал на медленном огне извлекать оттуда воск, каковой выходил через множество душников, которые я сделал; потому что чем больше их сделать, тем лучше наполняются формы. И когда я кончил выводить воск, я сделал воронку вокруг моего Персея... из кирпичей, переплетая одни поверх другого и оставляя много промежутков, где бы огонь мог лучше дышать; затем я начал укладывать туда дрова, этак ровно, и жег их два дня и две ночи непрерывно; убрав таким образом оттуда весь воск и после того как сказанная форма отлично обожглась, я тотчас же начал копать яму, чтобы зарыть в нее мою форму, со всеми теми прекрасными приемами, какие это прекрасное искусство нам велит.

Когда я кончил копать сказанную яму, тогда я взял мою форму и с помощью воротов и добрых веревок осторожно ее выпрямил; и, подвесив ее локтем выше уровня моего горна, отлично ее выпрямив, так что она свисала как раз над серединой своей ямы, я тихонько ее опустил вплоть до пода горна, и ее закрепили со всеми предосторожностями, какие только можно себе представить. И когда я исполнил этот прекрасный труд, я начал обкладывать ее той самой землей, которую я оттуда вынул; и по мере того как я там возвышал землю, я вставлял туда ее душники, каковые были трубочками из жженой глины, которые употребляются для водостоков и других подобных вещей. Когда я увидел, что я ее отлично укрепил и что этот способ обкладывать ее, вставляя эти трубы точно в свои места, и что эти мои работники хорошо поняли мой способ, каковой был весьма отличен от всех других мастеров этого дела; уверившись, что я могу на них положиться, я обратился к моему горну, каковой я велел наполнить множеством медных болванок и других бронзовых кусков; и, расположив их друг на дружке тем способом, как нам указывает искусство, то есть приподнятыми, давая дорогу пламени огня, чтобы сказанный металл быстрее получил свой жар и с ним расплавился и превратился в жидкость, я смело сказал, чтобы запалили сказанный горн. И когда были положены эти сосновые дрова, каковые, благодаря этой жирности смолы, какую дает сосна, и благодаря тому, что мой горн был так хорошо сделан, он работал так хорошо, что я был вынужден подсоблять то с одной стороны, то с другой, с таким трудом, что он был для меня невыносим; и все-таки я силился».

Ammetti i tuoi errori prima che qualcuno li esageri. – Признавай свои ошибки прежде, чем их кто-то преувеличит.

Работа вызывает у него лихорадку, и он ложится в постель, уже не чая встать живым. В это время ученики докладывают ему, что в его отсутствие работа ими испорчена — металл сгустился. Услышав это, Челлини испустил крик «такой безмерный, что его было бы слышно на огненном небе».

Он бежит «с недоброй душой» в мастерскую и видит там ошеломленных и растерянных подмастерьев. С помощью дубовых поленьев удается справиться с этой бедой. Он приступает к наполнению формы, но тут не выдерживает горн: он лопается, и бронза начинает вытекать через трещину. Челлини велит кидать в горн все оловянные блюда, чашки, тарелки, которые можно найти в доме, — их оказалось около двухсот, — и добивается-таки наполнения формы. Нервное потрясение побеждает болезнь — он вновь здоров и тут же закатывает пир. «Итак вся моя бедная семеюшка (то есть ученики), отойдя от такого страха и от таких непомерных трудов, разом отправилась закупать, взамен этих оловянных блюд и чашек, всякую глиняную посуду, и все мы весело

В преклонные годы мастер успел побывать в тюрьме, жениться, принять монашеский сан и отречься от него

пообедали, и я не помню за всю свою жизнь, чтобы я когда-либо обедал с большим весельем и с лучшим аппетитом».

Так, на манер доброй сказки, заканчивается книга Бенвенуто Челлини о себе самом. (Тридцать последних страниц, заполненных мелкими обидами и придворными дрязгами, не в счет.) Остальное — тюремное заключение по обвинению в содомии, принятие монашества и разрешение от обета через два года, женитьба в шестидесятилетнем возрасте — случилось уже с другим человеком, усталым и разочарованным и, видимо, безразличным к самому себе: с человеком, больше не верящим в свой нимб.

L'esperienza и tutto cit che ci rimane dopo aver perso tutto. –
Опыт – это то, что нам остается, когда мы все потеряли.

ПОДЬЯЧИЙ
ВАСИЛИЙ
КУРБАТОВ

I

Было знойное, душное лето 1680 года.

В Москве что ни день то там, то здесь начинались большие пожары, истреблявшие разом по нескольку десятков дворов, церкви, монастыри... Кареты, телеги, всадники, проезжавшие по улицам, вздымали вместе с клубами пыли пепел, густым слоем лежавший на мостовых, — его легкие хлопья кружили в воздухе, точно серый снег... Царь Федор Алексеевич приказал, чтобы в городе не зажигали огня в черных избах.

В один из таких пожаров сгорела и изба подьячего посольского приказа Василия Курбатова, жившего в Китай-городе возле Вшивого рынка, неподалеку от посоль-

Посольский приказ. Гравюра из альбома Мейерберга
«Виды и бытовые картинки России XVII в.»

ского подворья. Курбатов и в другой раз не слишком бы огорчился этому – дело было обычное: скудное добришко свое он, как и большинство москвичей, хранил в яме, где ему был не страшен огонь, а возвести новую избу было делом одного дня – цены на строевой лес в Москве были баснословно низкие; теперь же он и вовсе не придал никакого значения приключившейся с ним беде, так как целыми днями пропадал в приказе, готовясь к отъезду в составе посольства князя Петра Ивановича Потемкина ко дворам испанского и французского королей.

Курбатов был немолод, сам себе считал тридцать пять годов, а на деле могло выйти и больше. (Спросить было не у кого – он рано лишился родителей и был малолеткой привезен приходским священником из родной деревеньки под Ярославлем в Москву и отдан на обучение в Заиконоспасский монастырь.) Его жена и маленькая дочь погибли во время морового поветрия, случившегося лет семь назад; с тех пор он жил вдовцом, иногда на месяц-другой сходясь с какой-нибудь из непотребных девок, что с бирюзовым колечком во рту приманивают на улицах мужиков на блуд. В посольство князя Потемкина его нарядили толмачом. Курбатов изрядно знал латынь (учился в латинской школе, открытой в Заиконоспасском монастыре Симеоном Полоцким) и порядком немецкий, поскольку по роду службы имел знакомцев в Кукуе[1].

Предстоящее путешествие занимало все его мысли. Уезжать из Москвы ему было не жаль, хотя и немного боязно. В своем воображении он уже жил в тех далеких, притягательно-страшных городах, о которых его кукуйские знакомые рассказывали столько удивительного.

---

[1] Кукуй, или Немецкая слобода, – место поселения иноземцев в Москве, на правом берегу р. Яузы (ныне район Бауманских улиц).

Курбатову страстно хотелось увидеть и ученого амстердамского слона, который играл знаменем, трубил по-турски и палил из мушкета, и святой камень в городе Венеции, из которого Моисей воду источил, и хранящееся в тамошних церквах млеко Пресвятой Богородицы в склянице,

*Спасские ворота
Китай-города
в XVII в.*

и дивную зрительную трубу, в которую все звезды перечесть можно, и кельнский костел, где опочивают волхвы персидские, и бесстыжих жен заморских, выставляющих напоказ — прелесть бесовская! — свои непокрытые власы и сосцы голы, и башню на реке Рене (Рейне. — *С. Ц.*), в которой, сказывают, короля мыши съели, и многое, многое другое.

Славны бубны за горами,
а к нам придут, что лукошко.

Хотелось ему побывать в замке Шильон, чтобы посмотреть на место заточения Бонивара[1], о котором со скорбным восхищением так часто рассказывал один швейцарский рейтар из Кукуя. Эта история почему-то особенно волновала Курбатова, с удивлением узнавшего, что и у немецких еретиков есть свои почитаемые мученики. Рейтар в своем рассказе упомянул о впадине, вытоптанной ногами несчастного узника, принужденного го-

---

[1] Бонивар Франсуа (1493—1570) — женевский гуманист, участник борьбы горожан Женевы против герцога Савойского. В 1530—1536 гг. был заключен в подземелье Шильонского замка — этот эпизод его жизни воспет Байроном и Жуковским («Шильонский узник»).

дами ходить на цепи по одному месту. Эта впадина так и врезалась в память Курбатову — долго, долго стояла она у него перед глазами. Одно время он даже задумал писать вирши: «Злое заточение, или Плач Бонивара, на семь лет в замок Шильон заключенного». Начинались они так:

«Зри, человече: в узы заключенный, влачу в темнице удел свой бренный, стар не по годам, ибо мои власы из черных стали седы в малые часы. Тленна юна красота, недолго блистает, в единый час темница ону истребляет. Смирись же, человече, и во красном небе красота предвечная даруется тебе». Дальше дело не сладилось, и «Плач» остался неоконченным; Курбатов думал завершить его, возвратясь в Москву.

Несмотря на свои скудные средства, он постарался обеспечить свое путешествие всеми возможными удобствами. Собрав вещи и прикупив к ним кое-что необходимое, он уложил все это в сундуки и ящики и отвез на посольское подворье.

В последний перед отъездом день он, бесцельно бродя по городу, забрел в книжную лавку, находившуюся рядом с типографией. Книг на полках почти не было: хозяин, опасаясь пожара, перенес их в каменное здание типографии, где хранилась московская библиотека.

 Курбатов рассеянно поводил рукой по корешкам оставшихся книг — это были все больше житейники да патерики; вдруг его взгляд упал на великолепную тетрадь в золоченом пергаментном переплете, обшитую зеленым бархатом. Он взял ее, полистал гладкие листы, радующие глаз свежей белизной плотной бумаги, и почувствовал, что уже не в силах выпустить ее из рук. Ему сразу представилось, как он будет заносить в нее дорожные впечатления и новые, необыкновенные мысли, которые — он в этом не сомневался — непременно появятся у него, как только он приобретет эту тетрадь...

А потом, возвратясь из путешествия, он сможет на основе этих заметок написать книгу об увиденном в Неметчине и поднести ее Симеону Полоцкому или князю Василью Васильевичу Голицыну, мужам зело прилежным чтению и писанию. А там, глядишь, пожалуют в дьяки...

Он спросил цену и, услышав ответ, изумленно ахнул. Но уйти без тетради уже представлялось ему невозможным. Курбатов попробовал торговаться, два раза картинно уходил из лавки и вновь возвращался — хозяин все стоял на своем. Наконец подьячий, сердито хмурясь, отсчитал деньги. Получив тетрадь, он отправился на посольское подворье и бережно спрятал ее в сундук с наиболее ценными вещами.

До отъезда он еще навестил знакомых и товарищей, простился, выпил с каждым по чарке-другой вина, сделал распоряжения об имуществе, которое оставлял в Москве. Новую избу решил поставить по возвращении.

Седьмого июня посольство — князь Петр Иванович Потемкин, дьяк Семен Румянцев, семеро дворян, трое секретарей и священник — двинулось в путь. Повозки с прислугой были высланы вперед, к Яузе, — там намеревались устроить табор для ночлега. Посольство верхами выехало через Неглинные ворота, крытые листовой позолоченной медью, жарко сиявшей на солнце; из особой пристройки над воротами, через окна с густою решеткою, царь с царицей и несколько бояр наблюдали за выездом.

Царские приставы и некоторые духовные чины проводили князя Потемкина версты две за городом и, простившись с ним, вернулись обратно.

Потянулись подмосковные поля, леса... Первое время Курбатов беспрестанно оглядывался на три кольца московских стен, на неистовое сверкание куполов и крыш соборов, церквей, башен, ворот, на деревянную

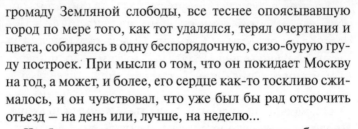
громаду Земляной слободы, все теснее опоясывавшую город по мере того, как тот удалялся, терял очертания и цвета, собираясь в одну беспорядочную, сизо-бурую груду построек. При мысли о том, что он покидает Москву на год, а может, и более, его сердце как-то тоскливо сжималось, и он чувствовал, что уже был бы рад отсрочить отъезд — на день или, лучше, на неделю...

Чтобы отогнать эти мысли, он дал зарок не оборачиваться и какое-то время ехал, преувеличенно внимательно смотря по сторонам. У села Пушкинского не выдержал — снова оглянулся. Над Москвой поднимался густой черный дым: разгорался новый пожар...

Бывает свинка золотая щетинка,
да в сказках.

II

Чем дальше на север, тем призрачней синели узорчатые верхушки необозримых лесов, прозрачнее становились ночи... Ровный тихий свет до утра не сходил с небосклона, незаметно становясь с зарею бледно-золотым, потом тускло-медным. Заснуть в этом жидком полусумраке, в котором столбом вился остервенелый гнус, было невозможно. Лица у людей распухли от укусов, лошади, заедаемые смертным поедом, отчаянно ржали ночи напролет.

За Вологдой зарядили дожди. Во влажной, спертой лесной духоте было нечем дышать, тела людей и животных покрывались испариной, кафтаны тяжелели от сырости. Ближе к Архангельску начались сосновые боры, стало легче: вода быстро уходила в песчаную почву, и через час после дождя лес снова был сухой.

Наконец выбрались на простор, и в одно росистое, ясное утро Курбатов увидел нечто невообразимое: из-за диких лесистых холмов впереди круто поднималась, упираясь в небосклон, темная громадная пустыня, влажно-мглистая, сумрачная, одинокая в своей безмерности. У него от радости и ужаса перехватило дыхание, и он остановил коня, чтобы насытить глаза этой тяжелой синевой. Ему казалось невероятным, что там, за линией окаема, может быть еще что-то — какие-то земли, города — и что он скоро поплывет по этой необъятной глади, по этой ужасающей бездне на утлом, крошечном суденышке... Сама мысль о подобном путешествии показалась ему безумной, он внутренне содрогнулся, представив жуткий мрак этих холодных глубин.

— Ну, чего раззявился! — окликнул его кто-то сзади. — Пошел, пошел!

Целу домой воротиться,
так в дороге не дремать.

III

В Архангельске все было деревянным: и высокие, теснящиеся друг к другу дома с крутыми крышами, небольшими окнами и полукруглыми воротами в нижних ярусах, и причал, где, несмотря на ранний час, уже не то разгружалось, не то загружалось несколько кораблей, и храмы с высокими шатровыми крышами, и торговые склады, и городская стена, которую опоясывали глубокий ров и поросший травою крепостной вал с вкопанными в него чугунными пушками...

По раскисшим от дождей улицам медленно тянулись телеги, подводы; редкие прохожие — это были главным образом возвращавшиеся с ранней обедни посадские и равнодушные стрельцы, по двое, по трое бредущие по казенной надобности, — старались кое-как уклониться от комьев грязи и навоза, разлетавшихся из-под копыт несущихся куда-то во весь опор лошадей, которых их седоки с гиканьем то и дело подзадоривали плетьми...

Разместились на дворе у воеводы. Немедленно послали за капитаном голландского корабля для переговоров о перевозке посольства в Амстердам. Потемкин торговался расчетливо, цепко, не забывая подливать голландцу пахучего золотисто-зеленого рейнского из своих запасов. Капитан хмелел, и Курбатову становилось все труднее разбирать слова, произносимые заплетающимся языком, — все что-то о пеньке, лесе, убытках, которые он понесет, взяв на борт столько людей... Потемкин терпеливо слушал и вновь наполнял кубки... Наконец капитан смирился с убытками, и его, мертвецки пьяного, передали на руки матросам.

Вильгельм I Оранский

Вблизи корабль вовсе не казался той утлой скорлупкой, какой он представлялся Курбатову издалека. Напротив, теперь он поражал своей громадностью, тяжеловесностью, надежностью. Широкий нос, крутые борта и округленная корма высоко вздымались над водою, и уже совсем куда-то в поднебесье, в самые облака возносились стройные, круглые мачты с оранжево-бело-синими флагами[1].

На палубе было чисто, блестела начищенная медь, пахло морем, дегтем и свежесрубленным лесом (команда недавно кое-где заменила подгнившую обшивку). Капитан в камзоле табачного цвета стоял у трапа, указывая, куда разместить пассажиров. Матросы по свистку полезли на реи ставить паруса. Огромные полотнища несколько раз оглушительно хлопнули и вдруг округлились, наполнившись ветром. Чуть навалившись на левый борт, корабль заскользил по солнечной жемчужно-серой глади. Волны ударили в дубового позолоченного льва на носу, под бушпритом, и взлетели радужной пылью.

Курбатов стоял на палубе и долго глядел на удалявшийся, постепенно мутневший берег.

---

[1] Цвета голландского флага были составлены из любимых цветов принца Вильгельма I Оранского, предводителя освободительного движения Нидерландов против испанского владычества. «Молчаливый принц» (так прозвали его за неразговорчивость) носил оранжевый плащ, белую шляпу и синий колет.

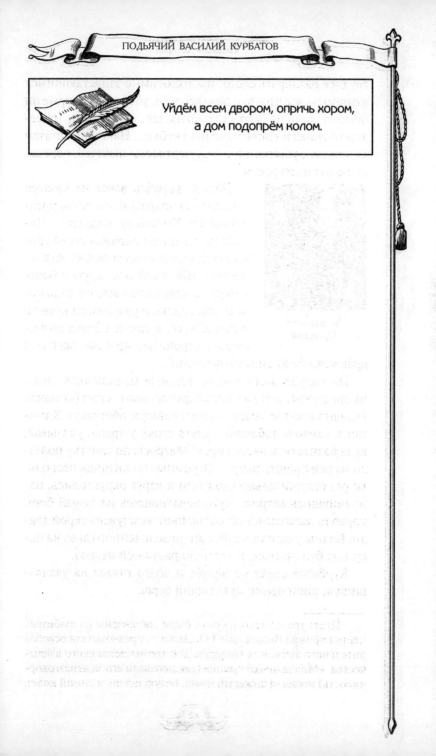

IV

Бесконечное побережье Финляндии и Норвегии показалось ему нестерпимо скучным. Всюду было одно и то же: заливы и бухты, голые или лесистые скалы, иногда — не более десятка невзрачных, изъеденных ветрами домиков, построенных на берегу, в уровень с морем, рыбачьи суда, сети, сохнущие на колышках...

Раз в неделю корабль заходил в какую-нибудь бухту, чтобы пополнить запасы питьевой воды (о том, чтобы сделать разнообразнее матросский стол, не приходилось и думать: местные жители могли предложить только рыбу и овощи, выращенные на клочках возделанной земли). Грузные, неповоротливые рыбаки в кожаных шляпах, с бритыми губами и растущими на зобу бородами с любопытством подходили к голландцам, русским, но ни о чем не спрашивали, только молча таращились бесцветными рыбьими глазами... Курбатов сам или с помощью кого-нибудь из матросов пытался расспрашивать их. Из этих полумимических бесед он вынес убеждение, что люди тут рождались, жили и умирали, нисколько не подозревая о существовании других, более обширных стран, да, кажется, ничего и не хотели знать о них. Впрочем, их деловитость и степенность нравились ему, только было смешно, когда они называли скопление своих рыбацких хижин городом.

Обычай не клетка –
не переставишь.

Дни Курбатов проводил на палубе, в бесцельном созерцании уже начинавшей надоедать морской пустыни, вечерами лежал в тесной каюте, при тусклом свете коптящей лампы. **Листы** купленной тетради оставались по-прежнему чистыми — новые, необыкновенные мысли все как-то не приходили в голову, а увиденное казалось незначительным и не представляющим никакого интереса. Ему хотелось начать записки с описания чего-нибудь выдающегося, небывалого, и он терпеливо ждал, когда корабль прибудет в Амстердам.

Недели через три скандинавский берег исчез из виду, теперь вокруг расстилалась одна бескрайняя морская равнина, на которой вдали все чаще белели паруса встречных кораблей. Капитан объявил, что до Амстердама осталось не больше трех суток пути.

V

Земля показалась на третий день после полудня.

Корабль проплыл между двух островов и вошел в залив, имея берег по правому борту. Курбатов вместе с другими русскими поднялся на корму, чтобы полюбоваться дивным зрелищем.

Зеленая равнина была покрыта прямоугольниками огородов, пастбищ, цветников, расчерчена сетью канав и каналов. Изобилие цветов поразило русских, хотя клумбы и оранжереи в московских дворах и боярских усадьбах давно были не в диковину. Остатки гиацинтов, левкоев, нарциссов уже отцветали на оголенных черных грядах, но тюльпаны бархатным ковром устилали землю — черно-лиловые, красно-рдяные, пестрые, золотистые... Повсюду виднелись мызы, хуторки, домики с острыми черепичными крышами, на которых гнездились аисты, кусты приземистых ив вдоль канав. В голубовато-фиолетовой дымке таяли очертания городских стен, башен, соборов и бесчисленных мельниц с лениво вращающимися крыльями. Иногда из-за крыши какой-нибудь мызы появлялся белый парус и тихо скользил по каналу, а казалось — между тюльпанами.

Мы люди бедны, у нас ворота медны;
а вы люди начальные, у вас ворота
мочальные.

Ближе к вечеру свежий ветерок нагнал на волны легкую зыбь. Море становилось все оживленнее – корабли, корабли в уже розовеющем просторе. Из-за горизонта клубами вздымались багровые облака и, словно перегорев, подергивались по краям пеплом. Равнина вспыхивала огоньками, некоторые из них скользили вдоль каналов.

Амстердам поразил Курбатова великой каменной теснотой и многолюдством, в котором никто не обращал на другого ни малейшего внимания. Казалось, здесь никому нет дела до приезда московского посольства. Только одни мальчишки проводили процессию до дворца штатгальтера[1].

Послам отвели лучшую гостиницу в городе. Здесь вечером следующего дня Курбатов сделал первую запись в своей тетради:

«Город Амстердам стоит при море в низких местах, во все улицы пропущены каналы, так велики, что можно корабль вводить; по сторонам каналов улицы не довольно широки — едва в две кареты в иных местах можно ехать. По обе стороны великие деревья при канале и между ними — фонари. По всем улицам фонари, и на всякую ночь повинен каждый против своего дома ту лампаду зажечь. На помянутых улицах — плезир, или гулянье великое.

Торговых людей и мастеровых ко всякому мастерству много без меры. Купечество здесь живет такое богатое,

---

[1] Штатгальтер — голландский главнокомандующий сухопутной армией, традиционно выбирался из членов дома Оранских. Штатгальтер Вильгельм III Оранский в 1674 г. фактически упразднил республику и захватил власть в стране, став верховным правителем Голландских Соединенных Штатов. В 1689 г. английский парламент передал ему права на британскую корону.

которое в Европе больше всех считается, так сподеваются, как нигде. Рыбы свежей безмерно много, а в рыбном ряду все торгует женский пол. Биржа сделана из камня белого и внутри вся нарезана алебастром — зело пречудно. Пол сделан, как на шахматной доске, и каждый купец стоит на своем квадрате. И так на всякий день здесь бывает много народу, что на всей той площади ходят с великою теснотою. И бывает там крик великий. Некоторые люди — которые из жидов, бедные — ходят между купцами и дают нюхать табак, кому сгоряча надобно, — и тем кормятся...»

Потом появились другие записи:

«Видел младенца женска пола, полутора года, мохната всего сплошь и толста гораздо, лицо поперек полторы четверти, — привезена была на ярмарку. Видел тут же голову сделанную деревянную человеческую — говорит! Заводят, как часы, а что будешь говорить, то и оная голова говорит. Видел две лошади деревянные на колесе — садятся на них и скоро ездят куда угодно по улицам. Видел стекло, через которое можно растопить серебро и свинец, им же жгли дерево под водой, воды было пальца на четыре, — вода закипела и дерево сожгли.

 Слухом земля полнится, а причудами свет.

Видел у доктора анатомию: вся внутренность разнята разно — сердце человеческое, легкое, почки и как в почках родится камень. Жила, на которой легкое живет, подобна как тряпица старая. Жилы, которые в мозгу живут, — как нитки. Зело предивно...»

Десять дней жили послы в Амстердаме — отдыхали, осматривались. Принц Вильгельм сам возил их по горо-

ду, показывал достопримечательнос-
ти. Вдоль улиц, по которым проезжа-
ли послы, выстраивались солдаты,
салютовали при их приближении
залпами из мушкетов. Потемкин
воспринимал почести как должное и
даже требовал, чтобы штатгальтер
ехал позади него, иначе-де, переводил Курбатов, получается, что солдаты салютуют не послу великого государя, а самому принцу.

*Петр Иванович
Потемкин. Портрет
работы Неллера
Годфри*

Курбатов обследовал город и в
одиночку – так ему даже больше нра-
вилось. Вечерами, когда князь отпускал его от себя, он
выходил из гостиницы и отправлялся бродить по осве-
щенным фонарями улицам. Постепенно он свыкся с
обилием трех- и четырехэтажных каменных строений,
научился разбирать дорогу по остроконечным шпицам
ратуши и церквей. Утомившись, отыскивал глазами по-
тешную вывеску ближайшей пивной, заходил, пробовал
ром, джин, английский эль, иногда вступал в беседу с со-
седями по столику, вкусно посасывавшими длинные
трубки... После таких одиноких прогулок тетрадь попол-
нялась многочисленными записями.

VI

На третий день Курбатов познакомился с Эльзой Хооте.

В тот вечер он вышел из портовой пивной и не спеша зашагал вдоль какого-то узкого канала. Хмель, чистый блеск звезд и вольный ветер над огромным, смутно темнеющим заливом заставляли его острее и слаще чувствовать свое одиночество.

 Дойдя до каменного мостика, дугой перекинутого через канал, он увидел на той стороне, у садовой калитки, молодую статную женщину — она курила трубку и с каждой затяжкой вспыхивавший огонек отбрасывал на ее круглое лицо красноватый отблеск. Курбатова с первого взгляда потрясла меловая белизна ее открытых шеи и плеч, освещенных луной. Он невольно остановился и слегка поклонился ей.

Женщина ответила долгим спокойным взглядом, в котором, однако ж, Курбатову почудилась ласковая усмешка. Он смутился, не зная, как быть дальше — уйти или остаться, — сделал шаг и встал, уже внутренне дрожа.

— Два гульдена, — ровным грудным голосом произнесла она.

Он сразу перешел мостик и приблизился к ней. Она без всякого интереса осмотрела его, пыхнула трубкой и, плавно повернувшись, вошла в калитку. Он последовал за ней.

Добрая жена да жирные щи –
другого добра не ищи.

Пройдя цветник, они оказались у двери небольшого кирпичного двухэтажного дома с деревянным чердаком. Внутри, в полутемной комнате с узорным каменным полом, стоял стол, массивный буфет, слева в стене за решеткой зиял камин. Женщина засветила лампу, поставила на стол бутылку вина, ветчину, хлеб, фрукты. Сама она почти ничего не ела, только мелкими глотками отпивала из стакана и слушала Курбатова, выпуская изо рта и ноздрей длинные струйки сизого дыма. Потом, не выпуская трубки, пересела к нему на колени, обняла за шею, склонилась на плечо... Он начал целовать ее прохладные белые плечи, но она зажала ему губы рукой: «Посидим просто так, хорошо?»

Утром Курбатов попросил разрешения прийти снова и стал ходить к ней каждый вечер. Она все так же встречала его у калитки, вела в дом, кормила, некоторое время сидела рядом, приникнув к нему, затем шла наверх стелить постель... Эльза Хооте была очень немногословна. Курбатов узнал только, что она вдова торговца шерстью, семь лет назад поплатившегося жизнью за дружбу с великим пенсионарием Яном де Виттом[1]. Имущество ее мужа было конфисковано, его друзья, спасаясь от

---

[1] В 1672 г. великий пенсионарий (глава республики) Ян де Витт и его брат Корнелиус были убиты сторонниками принца Вильгельма.

преследований штатгальтера, уехали во Францию. С тех пор она должна была сама заботиться о куске хлеба.

Курбатову, впрочем, нравилась ее неразговорчивость — так было даже легче: лежать рядом, чувствуя женское тепло, и думать о чем-нибудь, что не имело отношения ни к ней, ни к Голландии, порой — ни к нему самому. Эльза набивала свою трубку, курила, полузакрыв глаза, но никогда не засыпала первой.

Здесь, в спальне Эльзы, Курбатов впервые как следует принюхался к табачному дыму: душноват, конечно, но ничего, духовитый. Дома, в Москве, ему не раз предлагали — и немецкие знакомые, и свои, посольские, — из тех, кто был тайно привержен табачному зелью, — покурить, пожевать, попить носом с бумажки, да он все отказывался, памятуя государев указ покойного царя Алексея Михайловича: табачников метать в тюрьму, бить по торгам кнутом нещадно, рвать им ноздри, клеймить лбы стемпелями, а дворы их, и лавки и животы их, и товары все имать на государя. Теперь, при взгляде на Эльзу, в сладком полузабытье посасывавшую мундштук, прежние страхи забывались и тянуло отведать: что это, в самом деле, за дымная прелесть такая?

Раз он не выдержал, попросил ее набить для него трубку. Она не удивилась, молча умяла в чубук несколько щепотей табаку, раскурила и протянула ему. Он с удовольствием потянул носом душистый дымок, тонкой струйкой бегущий вверх, осторожно затянулся — и зашелся громким, безудержным кашлем.

— Дас ист штаркер табак![1] — одобрительно кивнула Эльза.

Она подвинулась к нему, взяла у него трубку и, подождав, когда он кончит сотрясаться, снова поднесла ее к его губам. Он с отвращением отпихнул ее руку.

---

[1] Крепкий табак! (от нем. Das ist starker Tabak!)

— Не бойся, кашля больше не будет, — сказала она. — Держи трубку во рту и посасывай, как я.

Эльза откинулась на подушку и взяла в рот чубук.

Превозмогая себя, Курбатов последовал ее примеру. Через короткое время он с тревожным наслаждением почувствовал, как его тело стало легче, руки и ноги сделались словно не его, мысли исчезли... Сладкое наваждение!

Бог напитал – никто не видал,
а хоть и видели – не обидели.

В тот вечер они больше не разговаривали.

Между тем приближался день отъезда посольства в Испанию. Штатгальтер помог договориться с капитаном английского судна, отплывающего в Сан-Себастьян. В последний раз придя в домик на узком канале, Курбатов был деланно весел, болтлив, потом как-то сник, сделался задумчив... Эльза подарила ему трубку и кожаный кисет, туго набитый табаком.

Уже стоя в дверях, он сказал:

— Я приду к тебе, когда снова буду здесь на обратном пути.

— Приходи.

— Ты не уедешь отсюда?

— Вообще-то я хочу купить гостиницу где-нибудь рядом с Амстердамом — например, в Саардаме. Но вряд ли это случится скоро, я еще не накопила достаточно денег.

— Тогда до встречи?

— До встречи.

VII

Два дня Курбатову было очень тоскливо.

 С великой мукой кое-как прошатавшись по палубе до вечера, он ночью тайком вновь поднимался наверх из каюты, находил укромное местечко и доставал подаренную трубку. Курить не хотелось — хотелось просто подержать ее в руках, погладить изгибы, вдохнуть сладковатый запах нагара.

Порой все-таки не выдерживал: торопливо, по-воровски, закуривал, вспоминал домик, спальню... Все же был начеку — заслышав голоса или скрип палубных досок, быстро прятал трубку за пазуху, придавив пальцем тлеющий табак.

Ла-Манш несколько рассеял его тоску. Потянулись острова и островки, уютные прибрежные городишки, совсем не скучные в своем однообразии: готическая церковь, старые улицы, тесные, узкие, причудливо-кривые, пересекаемые восходящими и нисходящими лестницами, дома набегают друг на друга; внизу — маленький порт, где теснятся суда, реи шхун угрожают окнам домов на набережной... Сам залив — не то море, не то река, или скорее морская улица: всюду рыболовные барки, шлюпки, двух- и трехмачтовые корабли...

В первых числах августа показался воздушно-сиреневый берег Испании.

В Сан-Себастьяне пересели на лошадей и мулов и двинулись дальше, отослав в Мадрид гонца с вестью о прибытии государева посольства. По обе стороны древней каменистой дороги громоздились одна на другую ужасные в своей пустынности горы; некоторые из них были совсем лысые, как спина старого осла, другие — покрыты низкорослыми каштанами, дубами, кленами, буками. В мертвой тишине ночей, казавшихся особенно мрачными от обилия звезд, слышался один глухой ровный шум горного потока.

Города тоже были древними и пустынными: тенистая улица вела между каменными остовами домов, часто зиявшими черными пустотами на месте окон; за домами виднелась пыльная зелень одичавших садов; потом появлялась залитая солнцем площадь, длинный водоем под навесом, церковь с голубой статуей Богоматери над порталом, обитаемые дома, никуда не спешащие люди, а впереди, уже на выезде, постоялый двор с неизменными связками трески, сохнувшей на пыльной доске... В Бургосе Курбатов с любопытством осмотрел готический собор: на его стенах нельзя было найти места в ладонь, где бы не прошелся резец мастера.

За Бургосом потянулись сухие серые равнины, выжженные солнцем. На улицах бедных селений, у ворот жалких лачуг с соломенными крышами валялись в пыли черные свиньи, круглые и гладкие, как шары...

В эти дни Курбатов записал в тетради: «Испания — страна бедная, вроде нашего Костромского уезда».

В окрестностях Мадрида посольство разместилось на постоялом дворе, довольно приличном на вид. Однако на ужин подали только яичницу, от которой пришлось отказаться — шел Успенский пост. С великим трудом хозяин к ночи раздобыл форель и накормил тех, кто еще не лег спать, чтобы заглушить голод.

Утром, когда хозяин принес Потемкину счет, князь побагровел и велел Курбатову ответить, что не заплатит и половины требуемой суммы. Начались пререкания; хозяин совсем не понимал курбатовскую латынь, пришлось послать за местным приходским священником. В это время в комнату явился посольский иерей отец Богдан с жалобой, что ночью у него украли несколько дорогих окладов с образов, наградной крест и даже срезали серебряные пуговицы с епитрахили.

Где посадят, там сиди, а где не велят, там не гляди!

Услыхав о таком бесчестии, Потемкин наотрез отказался платить, пока хозяин не отыщет воров. Тот ушел, клянясь, что взыщет с проклятых московитов все, до последнего песо.

И действительно, когда князь со свитой вышел из комнаты, собираясь спуститься вниз, он обнаружил в дверях гостиницы с десяток человек прислуги, вооруженной мушкетами, вилами и дрекольем. Хозяин, стоявший впереди всех с кочергой в руке и пистолетом за поясом, всем своим видом показывал, что не отступится от своих слов.

Пятеро дворян, выхватив из ножен сабли, сгрудились вокруг Потемкина, двое кинулись в свои комнаты за пистолетами. Князь грозил, что нынче же потребует у короля Карла вздернуть хозяина со всеми его холопьями, как воров и разбойников, но приходской священник уже исчез, а хозяин, не слушая Курбатова, только потрясал в ответ листком, на котором был записан грабительский счет.

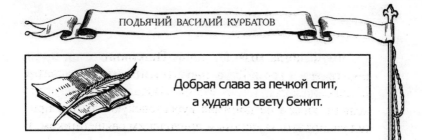

Добрая слава за печкой спит,
а худая по свету бежит.

Вскоре положение еще более осложнилось. Человек тридцать княжеских дворовых, запрягавших лошадей и укладывавших вещи на заднем дворе, собрались на шум и обложили испанцев с тыла. Хозяин с прислугой были вынуждены закрыть и забаррикадировать дверь. В то же время за воротами гостиницы стала скапливаться толпа, все более заинтересованно наблюдавшая за происходящим. Для начала побоища не хватало только сигнала: выстрела или чьего-нибудь истеричного крика.

В этот напряженный момент толпа за воротами раздалась надвое, и на гостиничный двор въехал всадник в расшитом золотом камзоле, сопровождаемый несколькими сеньорами, в столь же роскошном облачении, и отрядом солдат. Спешившись у двери, испанец застучал в нее кулаком, сопровождая удары властными выкриками. Услышав его голос, хозяин сразу присмирел и приказал слугам разбаррикадировать дверь.

Приезд маркиза де Лос Балбазеса, посланного королем для встречи московитского посольства, быстро уладил споры. В ответ на жалобы Потемкина о бесчинствах и великом поругании, творимых над послами великого государя рядом со столицей его королевского величества, маркиз объявил, что начиная с этой минуты его католическое величество король Карлос II принимает все расходы и содержание князя и его людей на счет королевской казны; хозяин гостиницы получит от короля требуемую им с московитов сумму, но в свою очередь должен будет возместить стоимость украденной у священника церковной утвари, в противном случае имущество его будет конфисковано, сам он будет заключен в тюрьму, а выплату вместо него произведет королевская казна.

Пришли не званы, уйдем не драны.

Этим маркиз сразу приобрел величайшее благоволение со стороны Потемкина, который распорядился одарить его несколькими связками соболей.

VIII

Прием у Карлоса II произвел на Курбатова тягостное впечатление. Сумрачные гранды в черных камзолах, вышитых черным стеклярусом, стоявшие у подножия трона и поблескивавшие круглыми стеклышками обязательных очков, их жены в черных платьях и мантильях напоминали духовенство в похоронном облачении. Сам король, неподвижный, безжизненный, с мертвенным взглядом сонных глаз из-под полуприкрытых век казался совсем мертвецом рядом с молодой королевой (Марией-Луизой, французской принцессой) и чем-то походил на государя Федора Алексеевича: тот тоже был бледен, слаб, ходил, опираясь на палку, и не мог без посторонней помощи даже снять с головы царский венец.

После аудиенции послам показали дворец. Курбатов поразился обилию голых эллинских дьяволов и дьяволиц, зачастую соседствовавших с распятием на стене. В пышных формах некоторых женских истуканов он узнавал стати московских девок, сотни раз виденные в банях; только те не прикрывали свой срам с такой развратной томностью.

В одной из зал его внимание привлекло большое темное полотно в тяжелой золоченой раме, висевшее на стене. Он подошел ближе и всмотрелся. Посередине холста восседал страшный старик с львиным лицом и развевающейся бородой – казалось, он изрыгает проклятия. Святой Дух со зрачками коршуна низвергался на него, точно хотел выклевать глаза. Направо от старика исступленный монах заносил, как стилет, свое перо, готовясь писать. Черный овал капюшона мрачно обрамлял его бледное лицо, жестокое неистовство кривило его рот и узило глубоко запавшие глаза. Налево, позади епископа, замершего в высокомерной позе, подымались головы монахов, их глаза угрожающе пламенели, словно угли костра. Херувимы, витавшие в небе, корчили гримасы капризных детей.

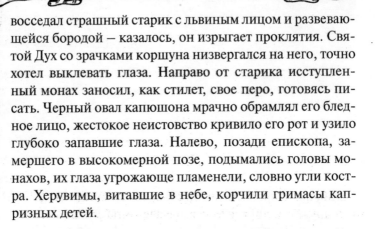

В чужом доме не будь приметлив,
а будь приветлив.

Курбатов с трудом отвел взгляд от чудовищной картины. Он не мог отделаться от мысли, что видит бесов, надевших священные облачения, чтобы кощунственно глумиться над обрядами Церкви. Заметив под рамой медную табличку с выбитой на ней латинской надписью, он нагнулся и прочитал: «Святой Василий, диктующий свое учение». С возросшим недоумением он еще раз взглянул на полотно: так вот как здесь пишут его святого! И Курбатов, вспомнив светлые, благостные лики московских икон, поспешно зашагал вслед удалявшемуся посольству.

IX

В Мадриде пробыли два месяца, обменялись грамотами о дружбе и торговле и в начале октября тронулись дальше – в Париж.

Ехали по уже знакомой дороге. Ближе к Пиренеям по предложению проводника свернули в горы, чтобы переночевать в Лойоле – на родине основателя иезуитского ордена. Деревня находилась неподалеку от довольно широкого ручья, в очень тесной долине, которую опоясывавшие ее горы летом превращали в пекло, а зимой – в ледник. Четверо чрезвычайно вежливых иезуитов радушно встретили гостей.

Они охотно показали жилище «святого Игнатия» – двухэтажный дом с чердаком, похожий в лучшем случае на скромную обитель священника. В нем главными достопримечательностями были комната, где раненному на войне Игнатию было ниспослано свыше знаменитое откровение об ордене, и конюшня, куда из смирения и почитания вифлеемских яслей удалилась его мать, чтобы произвести его на свет, — это низкое, придавленное помещение теперь сияло золотом убранства. И в комнате, и в конюшне было устроено по великолепному алтарю, на которых покоились Святые Дары.

В доме иезуитов могло поместиться с десяток человек, остальных развели по крестьянским домам. Курбатов остался при князе вместе с дворянами и отцом Богданом. Стол у иезуитов был превосходный, в конце обеда подали уже знакомое русским лакомство — чашки с дымящимся жирно-фиолетовым шоколадом. Осторожно отпивая обжигающий губы напиток, иезуиты поинтересовались: отчего в Московии оказывают предпочтение протестантам перед католиками — при приеме на военную службу и в торговых делах?

— Скажи им, — обратился Потемкин к Курбатову, — что негоже нам, православным, одних еретиков перед другими выгораживать. Люторы не лучше латинян-папистов: Христова смирения не имут, но сатанинскую гордость и вместо поста многоядение и пьянство любят, крестного же знамения истинного на лице изобразить не хотят и сложению перст блядословно противятся. Также поклониться Господу на коленях не хотят и ложь сшивают самосмышлением, разум Божественного Писания лукаво скрывают и своевольно блядут, прельщая безумных человеков. А что с ними больше дело имеем, так это оттого, что они нам самозванцев на престол не сажали и в наши святые церкви на лошадях не въезжали.

ВСЯК КРЕСТИТСЯ, НЕ ВСЯК МОЛИТСЯ.

Курбатов дипломатично перевел все, что поддавалось переводу.

— Все то творили миряне, поляки, — возразил старший из иезуитов. — А между нашими церквами нет вражды, существуют только внешние, обрядовые различия. Церковное учение у нас по сути одно. Вот, возьмем, например, вопрос, чем оправдывается человек: одною верою или верою и делами удовлетворения? Ведь вы, конечно, гнушаетесь суемудрия лютеран, уверяющих, что дела не нужны и что можно спастись одною верою?

— Гнушаемся, — кивнул Потемкин.

— Значит, при вере нужны еще и дела?

— Нужны.

— Итак, если без дел спастись нельзя, то дела имеют оправдательную силу.

— Имеют.

— А кто покаялся и получил отпущение за свою веру, но умер, не успев совершить дел удовлетворения, как быть тому? На таких у нас есть чистилище, а у вас?

Потемкин задумался, теребя бороду, и, помолчав, сказал:

— А ну, отец Богдан, отвечай еретику.

— У нас, — произнес священник, помявшись, — у нас, пожалуй, есть в этом роде: мытарства.

— Хорошо, — продолжал иезуит, улыбаясь, — значит, помещение есть, разница только в названии. Но одного помещения мало. Так как в чистилище дел удовлетворения уже не творят, а между тем попавшим туда нужны именно такие дела, то мы ссужаем их из церковного казнохранилища добрых дел и подвигов, оставленных нам как бы про запас святыми. А вы?

Отец Богдан, чувствуя близость какого-то подвоха, пробормотал:

— У нас есть на это заслуги сверх требуемых.

— Так с чего же, — радостно подхватил иезуит, — отвергаете вы индульгенции и их распродажу? Ведь это только акт передачи. Мы пускаем свой капитал в оборот, а вы держите его под спудом. Хорошо ли это?

Отец Богдан хмуро молчал. Потемкин с неудовольствием потер кулаком нос.

— Да, отче, сел ты в лужу.

— Индульгенции — папская ересь, — отозвался тот. — Переводи, Курбатов: вся ложь и непотребство в латинстве — от папства.

Курбатов убежденно перевел слова священника.

— Как? — притворно изумился иезуит. — Неужели вы, заодно с проклятыми лютеранами, думаете, что одинокая личность с Библией в руке, но пребывающая вне Церкви, может обрести истину и путь ко спасению?

— Мы веруем, что нет спасения вне Церкви, которая одна свята и непогрешима, — отозвался отец Богдан.

Близко церковь, да далеко от Бога.

— Прекрасно! Но ведь вы знаете, что суемудрие и ложь часто вторгались в Церковь и соблазняли верующих личиною церковности.

— Знаем.

— Так, значит, необходим осязательный, внешний признак, по которому всякий мог бы безошибочно отличить непогрешимую Церковь? У нас он есть — это папа. А у вас?

— У нас Вселенский собор.

— Да и мы тоже перед ним преклоняемся!.. Но объясните мне, чем отличается собор Вселенский от невселенского или поместного? Почему вы не признаете, например, Флорентийский собор[1] за Вселенский? Только не говори-

---

[1] Флорентийский собор — собор Римско-католической церкви (1438—1445), созванный папой Евгением IV с целью преодоления разногласий и заключения унии между Римом и Константинополем. На нем была заключена Флорентийская уния (1439) на условиях признания константинопольским патриархом главенства папы и принятия ряда католических догматов с сохранением обрядов и богослужения Восточной церкви. Акты собора не были подписаны ревнителями православия, во главе которых стоял Марк Эфесский. В дальнейшем уния была отвергнута и Византией, и Московским государством.

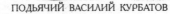

те мне, что вы называете Вселенским тот собор, в котором вся Церковь опознала свою веру, свой голос, то есть вдохновение Духа, — ведь задача-то и состоит в том, как узнать голос истинной Церкви. Мы в этом случае доверяем святости папы, вы — учености то одного, то другого монаха.

Отец Богдан сидел насупившись, Потемкин и дворяне растерянно переглядывались.

**Не сошлись обычаем,
не бывать дружбе.**

— Вот видите, — великодушно закончил иезуит, — и вы, и мы стоим на одном пути. В вас много доброго, но мы у цели, а вы не дошли до нее. И мы, и вы признаем согласно, что нужен внешний признак истины, иначе знамение церковности, но вы его ищете и не находите, а у нас он есть — папа: вот разница. Вы тоже в сущности паписты, только непоследовательные.

— Вон как! — возмутился Потемкин. — Что же ты молчишь, отец Богдан, как в рот воды набрал? Нас здесь уже в латинство перекрестили!..

— Так ведь сам видишь, князь Петр Иваныч: они своей еллинской диалектикой хоть из черта святого сделают... Что ж сказать? Умишком я слаб, не учен, но все же от Христа разум имею и потому знаю, что русское православие — одно истинно. Была, конечно, и в нашей святой Церкви порча, но не от неправильности чинов, а единственно от нерадения. Знаю также, что наши отцы православной верою спаслись, и нам не только в их вере, но ни в малейшей частице канонов, ни у какого слова, ни у какой речи святых отцов ни убавить, ни прибавить ни единого слова не должно, ибо православным следует умирать за единую букву «аз». Вот это и скажи им, Курбатов.

X

Оставив Лойолу, посольство направилось к реке Бидассоа, отделявшей Испанию от Франции.

Над Пиренеями нависли плотные, серые облака. Временами накрапывал дождь, и тогда тропинка, петлявшая над бездной, делалась скользкой; приходилось спешиваться и вести лошадей и мулов под уздцы. На одном из перевалов поскользнувшийся мул от злобы едва не укусил Курбатова за ногу — он успел отскочить и при этом сам чуть было не сорвался вниз. Успокоив животное, Курбатов первым делом с облегчением ощупал сквозь привязанный к седлу мешок тетрадь и трубку: в этот миг он остро, как никогда, почувствовал, что это самые дорогие ему вещи.

На берегу Бидассоа возле Сен-Жан-де-Люза французский таможенный чиновник придирчиво осмотрел их поклажу. Потом он долго что-то прикидывал в уме и наконец потребовал тридцать луидоров за провоз дорогих окладов и прочей церковной утвари.

Потемкин возмутился, но спорить на этот раз не стал. Достав туго набитый золотом кошель (в нем было не меньше ста испанских дублонов), он с презрением бросил его под ноги чиновнику.

— Даю эти серебреники тебе, еретику, псу несытому, лающему на святые образа, ибо не познал ни Господа, ни Пречистую Матерь Его.

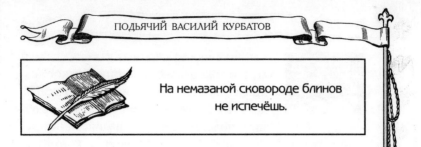

На немазаной сковороде блинов
не испечёшь.

Тот, не слушая, кинулся подбирать рассыпавшиеся монеты.

За Пиренеями небо расчистилось, воздух потеплел. В конце октября добрались до Бордо и остановились в двух милях от города, отписав о своем прибытии гасконскому губернатору маркизу де Сен-Люку. На другой день маркиз прислал послам семь карет, пять телег, десять верховых лошадей и письмо, в котором оповещал, что его христианнейшее величество король Людовик XIV принимает на королевский счет все расходы князя, как это делают и московские государи с французскими послами. Потемкин сел в карету с правой стороны, дьяк Семен Румянцев, не желавший в чем-либо уступать, устроился слева. Курбатов и французский офицер сели напротив.

В Бордо городские старшины поднесли князю подарки — вина, фрукты, варенья, — потом говорили речи. Когда кто-нибудь из них произносил «царь Московский», Потемкин сразу прерывал оратора, требуя сказать «царское величество», и Курбатов переводил по-латыни: «Caesarea Majestas».

Сен-Люк в ратушу не пришел, так как Потемкин ранее уже сказал его офицеру, от лица маркиза спросившему, отдаст ли князь ему визит, — что государеву послу неприлично видеться с кем-нибудь из вельмож прежде короля. Чтобы смягчить ответ, Сен-Люку были посланы меха, которые тот, однако, не принял.

Курбатов с любопытством приглядывался к французским порядкам. «Никто из вельмож ни малейшей причи-

Веселое общество в таверне. Картина Франса Хальса

ны, ни способа не имеет даже последнему в том королевстве учинить какого озлобления или нанести обиду. Король, хотя самодержавный государь, кроме общих податей никаких насилований делать не может, особливо ни с кого взять ничего, разве по самой вине, по истине, рассужденной от парламента[1]. Французы живут весело и ни в чем друг друга не зазирают, и ни от кого ни в чем никакого страха никто не имеет, всякий делает по своей воле кто что хочет, но живут во всяком покое, без обиды и без тягостных податей. Дети их никакой косности, ни ожесточения от своих родителей, ни от учителей не имеют, но в прямой воле и смелости воспитываются и без всякой трудности обучаются наукам...»

Что город, то норов; что деревня, то обычай.

Здесь, в Бордо, члены посольства последний раз ели все вместе. Уже при следующей остановке дьяк и дворяне потребовали от французов накрывать для них отдельный стол, поскольку-де они не ниже государева посла, так как тоже назначены его царским величеством.

Кормили послов хорошо. Потемкин был чрезвычайно разборчив в пище и просил в скоромные дни не подавать ему зайцев и кроликов, так как они слишком обыкновенны, а также голубей, которых православные не

---

[1] Имеется в виду местный парламент.

едят; телят — можно, но лишь годовалых. Особенно любил молодых гусей, уток, поросят. Поили тоже на славу. «Вино хорошее: церковное свежее, белое французское, мальвазия, аликант, — записал Курбатов в тетрадь, но с грустью добавил: — Только водок нет никаких, одна яковитка: хуже тройного вина, да и пить дают всего шуруп или две стклянки...»

XI

В местечке Ла-Рен под Парижем Потемкина ожидал маршал Бельфон, присланный королем. Для встречи московитского посольства было подготовлено восемь карет (две королевские, две самого маршала и четыре — взятые им у знакомых). Рота королевских мушкетеров составила почетный эскорт.

Курбатов разместился вместе с Потемкиным и Бельфоном на мягких, обитых штофом подушках одной из королевских карет. Как только закрыли дверцы и карета тронулась, маршал достал из-за широкого обшлага надушенный платок и поднес его к носу. Курбатов догадался, что причиной тому была любимая чесночно-луковая подлива князя.

Дорогой Потемкин из окна кареты раздавал милостыню нищим, каждый раз приподымая свою медвежью шапку. Он был раздосадован, что не видно встречающей толпы, и жаловался на это маршалу. Курбатов перевел ответ Бельфона: в этом-де никакой обиды и бесчестия послу великого государя нет, при въездах послов других государей то же бывает.

В Париже князю и его свите отвели дом чрезвычайных посланников. Маршал проводил Потемкина от кареты до порога и остановился, словно чего-то ожидая. Князь уже поднимался по лестнице.

— Разве его светлость не проводит меня до кареты? — с удивлением осведомился Бельфон у Курбатова.

— Послу великого государя это невместно, — ответил Курбатов.

Маршал вспыхнул и в гневе уехал.

Не велик пан, перелезешь и сам.

Вечером, однако, он вернулся, чтобы проводить Потемкина в Сен-Жермен, где его ожидал король. Во дворец предполагалось идти пешком, но Потемкин счел это оскорбительным, и маршалу пришлось послать за двумя каретами.

У подъезда дворца послов встретили обер-церемониймейстер и шестьсот гвардейцев. Еще сто швейцарцев выстроились шпалерами по ступенькам лестницы; с балкона звучали трубы и гремели литавры. Капитан гвардии проводил послов в королевский зал, где напротив дверей, в отдалении, был поставлен трон на четырех ступеньках. Когда ввели послов, Людовик XIV уже сидел на троне со шляпой на голове; справа от него стоял дофин, слева – брат короля, герцог Орлеанский, оба с непокрытыми головами. Королева, присутствовавшая здесь же инкогнито, затерялась в толпе дам.

Лишь только Потемкин переступил порог зала, Людовик встал, снял шляпу, затем тотчас надел ее и сел. Потемкин вручил королю свои верительные грамоты, царские подар-

Людовик XIV, король Франции. Риго Гиацинт. 1701 г.

ки и произнес речь, которую Курбатов после зачитал с листа по-латыни. (Речи московских послов писались заранее в посольском приказе, прибавлять что-либо от себя послам строжайше воспрещалось.) Людовик, слушая, снимал шляпу всякий раз, когда Курбатов произносил титул и имя царя.

По окончании аудиенции все перешли в другой зал, где в честь гостей были даны небольшой концерт и театральное представление.

Хозяин во всем волен, да и тот не все ври: покидай и на утро.

Музыканты уже сидели на своих местах за нотами. Рядом с ними стоял певец, неприятно поражавший какой-то рыхлой, изнеженной полнотой и набеленным мукой лицом, на котором выделялись только густые черные брови, по-женски томные глаза и жирные, сочно-алые губы. Курбатов решил про себя, что это, видимо, шут, который будет их развлекать. Он совсем утвердился в этом мнении, когда толстяк сделал напряженное лицо и заголосил совсем бабьим визгом, уморительно вытягивая губы и округляя глаза. Курбатов хотел засмеяться, но осекся, заметив, что французы, напротив, придали своим лицам благоговейное выражение.

Курбатов недоуменно притих, вслушиваясь в чудной переливчатый визг, и вскоре почувствовал, как внутри у него что-то раскрывается навстречу этим звукам, отвечает им... После концерта он спросил у сидевшего рядом вельможи, отчего толстяк поет таким тонким голосом, и, услышав насмешливый ответ, содрогнулся, в то же время

почувствовав, что странное, непривычное удовольствие, испытанное им от пения, ничуть не уменьшилось от этого неприятного открытия.

Из последовавшего затем театрального действа Курбатов ничего не понял, но, возвратясь из дворца, добросовестно записал увиденное:

«Король приказал играть: объявились палаты, и те палаты то есть, то вниз уйдут, — и того шесть перемен. Да в тех же палатах объявилось море, колеблемое волнами, а в море рыбы, а на рыбах люди ездят; а в верху палаты небо, а на облаках сидят люди. И почали облака с людьми вниз опущаться и, подхватя с земли человека под руки, опять вверх же пошли. А те люди, что сидели на рыбах, туда же поднялись вверх, за теми на небо. Да спущался с неба же на облаке человек в карете, да против его в другой карете прекрасная девица, а аргамаки под каретами как бы живы, ногами подергивают. А король сказал, что одно солнце, а другое месяц.

А в иной перемене в палате объявилось поле, полно костей человеческих, и враны прилетели и почали клевать кости; да море же объявилось в палате, а на море корабли небольшие и люди в них плавают.

А в иной перемене появилось человек с пятьдесят в латах, и почали саблями и шпагами рубиться, и из пищалей стрелять, и человека с три как будто и убили. И многие предивные молодцы и девицы выходят из занавеса в золоте и танцуют, и многие диковинки делали...»

Вечер в Сен-Жермене закончился роскошным пиршеством, данным маршалом Бельфоном от имени короля. Потемкин поминутно вставал, снимал шапку и пил здоровье его царского величества и французского короля. Маршал каждый раз был вынужден поднимать ответный тост за здоровье его христианнейшего величества и московского царя; под конец он так ослабел, что уже не мог уклоняться от медвежьих объятий и троекратных поцелуев князя, обдававшего его нестерпимой луковой вонью.

Простились они неразлучными друзьями, поддерживаемые под руки слугами. Бельфон напоследок поинтересовался, как понравились его светлости французские дамы. Курбатов, у которого также заплетался язык, все-таки сумел перевести ответ Потемкина, что он женат и ему неприлично засматриваться на девиц столько, чтобы выражать о них мнение.

За морем телушка – полушка,
да рубль – перевоз.

XII

А через несколько дней после вечера в Сен-Жермене Курбатов сбежал.

Случилось это так.

Потемкин решил отправить грамоту царю с известием о результатах посольства и о том, что зазимует в Париже; Курбатову было поручено переписать бумагу.

Он засиделся за ней до вечера в своей комнате. Устав, подошел к окну, поднял раму и закурил трубку (покуривал он все чаще). С улицы пахнуло сыростью. Город тонул в темноте, сыпал затяжной осенний дождь. Курбатов несколько раз с наслаждением вдохнул холодный воздух, пыхнул трубкой, задумался...

Впоследствии он не раз сокрушался: как же мог он забыть запереть дверь! Потемкин налетел на него, как буря, лупил палкой, обещал в Москве самолично вырвать его копченые ноздри... Курбатов повалился ему в ноги, винился, умолял, плакал...

Князь постепенно отошел, но ничего не пообещал, только приказал тотчас закончить грамоту и принести

Быль молодцу не укор: конь на четырёх ногах и тот спотыкается.

ему. Курбатов долго ждал, пока перестанут трястись руки, потом снова сел за переписку, уже ничего не соображая...

Когда он принес бумагу князю, Потемкин, хмурясь, взял ее и принялся читать. Вдруг лицо его побагровело.

— Вор! Ты как титул великого государя пишешь?!

Курбатов похолодел: описка в титуле государя означала — батоги, кандалы, темница. В уме мелькнула впадина в Шильонском замке.. Не помня себя, он кинулся к дверям, слетел по лестнице и побежал куда-то в темноту...

 Несколько дней он скрывался в предместьях. Его спасло то, что кошелек всегда был при нем, на поясе. Сменив платье и купив лошадь, Курбатов беспрепятственно выехал из Парижа, держа путь на север — к маленькому домику на узком канале.

В Амстердам он приехал вечером, недели через две после побега. Лил дождь, улицы и каналы холодно отливали светом фонарей. Эльза, вышедшая на стук в длинной белой ночной рубашке, узнала его в новом наряде не сразу; узнав, не удивилась, сказала только, что сейчас не одна. Курбатов, усмехнувшись, поднялся наверх, в ее спальню, где при виде его на кровати под одеялом испуганно сжался какой-то крючконосый, плешивый старичок. Как оказалось, он ничего не имел против того, чтобы провести эту ночь у себя дома. Эльза, величественно стоя в дверях, спокойно ожидала смены кавалеров.

Так же спокойно выслушала она слова Курбатова о том, что теперь они будут жить вместе. Ночью, сквозь сон, он смутно слышал ее долгие счастливые вздохи.

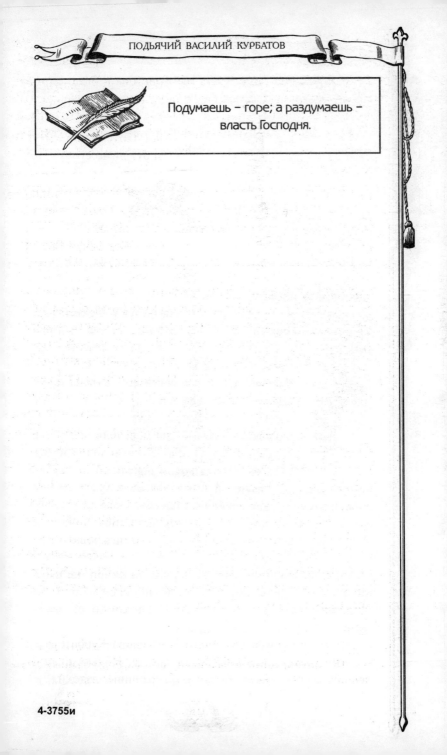

Подумаешь – горе; а раздумаешь – власть Господня.

XIII

Вскоре он устроился приказчиком в морскую компанию, торговавшую с Россией. Здесь он прослужил десять лет. Россия постепенно забывалась, теряла реальность, пряталась в снах, напоминая о себе одними бесконечными списками связок мехов, бочек икры, смолы, поташа, сала...

 Скопив денег, он исполнил давнюю мечту Эльзы: купил гостиницу в Саардаме. К тому времени он обзавелся потомством — Эльза аккуратно каждые два года производила на свет крепкую малышку. Гостиница содержалась ею в образцовом порядке и приносила небольшой, но постоянный доход. Курбатов с удовлетворением чувствовал, как приближается спокойная, обеспеченная старость. Не переставал жалеть только об одном, — что пришлось оставить тогда, в Париже, заветную тетрадь...

Он сделался книгочеем. Вечерами, поручив Эльзе постояльцев, покидал шумную, окутанную табачным дымом гостиную, поднимался в свой кабинет, брал с полки увесистый том, с удовольствием устраивался у камина, тщательно набивал длинную трубку, раскуривал и привычным движением отстегивал застежку с переплета... Мирно, незаметно текли часы; потом появлялась Эльза,

Зима в городе. Картина Хендрика Аверкампа

поила его липовым отваром и вела в теплую, нагретую грелкой постель...

Как-то раз сосед кузнец Кист (недавно вернувшийся из Москвы, где он работал у молодого государя Петра Алексеевича), желая сделать приятное Курбатову, подарил ему на Рождество книгу.

— Пусть она напоминает тебе о покинутой родине, — сказал он, вручая ее. — Я знаю, что значит жить на чужбине.

Книга оказалась романом Энрико Суареса де Мендосы-и-Фигероа «Евсторий и Хлорилена, московитская история». Читая его, Курбатов чувствовал нараставшее в нем возмущение: да где же здесь Россия, так ли в Москве говорят, думают, любят?..

 В этот вечер он решил написать о России сам. С этого момента для него наступила пора ночных бдений, душевной смуты, полупризрачного существования здесь, в Саардаме, рядом с Эльзой и детьми, и настоящего там — среди

грез и воспоминаний... Он писал так, словно старался извлечь Россию из небытия, спасти, сохранить ее для себя. Несмотря на это, книга получилась довольно жестокой.

Россия — бедная страна сравнительно с европейскими государствами, размышлял Курбатов, потому что несравненно менее их образованна. Здесь, в Европе, разумы у народов хитры, сметливы, много книг о земледелии и других промыслах, есть гавани, процветает морская торговля, земледелие, ремесла. Россия же заперта со всех сторон либо неудобным морем, пустынями, либо дикими народами; в ней мало торговых городов, не производится ценных и необходимых изделий. Ум у народа косен и туп, нет умения ни в торговле, ни в земледелии, ни в домашнем хозяйстве; люди сами ничего не выдумают, если им не покажут, ленивы, не промышленны, сами себе добра не хотят сделать, если их не приневолят к тому силой; книг нет никаких ни о земледелии, ни о других промыслах; купцы не учатся даже арифметике, и иноземцы во всякое время беспощадно их обманывают. В Боярской думе бояре, «брады свои уставя», на вопросы царя ничего не отвечают, ни в чем доброго совета дать не могут, «потому что царь жалует многих в бояре не по разуму их, но по великой породе, и многие из них грамоте не ученые и не студерованные». Подобно им и другие русские люди «породою своею спесивы и непривычны ко всякому делу, понеже в государстве своем научения никакого доброго дела не имеют и не приемлют, кроме спесивства и бесстыдства и ненависти и неправды; для науки и обхождения с людьми в иные государства детей своих не посылают, страшась, что, узнав тамошних государств веры и обычаи и вольность благую, начнут свою веру бросать и приставать к иным и о возвращении к домам своим и к сородичам никакого попечения не будут иметь и мыслить».

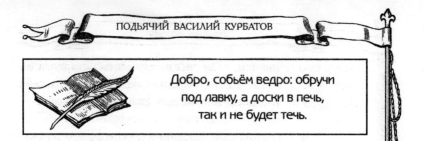

Добро, собьём ведро: обручи
под лавку, а доски в печь,
так и не будет течь.

Истории, старины мы не знаем и никаких политичных разговоров вести не можем, за что нас иноземцы презирают. Та же умственная лень сказывается и в некрасивом покрое платья, и в наружном виде, и во всем быту: нечесаные головы и бороды делают русских мерзкими, смешными, какими-то лесовиками. Иноземцы осуждают нас за неопрятность: мы деньги прячем в рот, посуды не моем; мужик подает гостю полную братину и «оба-два пальца в ней окунул». В иноземных газетах пишут: если русские купцы зайдут в лавку, после них целый час нельзя войти в нее от смрада. Жилища наши неудобные: окна низкие, в избах нет отдушин, люди слепнут от дыма. Всюду пьянство, взаимное «людодерство», отсутствие бодрости, благородной гордости, одушевления, чувства личного и народного достоинства. На войне турки и татары хоть и побегут, но не дадут себя даром убивать, обороняются до последнего издыхания, а наши «вояки» ежели побегут, так уж бегут без оглядки — бей их, как мертвых. Великое наше лихо — неумеренность во власти: не умеем мы ни в чем меры держать, средним путем ходить, а все норовим по окраинам да пропастям блуждать. Правление у нас, в одной стороне, вконец распущено, своевольно, безнарядно, а в другой — чересчур твердо, строго и жестоко; во всем свете нет такого безнарядного и распущенного государства, как польское, и такого крутого правления, как в славном государстве русском. Даже у магометан русским есть чему поучиться: трезвости, справедливости, храбрости и стыдливости.

Так какое же место занимаем мы, русские, среди других народов, задавал себе вопрос Курбатов и отвечал: наш народ — средний между «людскими», культурными народами и восточными дикарями и как таковой должен стать посредником между теми и другими. Мы и Европа — два особых мира, две резко различных человеческих породы.

Европейцы наружностью красивы и потому дерзки и горды, ибо красота рождает дерзость и гордость; мы ни то ни се, люди средние обличьем. Мы не красноречивы, не умеем изъясняться, а они речисты, смелы на язык, на речи бранные, колкие. Мы косны разумом и просты сердцем; они исполнены всяких хитростей. Мы не бережливы и мотоваты, приходу и расходу сметы не держим, добро свое зря разбрасываем; они скупы, алчны, день и ночь только и думают, как бы потуже набить свои мешки. Мы ленивы к работе и наукам; они промышленны, не проспят ни одного прибыльного часа. Мы — обыватели убогой земли; они — уроженцы богатых, роскошных стран и на заманчивые произведения своих земель ловят нас, как охотники зверей.

Не дал Бог медведю волчьей смелости, а волку медвежьей силы.

Мы просто говорим и мыслим, просто и поступаем: поссоримся и помиримся; они скрытны, притворны, злопамятны, обидного слова до смерти не забудут, раз поссорившись, вовеки искренне не помирятся, а помирившись, всегда будут искать случая к отместке. А потому мы, русские, должны всячески их междоусобные раздоры поддерживать и разогревать, ибо, как только запад-

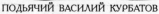

ные народы меж собой замирятся, они сразу всей силой прут на нас.

Закончив книгу, Курбатов ощутил пустоту и ровную, тихую боль, которая с тех пор так и осталась где-то внутри, у сердца. Россия ушла из воспоминаний, снов, мыслей, и он снова увидел себя в Саардаме, в гостинице, рядом с Эльзой и детьми.

Издателя для книги он нашел без труда. Несколько экземпляров отослал в Москву, в государеву библиотеку.

XIV

Прошло еще шесть лет.

Седьмого августа 1697 года Курбатов зашел к Кисту — хотел попросить его подковать лошадь. Жена Киста отперла дверь и проводила в гостиную. Кузнец сидел за столом вместе с каким-то молодым человеком, одетым в красную фризовую куртку, белые парусиновые штаны и лакированную шляпу. Когда Курбатов вошел в комнату, гость повернул к нему свое округлое испитое лицо с тонкими кошачьими усиками, живо сверкнув на него большими умными глазами.

Кист поднялся навстречу Курбатову, усадил его за стол.

— Это ваш соотечественник, герр Питер, — сказал он гостю. — Василий Курбатов, держит здесь, рядом, гостиницу.

— Русский? — удивился молодой человек. — Да, где только нашего брата не встретишь... А мы с этим славным кузнецом были добрые знакомцы в Москве. Я Петр Михайлов из свиты великих государевых послов, что сейчас в Амстердаме. Слыхал о сем?

Курбатов немного разволновался, стал расспрашивать. Сели за стол, жена Киста принесла еще одну кружку и трубки. Петр Михайлов достал из кармана куртки кисет, пошарил в нем.

— Вот незадача, табак кончился, — сказал он и обратился к Курбатову: — Дай-ка щепоть своего...

Курбатов протянул ему свой кисет и поинтересовался, считают ли в Москве по-прежнему курение табака грехом.

— Считают, — отозвался собеседник, недобро усмехнувшись. — Ну да великий государь переделает их на свой лад!

— Неужто его царское величество Петр Алексеевич курит? — изумился Курбатов.

— И сам курит, и своим боярам велит.

Курбатов посидел еще, потом стал прощаться. Михайлов переспросил, где находится его гостиница, и пообещал зайти на днях, потолковать.

Книга Василия Курбатова, критиковавшая российские порядки, оказала влияние на самого великого государя Петра I. Портрет работы Яна Веникса. Ок. 1697 г.

Вечером следующего дня Курбатов сидел у себя в кабинете за книгой. Неясный гул голосов за окнами отвлек его от чтения. Выглянув в окно, он увидел вчерашнего гостя кузнеца, идущего к гостинице. За ним несколько в отдалении следовала толпа голландцев — мужчин, женщин, детей. Раздавались крики:

— Der Kaiser! Der Russische Kaiser![1]

Петр сердился, топал на зевак ногой, замахивался кулаком... Один чрезвычайно назойливый бюргер подошел к нему очень близко, рассматривая его в упор, как диковинку. Петр одним прыжком оказался рядом с ним и влепил звонкую пощечину. Бюргер растерянно замигал, в толпе раздался смех. Петр в сердцах сплюнул и, больше не оглядываясь, размашистым шагом направился к дверям гостиницы.

---

[1] Царь! Русский царь! (*нем.*)

Курбатов поспешил вниз.

Петр запирал дверь. Увидев растерянное лицо Курбатова, он улыбнулся:

— Ты-то что таращишься или вчера не насмотрелся?.. Ну да, я и есть царское величество великий государь Петр Алексеевич. Просил ведь Киста вразумить жену, чтоб не разглашала мое инкогнито... Проклятые бабские языки!

Курбатов подавленно молчал. Петр посмотрел на окна, к которым приникли лица зевак, вздохнул.

— Книгу твою я читал, — сказал он, — и была она мне в великую досаду...

Курбатов потупился.

— ...ибо чуял правду слов твоих, — продолжал царь. — Ныне и сам знаю, что имею дело не с людьми, а с животными, которых хочу переделать в людей. Потому всегда радуюсь, встретив человека, согласно со мной мыслящего. Слушай меня, Курбатов. Вины, какие были за тобой, я тебе прощаю. Если не хочешь уподобиться ленивому рабу евангельскому, закопавшему талант свой в землю, поезжай в Москву, будешь числиться при Посольском приказе.

Давно занял грош на перевоз,
да некуда ехать.

А пока что жалую тебя дворянским званием и чином поручика. Ответ свой дашь завтра, а пока налей водки, что ли...

В сентябре, продав гостиницу и устроив все дела, Курбатов вместе с семьей выехал в Москву сухим путем. В дороге был весел, подшучивал над невозмутимой Эльзой, говорил с детьми только по-русски. В Кенигсберге, поднимаясь по трапу на корабль, который должен был везти их в Либаву, он вдруг остановился, дико выпучив глаза и ловя ртом воздух, схватился за грудь и под пронзительный визг Эльзы рухнул в воду. Через полчаса матросы баграми достали его тело, уже почти окоченевшее.

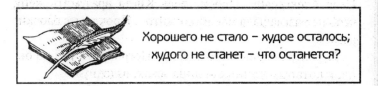

Хорошего не стало – худое осталось; худого не станет – что останется?

Эльза похоронила его в Кенигсберге по лютеранскому обряду. Затем она продолжила путь и к зиме добралась до Москвы. Петр, возвратясь из Голландии, оставил за ней и ее детьми дворянское звание и назначил приличную вдове поручика пенсию.

АПОЛЛОН
РАЗОБЛАЧЕННЫЙ

История эта, случись она за четыре-пять столетий до Креста, непременно была бы — с должным почтением к божественному возмездию — упомянута Секстом Эмпириком («Против ученых»), Псевдо-Аристотелем («Об удивительных слухах») или послужила бы Лукиану поводом для зубоскальства в каком-нибудь из его «Разговоров в царстве мертвых»; несомненно также, что названные авторы, равно как и позднеантичные комментаторы и компиляторы, не стали бы злоупотреблять по отношению к герою этой истории легкомысленными выражениями вроде «безвременная кончина» и «трагическая случайность», как это сделали коллеги профессора Якоба Миллера, посвятившие ему в начале августа 1914 года несколько некрологов в ряде немецких и швейцарских газет. В свою очередь, я не вполне уверен в своем праве называть историей события, связанные, по-видимому, лишь временной последовательностью.

Начать, наверное, следует с ноября 1912 года, когда профессор классической филологии Базельского университета Якоб Миллер, автор небезызвестных широкой публике книг «Политеизм у греков» (1898) и «Страдающие боги в языческих религиях» (1907), невольно обратил внимание на многочисленные не по сезону толпы иностранцев, тревожившие своими возбужденными восклицаниями тихие кафе и улицы города. Нетрудно было догадаться, что речь между ними идет о политике.

Аполлон, дающий урок музыки. Картина Помпео Джироламо Баттони.
1741 г.

Заглянув в газеты, Миллер узнал, что в Базеле проводит съезд какой-то II Интернационал, предупреждающий пролетариат Европы об угрозе империалистической войны. Упоминание о войне вызвало у него недоумение и грусть. Всякое проявление грубой силы было ему противно, к тому же, по его мнению, современный этап разгула в христианской цивилизации уничтожил все разумные причины и поводы для военного конфликта между культурными нациями.

Правда, будучи истинным гражданином своей страны, Миллер недолюбливал государства с многомиллионным населением и испытывал инстинктивное недоверие к разумности их общественного устройства и политических устремлений. Всем разговорам о социальных реформах и системе европейской безопасности он втайне предпочитал совет Аристотеля: «Сделайте так, чтобы число граждан не превышало десяти тысяч, иначе они не будут в состоянии собираться на публичной площади». Германия менее других европейских стран пробуждала его симпатии. Миллер хорошо знал и с удовольствием посещал Флоренцию, Венецию, Афины; в Берлин или Лейпциг он ездил неохотно и только по делам. Труды своих немецких коллег он ценил не очень высоко; перспектива германизации Европы ужасала его.

После лекций он поделился своими тревогами с профессором Готфридом Герсдорфом, медиевистом. Герсдорф был немец, что не мешало Миллеру в течение последних семи лет (с тех пор, как они сошлись) предпочитать его беседу любой другой. Их тревожили одни и те же вопросы: каким путем пойдет дальше культура, сумеет ли Европа сохранить и передать будущему хрупкую и столь часто искажаемую красоту, завещанную ей Аттикой и Тосканой?

Они поднялись на облюбованную туристами террасу между красным каменным собором и Рейном. Простое, ничем не примечательное здание университета находилось совсем близко, на склоне между музеем и рекой. Глядя вниз, на холодные волны реки, еще недалекой от верховья, но уже полноводной и шумной, Герсдорф сказал:

— Как человек я разделяю ваше отвращение к войне, но как мыслитель я не могу не признать, что война будит человеческую энергию, тревожит уснувшие умы, заставляет искать цели этой и без того слишком жестокой жизни в царстве мужественной красоты и чувстве долга. Лирические поэты и мудрецы, не понятые и отвергнутые толпой в годы мира, побеждают и привлекают людей в годы войны: люди нуждаются в них и сознаются в этой нужде. Необходимость идти за вождем заставляет их прислушиваться к голосу гения. Только война способна пробудить в человечестве стремление к героическому и высокому. Может быть, будущая война преобразит прежнюю Германию. Я вижу ее в своих мечтах более мужественной, обладающей более тонким вкусом.

— Нет, — отвечал Миллер — вы все время думаете о греках и итальянцах, в характере которых война действительно воспитывала добродетель. Но современные войны слишком поверхностны и потому бессильны нарушить рутину буржуазного существования. Они случаются слишком редко, впечатление от них быстро сглаживается, мысли людей не останавливаются на них. Ужас и страдания, причиняемые ими, носят слишком животный характер, чтобы высокоразвитая философия или искусство могли извлечь из них что-то новое, что-то ценное.

Нашему уму свойственно верить, а воле — хотеть; и если у них нет достойных предметов для веры и желания, они устремляются к недостойным.

Блез Паскаль

— И все же, — сказал Герсдорф, — я смотрю в будущее с надеждой: мне кажется, я вижу в нем черты видоизмененного средневековья. — Затем, немного помолчав, он предложил Миллеру провести этот вечер у него, поскольку он «ожидает сегодня нескольких своих друзей», и в их числе Поля де Сен-Лорана, возвращающегося в Париж из поездки по Греции и Италии. Имя этого сравнительно малоизвестного французского критика Миллеру было знакомо. Его фельетоны, разбросанные по страницам «La Press», «Journal de Debat» и некоторых других парижских изданий, производили на Миллера странное впечатление. Критический метод Сен-Лорана казался ему причудливым до извращенности, совершенно непозволительным для исследователя распутством мысли.

Сен-Лоран совершенно пренебрегал логическими доводами. Казалось, что, говоря о каком-нибудь авторе или отдельной книге, он старался вначале составить себе о них общее впечатление, которое потом воспроизводил образами, картинами, красочными и пышными уподоблениями, размышлениями, критическими отступлениями и сплошь да рядом просто красноречивыми восклицаниями.

Его стиль раньше утомлял глаза, чем мозг, и, однако, Миллер испытывал при чтении его фельетонов некое одурманивающее наслаждение. В руке Сен-Лорана перо превращалось в кисть живописца, которой он пользовался умело и порою блестяще. Античность и Ренессанс, религия и философия, боги и люди, бесчисленные и многообразные образы прошлого получали свое чеканное отображение в статьях этого взыскательного эстета, небрежно рассыпавшего их по страницам газет и журналов, где они соседствовали с объявлениями и политическими пасквилями. Его произведения напоминали Миллеру кабинет редкостей или залы Лувра, а сам Сен-Лоран представлялся ему каталогизатором, перебирающим холодными, бесстрастными пальцами драгоценные камни разных эпох.

На деле Сен-Лоран оказался весьма живым, артистически растрепанным молодым человеком, похожим в своем сияющем беспорядке на вдохновенных юношей с полотен Ренессанса. Он говорил только о Греции и Италии. Сообщая всем свои литературные планы, он поведал о дерзком желании описать метопы[1] Парфенона и с отчаянием жаловался, что во французском языке нет слов достаточно священных, чтобы описать эти торсы, «в которых божественность пульсирует подобно крови». «О Парфенон! Парфенон! — повторил он несколько раз. — Это слово преисполняет меня ужасом Священных Рощ!» Затем он обрушился на христианство, «одевшее в монашескую сутану мир, который во времена древних греков был ярким, красочным и полным жизненных соков».

— Боги Олимпа вечно юны, прекрасны и жизнерадостны! — с жаром восклицал Сен-Лоран. — Когда я произношу их имена — Аполлон, Венера, Пан, — перед моим взором встает ясный полдень, гиацинты и фиалки на склонах холмов, я слышу журчанье прозрачного ручья и смех загорелых юношей и девушек, купающихся в холодных водах горной речки. Но вот приходит Христос... И тут оказывается, что мир полон больных, нищих, убогих, отовсюду тянущих к радостной юности свои иссохшие, покрытые язвами и проказой руки, чтобы оборвать

---

[1] На девяноста двух метопах (каменных плитах над ордерами колонн) Парфенона представлены сцены гигантомахии, кентавромахии и амазономахии, а также отдельные сюжеты из Троянской войны и жизни Эрихтония (царя Афин, сына Гефеста).

Аполлон и Дафна

ее смех и заставить ее видеть только их, думать только о них... Это из-за Него люди больше не могут бездумно восхищаться великолепием бытия и воспевать солнце и красоту. Это из-за Него опустели и лежат ныне в развалинах храмы, где человек поклонялся здоровью, цветущей силе и красоте. Я не понимаю, как люди могли отречься от Красоты и предпочесть ей религию страдающей плоти! Христианин — это мумия, спеленутая в сутану, его молитвы, посты и мораль — это духовная и телесная гигиена трупа. Посмотрите на наших мужчин и женщин, подставляющих свои рыхлые, бледные, покрытые прыщами тела лучам солнца на каком-нибудь пляже Ниццы — лучшего довода против христианства не существует! Оно привело к деградации человечества. Кто хоть раз воочию видел божественную соразмерность пропорций Аполлона Бельведерского или Венеры Милосской, тот уже не сможет без отвращения смотреть на распятие. С чистым сердцем можно поклоняться только прекрасному, только Солнцу и Любви!

Сущность всякой веры состоит в том, что она придает жизни такой смысл, который не уничтожается смертью.

Лев Толстой

— Я искренне восхищаюсь чистотой форм Аполлона Бельведерского, — рискнул вставить Миллер, — но если вы захотите, чтобы я перед ним преклонялся, то, боюсь, я не увижу в нем ничего, кроме куска мрамора.

— Вы не верите в божественность Аполлона? — воскликнул Сен-Лоран. — Но попробуйте распять Солнце, и вы увидите, кто истинный Бог!

Миллер пожал плечами, и на этом, говоря коротко, беседа закончилась.

Разговор с Сен-Лораном навел его на размышления о порочной тенденции науки (не говоря уже об искусстве) последних лет вживлять античную мифологию в живую плоть современности, претворять образы древности, ее религию и культуру из объекта отвлеченного эстетического созерцания или историко-филологического анализа в факт внутреннего переживания. Результатом этих опытов, по мнению Миллера, была не новая крупица знания, а новая мифология — мифология мифа. Его возмущение вызывал и воинствующий Prugelknabenmethode[1], на котором строили свои исследования авторы подобных сочинений, избирающие, как правило, на роль Prugelknaben если не самого основателя христианства, то на худой конец кого-нибудь из отцов церкви или великих схоластов.

В качестве скромного протеста против задорного неопаганизма[2] своих современников Миллер принялся писать книгу, озаглавленную им подчеркнуто нейтрально: «Образ Аполлона в его историческом развитии».

---

[1] Буквально: метод «мальчика для битья» (*нем.*).

[2] Неопаганизм — «новое язычество» (от лат. paganus — язычник).

Тщательно избегая любых оценок, выходящих за рамки чисто научного комментария, он проанализировал все известные тексты, относящиеся к этому божеству. Ни один древнейший текст не свидетельствовал об Аполлоне как о солнечном боге. Хеттский Апулунас был богом ворот и хранителем дома, а его имя находилось в явном родстве с вавилонским словом «abullu» — «ворота». Его изображали в виде камня или столба, что подтверждает и Павсаний в своем описании святилища Аполлона в Амиклах: «Если не считать того, что эта статуя имеет лицо, ступни ног и кисти рук, то все остальное подобно медной колонне».

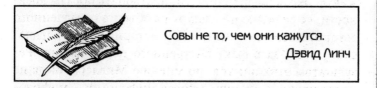

Совы не то, чем они кажутся.

Дэвид Линч

Кроме того, мифы об Аполлоне обнаруживали его связь с культом лавра (любовь к Дафне[1]), кипариса (любовь к юноше Кипарису), плюща (эпитет «Плющекудрый») и волка (Аполлон Ликейский, от «lyceios» — «волчий»). Само имя этого бога, негреческое по своему происхождению, было непонятным для греков и ассоциировалось ими с глаголом «apollyien» — «губить». Аполлон у Гомера — это «deimos theos», «страшный бог», который «шествует, ночи подобный», безжалостный «друг нечестивцев, всегда вероломный». Порфирий прямо называет его богом подземного царства, губителем. Это бог-разрушитель, профессиональный убийца, стреляющий без всякой цели своими смертоносными стрелами в людей и животных. Все

---

[1] Имя нимфы Дафны, в которую влюбился Аполлон, означает «лавр».

*Превращение Кипариса. Картина Доменико Цампьери.
Ок. 1616—1618 гг.*

древнейшие тексты говорили об ужасе, который испытывали перед ним природа, люди и даже боги. Земля, трепеща перед еще неродившимся Аполлоном, не принимает Латону, его мать, когда она, будучи беременной, скитается в образе волчицы, ища места, где бы она могла разрешиться от бремени. Гомеровские гимны утверждают:

> По дому Зевса пройдет он, — все боги и те затрепещут.
> С кресел своих повскакавши, стоят они в страхе, когда он
> Ближе подступит и лук свой блестящий натягивать станет.

Ватиканские мифографы именуют Аполлона титаном: «Он один из тех титанов, которые подняли оружие против богов». Да и внешне он представлялся грекам совсем не таким, каким его позже изобразил Леохар, автор Аполлона Бельведерского. Спартан-

Аполлон сдирает кожу с Марсия. Картина Хосе де Рибера. 1633 г.

ский историк Сосбий еще в IV веке до н. э. сообщал: «Никакой Аполлон не является истиннее того, которого лакедемоняне соорудили с четырьмя руками и четырьмя ушами, поскольку таким он явился для тех, кто сражался при Амиклах». Анализ более поздних источников показывал, что идеализация Аполлона началась с Еврипида и завершилась в эпоху упадка и разложения мифологии и язычества, когда греческие и римские интеллектуалы стремились сделать древних богов более привлекательными для образованных людей. Тогда наследники орфической и пифагорейской традиций отождествили его сначала с Гелиосом-Солнцем, а затем и с Дионисом, который стал означать Аполлона, находящегося в нижней, ночной, полусфере небес.

Миллер закончил книгу весной 1914 года; в начале лета она была издана за счет университета. Один экземпляр он отослал Сен-Лорану и в конце июля получил от него сумбурное письмо. «Вы осмелились отрицать солнечное происхождение Аполлона — берегитесь! — писал Сен-Лоран. — Не вы первый вступили в соперничество с его божественной кифарой, вспомните о содранной коже Марсия. Все же я прочел вашу книгу с удовольствием, с научной стороны она безупречна. Я могу лишь воскликнуть вслед за Бодлером, перед которым один его гость небрежно уронил статуэтку африканского божка: «Осторожнее! Откуда вы знаете, может быть, это и есть настоящий Бог!»

Вера в причину и следствие коренится в сильнейшем из инстинктов: в инстинкте мести.

Фридрих Ницше

Миллер читал эти строки утром 28 июля в Турине, куда он уехал отдыхать после окончания семестра. Днем, страдая от духоты в меблированных комнатах, снятых им на лето, он вышел побродить по берегу По и упал прямо на мостовую неподалеку от церкви Сан-Лоренцо. Врачи констатировали смерть от солнечного удара.

Похороны Миллера взял на себя Базельский университет. Покойному было пятьдесят два года; его жена умерла четыре года назад, — других родственников у него не было.

Благородно мстить лишь равному себе и в равном положении.

Фукидид

РИЧАРД
ЛЬВИНОЕ СЕРДЦЕ

Единственное оправдание войны состоит в героизме. Войны давно бы прекратились, если бы изредка не являли поразительных примеров величия человеческого духа, если бы наряду с утолением жажды насилия, крови и разрушения множество людей не чувствовали потребности через ярость, преступление, боль, лишения и смерть испытать пьянящую радость служения долгу и истине, высокой цели, дающей смысл личному существованию. Герой умеет забывать о себе, вот почему у всех народов воин окружен священным почитанием вместе с монахом, влюбленным и поэтом. Героизм, вера, любовь и поэзия — четыре сладостных источника великого забвения человеком самого себя.

Энергия самоутверждения в людях Средневековья была такова, что для достижения состояния жертвенного опьянения им приходилось черпать сразу из нескольких этих источников.

 Священник надевал поверх сутаны латы и садился на коня, чтобы преломить копье во славу Господа; влюбленный отправлялся в Святую землю по первому слову своей дамы; рыцари образовывали монашеские ордена; поэты сопровождали армии в их бесконечных скитаниях по дорогам и волнам Средиземноморья.

Это бродячее общество святых насильников и преступных мучеников, просуществовавшее около двухсот лет, носило название Воинства Христова и было одной из самых удивительных форм объединения людей. Его энтузиазм, уже непонятный нам, умел не отделять истории от вечности и не признавал действительность силой, готовой в любую минуту сокрушить как плоть, так и дух человека.

Достоин тот похвальных слов,
Кто и разить, и пасть готов!

Бертран де Борн

Ричард Львиное Сердце. Миниатюра из средневековой хроники

Крестоносцы остро ощущали общечеловеческую (хотя и неизвестную многим) потребность в двух родинах: одной — той, что дана нам при рождении, и другой — которую человеку предстоит обрести или завоевать. Состояние умов и исторические обстоятельства обусловили то, что акту завоевания был придан простейший смысл — географический. Любовь к ближнему не была отличительной чертой паладинов Креста; звезда Вифлеема освещала им дорогу другой любви — любви к дальнему.

Ричард Львиное Сердце — один из тех героев рыцарства, кто в нашем представлении вечно движется по тому пути, который средневековые хронисты называли «her transmarinus» и «Via Sacra»[1].

---

[1] По-латыни соответственно «путь за море» и «священная лощина».

Его имя вызывает, как звук сказочного рога, целую вереницу видений: роскошные города, раскинувшиеся среди песчаных пустынь Святой земли, лихие сшибки с летучими всадниками благородного Саладина, звон мечей, бряцание сабель...

Между тем его восточная эпопея продолжалась едва ли два года; остальные тридцать восемь лет своей жизни (за вычетом двухлетнего плена у германского императора) он провел преимущественно во Франции. Вообще многое в судьбе Ричарда, в самом его характере оставляет впечатление какой-то обманчивости, недосказанности, загадочности. Уже современные ему биографы оставили нам всю гамму самых разноречивых и порой противоположных оценок его личности. Одни рисуют его силачом и красавцем, другие — немощным и бледным выродком; одни — жадным и жестоким, другие — великодушным и щедрым; одни — образцом государя, другие — коварным предателем; одни — Божьим паладином, другие — исчадием ада.

Не знаю, под какой звездой
Рожден: ни добрый я, ни злой,
Ни всех любимец, ни изгой...

Гильом Аквитанский

Трудно даже с достоверностью указать, к какой нации принадлежал Ричард. Он родился в Оксфорде, но вырос и воспитывался в Аквитании, жители которой не считали себя французами (впрочем, как и обитатели Нормандии, Бретани, Анжу, Лангедока и других областей, не входивших в королевский домен). В нем смешались северная, норманнская, и южная, галльско-латинская, ра-

Трубадур Бертран де Борн посвящал Ричарду Львиное Сердце свои лучшие песни

сы[1]. Своеобразием своей личности Ричард во многом обязан этому причудливому смешению кровей своих предков.

От отца он унаследовал могучую фигуру, золотисто-рыжие волосы и нрав викинга. Искусство войны Ричард изучил в совершенстве. Юного принца окружали люди вроде одного отважного рыцаря, который, получив в пылу боя удар мечом, сплющивший ему шлем, выбежал из рядов, домчался до кузницы, где, положив голову на наковальню, дождался, пока кузнец молотом выпрямил ему шлем, после чего поспешил вновь принять участие в сражении. Этот двор имел своих поэтов, вдохновлявшихся, подобно скальдам, только при звоне мечей и стонах умирающих. Трубадур Бертран де Борн был просто влюблен в Ричарда, которому дал прозвище «мой Да и Нет». «Вот подходит веселая пора, — поется в одной из его песен, — когда причалят наши суда, когда придет король Ричард, доблестный и отважный, какого не бывало еще на свете. Вот когда будем мы расточать золото и серебро! Вновь воздвигнутые твердыни полетят к черту, стены рассыплются, башни рухнут, враги наши узнают

---

[1] В 1066 г. нормандский герцог Гильом (Вильгельм) Незаконнорожденный, вассал французского короля, победил англосаксонское войско при Гастингсе и завоевал Англию, которая официально стала достоянием французской короны. Его правнучка Матильда отдала свою руку вместе с правами на английский и нормандский престолы анжуйскому графу Жоффруа Плантагенету. Их сын Анри (Генрих) II, отец Ричарда, женился на Элеоноре Аквитанской. Таким образом, Плантагенеты, оставаясь вассалами французского короля, владели Англией и двумя третями Франции.

цепи и темницы. Я люблю путаницу алых и лазурных щитов, пестрых значков и знамен, палатки в долине, ломающиеся копья, пробитые щиты, сверкающие, продырявленные шлемы и хорошие удары, которые наносятся с обеих сторон... Я люблю слышать, как ржут кони без всадников, как кучами падают раненые и валятся на траву мертвые с пронзенными боками».

Ричард был, несомненно, и сложней, и умней этих и подобных им вояк, он умел проявлять как миролюбие и справедливость государя, так и милосердие христианина. Иногда «суровость его смягчалась», — свидетельствует Геральд Камбрезийский. «И однако же, — продолжает хронист, — кто усвоил известную природу, усвоил и ее страсти. Подавляя яростные движения духа, наш лев, — и больше, чем лев, — уязвлен жалом лихорадки, от которой и ныне непрерывно дрожит и трепещет, наполняя трепетом и ужасом весь мир».

Буйная порода старшего Плантагенета, убийцы Фомы Бекета[1] и беззастенчивого распутника, узнается и в неуемной luxuria[2] Ричарда, и в его своеобразном вольнодумстве. Первое особенно раздражало мирян, второе священников. «Он похищал жен и дочерей свободных людей, — говорит хронист, — делал из них наложниц». Однако, в отличие от своего отца, Ричард знал и сильное чувство.

 Наваррская принцесса Беранжера долгое время владела его сердцем. «Это была благонравная девица, милая женщина, честная и красивая — без лукавства и коварства, — пишет поэт Амбруаз, самый верный и доброжелательный биограф Ричарда. — Король Ричард очень любил

---

[1] Бекет Фома (1118–1170) — архиепископ Кентерберийский и канцлер Англии.

[2] Сладострастие (*лат.*).

ее; с того времени, как был графом Пуатье, он томился по ней сильным желанием».

Я больше ничего не возжелал,
Как вам служить – прекраснейшей из донн.
Вы, Донна, мне одна желанной стали...

Гильом де Кабестань

Печать Ричарда Львиное Сердце.

С согласия своего отца Беранжера сопровождала Ричарда в его походе в Святую землю. Что касается вольнодумства, то оно лишь выражало общую мятежность его натуры и было скорее инстинктивным, чем осознанным, хотя порой Ричард отпускал шутки прямо-таки мефистофелевского толка. Особое смущение у служителей церкви вызывали его кощунства и брань. Геральд посвятил его ругательствам целый параграф в своей книге «О воспитании государя», где после похвал благочестивым манерам французских королей и принцев он с неодобрением говорит о богохульствах principes alii[1], подразумевая при этом Ричарда: «В своей речи они непрерывно прибегают к ужасным заклятиям, клянутся божьей смертью, божьими глазами, ногами, руками, зубами, божьей глоткой и зобом божьим». Впрочем, дальше Геральд хвалит его за религиозное воодушевление, с каким Ричард принял крест воина Христова, и только с сожалением замечает, что у короля нет ни капли смирения и что он был бы всем хорош, если бы больше полагался на Бога и меньше верил в свои силы, чистой душой обуздав стремительность своих желаний и свою надменность.

---

[1] Других государей (*лат.*).

Без сомнения, Ричард был скорее свободной душой, нежели свободным умом, и его кощунства вполне соответствуют нравам той эпохи, знавшей такие торжества, как «Праздник осла» — пародийную литургию с текстами из Священного Писания, которые завершались ослиным ревом, издаваемым священником в унисон с толпой прихожан.

Норманнское неистовство в характере Ричарда несколько смягчалось влиянием его матери, Элеоноры Аквитанской, наследницы целой династии трубадуров. Она была внучкой Гильома IX Аквитанского, открывшего своими песнями век миннезанга. Он побывал в Иерусалиме, где «претерпел бедствия плена», но, как «человек веселый и остроумный», повествует хронист, он «пел о них забавно в присутствии королей и баронов, сопровождая пение приятными модуляциями». Его галантное жизнелюбие простиралось так дале-

Элеонора Аквитанская, мать Ричарда, происходила из династии трубадуров и окружила себя сонмом поэтов

ко, что он серьезно собирался основать около Ниора женский монастырь, где сестрам вменялся бы в послушание устав сердечных радостей. Прекрасная Элеонора могла бы стать подходящей настоятельницей этой обители.

Простите мелочность мою,
Я о поэтах вам спою,
Что рады мыслям и словам...

Пейре Овернский

Французский юг культивировал тогда удивительную форму куртуазной любви. «Любовь, — пишет Стендаль, — имела совсем особую форму в Провансе между 1100 и 1228 годом[1]. Там существовало твердое законодательство касательно отношений между полами в любви... Эти законы любви прежде всего совершенно не считались со священными правами мужей. Они не допускали никакого лицемерия. Принимая человеческую природу такой, как она есть, законы эти должны были давать много счастья». Допуская большую свободу в делах любви, кавалеры и дамы в спорных вопросах морали и права полагались на решения судов любви. «Когда они не могли прийти к соглашению, — пишет Иоанн Ностадамус, автор "Жизнеописаний провансальских поэтов", — тогда их посылали для окончательного решения к знаменитым дамам-председательницам, которые руководили публично разбором дел в судах любви в Сине и в Пьерфе, или в Рвманене, или в других местах, и выносили приговоры...»

Лишь учтивость воспретила
Снять одежды смело, –
Ей сама любовь внушила
Скромность без предела.

Бернарт де Вентадорн

Вот достопамятный приговор одного из таких судов любви. На вопрос: «Возможна ли истинная любовь между лицами, состоящими в браке друг с другом?» — суд под председательством графини Шампанской вы-

---

[1] В 1228 г. Крестовый поход северофранцузских рыцарей против еретиков Прованса разгромил цветущую культуру этой области.

нес решение: «Мы говорим и утверждаем, ссылаясь на присутствующих, что любовь не может простирать своих прав на лиц, состоящих в браке между собою. В самом деле, любовники всем награждают друг друга по взаимному соглашению совершенно даром, не будучи к тому понуждаемы какой-либо необходимостью, тогда как супруги подчиняются обоюдным желаниям и ни в чем не отказывают друг другу по велению долга... Пусть настоящий приговор, который мы вынесли с крайней осмотрительностью и согласно мнению большого числа других дам, будет для вас истиной, постоянной и неоспоримой».

Элеонора была председательницей одного из таких судов. Она окружила себя поэтами, воспевавшими ее красоту. Поэзия была в большом почете при дворе внучки Гильома IX. «Все, что до нас дошло от этой весьма своеобразной цивилизации, — пишет Стендаль в своей книге „О любви“, — сводится к стихам, и притом еще рифмованным самым причудливым и сложным образом... Был найден даже брачный контракт в стихах». Поэтому не случайно Ричард, едва создав собственный двор, населил его трубадурами. «Он привлекал их отовсюду, — с неодобрением замечает Роджер Ховденский, — певцов и жонглеров; выпрашивал и покупал льстивые их песни ради славы своего имени.

Пели они о нем на улицах и площадях, и говорилось везде, что нет больше такого принца на свете».

 Ричард и сам охотно слагал песни, подобно своему деду, желая быть первым и в этом славном искусстве. От его творчества, вероятно весьма обширного, сохранились только две поздние элегии, написанные одна на французском, другая на провансальском языке (тот и другой были для него родными).

На английском престоле Плантагенеты продолжили ту злополучную династию, над которой тяготело пророчество Мерлина: «В ней брат будет предавать брата, а сын – отца». Существование проклятия над семьей Анри II не вызывало сомнений у современников. «От дьявола вышли и к дьяволу придут», — предрекал при дворе Людовика VII святой Бернард; «происходят от дьявола и к нему отыдут», — вторил ему Фома Бекет. Для средневековых биографов Ричарда он был обречен с самого начала из-за «вдвойне проклятой крови, от которой он принял свой корень» (Геральд Камбрезийский). Сам Ричард верил в свою дурную кровь и неоднократно рассказывал историю о своей отдаленной бабке, графине Анжуйской, женщине «удивительной красоты, но неведомой породы». Передавали, что эта дама всегда покидала церковь, не дожидаясь пресуществления даров. Однажды, когда по повелению ее мужа четыре рыцаря хотели ее удержать, она улетела в окно и больше не возвращалась. «Неудивительно, — говорил Ричард, — что в такой семье отцы и дети, а также братья не перестают преследовать друг друга, потому что мы все идем от дьявола к дьяволу». «Разве ты не знаешь, — спрашивал Геральда брат Ричарда, принц Жоффруа, — что взаимная ненависть как бы врождена нам? В нашей семье никто не любит другого».

Семейные распри Плантагенетов были ужасны. Элеонора вечно враждовала с мужем, одно время даже державшим ее в заточении, и, поскольку Ричард был ее любимцем, ему постоянно приходилось быть настороже по отношению к отцу, беззастенчиво жертвовавшему интересами старших сыновей[1] в пользу младшего, своего любимца Иоанна. Ричарду пришлось вынести от отца особенно жгучую обиду: его невесту Аделаиду, дочь Людо-

---

[1] Анри III, Ричард и Жоффруа.

вика VII, Анри II увез в свой замок и там обесчестил. После смерти старшего брата Ричард вынужден был силой отстаивать свои наследственные права. Вместе с французским королем Филиппом-Августом он травил Анри II по всему Туранжу, пока наконец не заставил признать себя наследником английского, нормандского и анжуйского престолов.

Короны есть, но нет голов,
Чтоб под короной ум блистал.
О славе дедовских гербов
Маркиз иль князь радеть не стал.

Бертран де Борн

Вечный предатель принц Иоанн поддержал Ричарда в борьбе с отцом. Покинутый всеми, сломленный физически и морально, старый король умер в своем замке Шинон. Слуги ограбили его, так что он «остался почти голым — в штанах и одной рубахе». Ричард присутствовал на его похоронах. Автор «Поэмы о Гильоме де Марешале», описывая эту сцену, не позволяет себе никаких догадок о чувствах, с какими Ричард явился на церемонию. «В его повадке не было признаков ни скорби, ни веселья. Никто не мог бы сказать, радость была в нем или печаль, смущение или гнев. Он постоял не шевелясь, потом придвинулся к голове и стоял задумчивый, ничего не говоря...» Затем, говорит поэт, позвав двух верных друзей отца, он сказал: «Выйдем отсюда» — и прибавил: «Я вернусь завтра утром. Король, мой отец, будет погребен богато и с честью, как приличествует лицу столь высокого происхождения». В этой семье смерть означала прощение. Умирая, Ричард велел похоронить себя в Фонтевро, у ног отца; здесь же, рядом с Анри, была положена Элеонора.

Может быть, хороня отца, Ричард думал о том, что теперь настал час выполнить свой обет: два года назад, находясь в возрасте Христа, он принял Крест. То, что религиозный пыл, владевший им, был вполне искренен, видно по той исключительной энергии, с которой он взялся за организацию похода.

 В отличие от своего собрата по обету, короля Филиппа, больше думавшего о том, что произойдет после их возвращения из Святой земли, и готовившего решительную схватку не с Саладином на Иордане, а с самим Ричардом во Франции, Ричард принес в жертву крестоносной идее все: и свои интересы государя, и благосостояние своих подданных.

Жизнь в мире мне не дорога:
Не любо есть мне, пить и спать...
Бертран де Борн

Во Франции и Англии епископы выкачивали саладинову десятину из своих епархий; сокровища покойного Анри II, города, замки, сюзеренитет над Шотландией, графство Нортгемптонское пошли с молотка для покрытия расходов. «Я готов продать сам Лондон, если бы нашелся покупатель», — говорил Ричард. Со всех концов Франции к нему съезжаются бароны, привлеченные его золотом. Самых богатых своих вассалов он оставляет в их замках, зачастую против их желания, заставляя выкупать навязанное им домоседство. «Я не курица, которая высиживает утят, — отвечает он недовольным. — В конце концов, кого тянет в воду, пусть идет».

Огромная армия, посаженная на 100 грузовых судов и 14 легких кораблей, была снабжена всем необходимым: «золотом и серебром, утварью и оружием, одеждой и тканями, мукой, зерном и сухарями, вином, медом, сиропом, копченым мясом, перцем, тмином, пряностями и воском». В ясные июньские дни 1190 года, «когда роза разливает свое сладостное благоухание, — говорит Амбруаз, — с крестом впереди, с тысячами вооруженных людей, выступили светлейший король Англии и французский король. Движутся они на Восток и ведут за собой весь Запад. Различное по языку, обычаю, культу, войско полно пламенной ревности. О, если бы ему суждено было вернуться с победой!..».

За столетие, истекшее после взятия крестоносцами Иерусалима, европейские рыцари, ставшие сирийскими королями, князьями и баронами, никак не изменили своих разбойных привычек. В Первом крестовом походе их замкнутый, раздираемый взаимными распрями и ненавистью мирок, словно пучок сухих колючек, докатился до Сирии и Палестины и застрял там, сохранив неизменными свою драчливую обособленность и расово-культурную отчужденность. Огромный мир ислама (равно как и византийского православия) с его чарующей архитектурой, процветающими науками — математикой, астрономией и медициной, — просвещенными нравами, знакомыми с истинным благородством, с его мистикой, поэзией и философией, подкрепляющей истины Корана учением несравненного Философа, как арабы почтительно называли Аристотеля, долгое время оставлял крестоносных варваров в самодовольном равнодушии, подобном безразличию, с которым дикарь, не знающий денежного обращения, повертев в руках золотой самородок, бросает его в воду, чтобы полюбоваться разбегающимися кругами.

Проснитесь, Папиоль,
Решайте, Да иль Нет.
Настало время, время выбирать...

Бертран де Борн

Даже не помышляя о единстве перед крепнущей державой Саладина, вдохнувшего в ислам новую энергию в его пятивековом походе против Креста, они тревожили молодого льва, нанося ему дразнящие уколы. Легкомысленные подвиги антиохийского князя Рено Шатильонского за Иорданом, нападение на мирный караван Саладина и захват его сестры вызвали ответную бурю, поражение сирийских баронов при Хиттине и переход Иерусалима в руки нового героя ислама.

 Третий крестовый поход должен был вернуть христианству его святыни. Ко времени отплытия флотилии Ричарда от берегов Франции множество воинов со всей Европы, простых и знатных, уже больше года стекались к Аккре, пополняя огромную армию крестоносцев, осаждавших город, под стенами которого разбил лагерь и сам Саладин.

Филипп, прибывший под Аккру первым, решил не начинать штурма, не дождавшись своего вассала, английского короля (третий венценосный участник похода — германский император Фридрих Барбаросса — не дошел до Палестины, утонув при переправе через одну из речек в Малой Азии).

Причиной задержки Ричарда было недоброжелательное поведение кипрского императора Исаака Комнина, захватившего в почетный плен корабль с невестой и сестрой короля. Их освобождение (а заодно и завоевание Кипра) заняло около месяца. Слух о готовящемся штурме Аккры вернул Ричарда к его настоящей цели. «Да не будет того, чтобы ее взяли без меня! — передает Амбруаз его нетерпеливое восклицание. — И больше король не хотел ничего слышать... сердце его стремилось только к Аккре».

Кто соблюдает честь свою,
Быть должен одержим в бою
Заботою одною...

Бертран де Борн

Через двое суток Ричард был уже у Казал-Эмбера, ближайшей к Аккре стоянке. Отсюда он ясно мог видеть город, а у его стен — «цвет людей всего мира, стоявших лагерем вокруг». «Горы и холмы, склоны и долины, — рисует Амбруаз открывшуюся перед королем и его воинством картину, — покрыты были палатками христиан... Далее виднелись шатры Саладина и его брата и весь лагерь язычников. Все увидел, все заметил король... Когда же приблизился он к берегу, можно было разглядеть французского короля с его баронами и бесчисленное множество людей, сошедшихся навстречу. Он спустился с корабля. Услышали бы вы тут, как звучали трубы в честь Ричарда Несравненного, как радовался народ его прибытию».

Ричарда встречали как вестника победы. «Ночь была ясна... Кто смог бы рассказать ту радость, какую проявили по поводу его приезда? Звенели кимвалы, звучали флейты, рожки... пелись песни. Всякий веселился по-своему. Кравчие разносили в чашах вино... Сколько тут зажжено было свечей и факелов. Они были так ярки, что долина казалась охваченной пламенем».

Рассказ Амбруаза об осаде Аккры полон эпизодов, поэтически живописных и одновременно простодушно реалистичных. Чего стоит хотя бы вот эта зарисовка: «Случилось, что некий рыцарь пристроился ко рву, чтобы сделать дело, без которого никто не может обойтись. Когда он присел и придал соответствующее положение своему телу, турок, бывший на аванпостах, которого тот не заметил, отделился и подбежал. Гнусно и нелюбезно было захватывать врасплох рыцаря, в то время как тот был так занят». Турок уже был готов пронзить его копьем, продолжает Амбруаз, «когда наши закричали: „Бегите, бегите, сэр!..“. Рыцарь с трудом поднялся, не кончив своего дела. Взял он два больших камня (слушайте, как Господь мстит за себя!) и, бросив их, наповал убил турка. Захватив вражеского коня, он привел его в свою палатку, и была о том большая радость». В попечении Всевышнего о своем воинстве Амбруаз сомневается не больше, чем Гомер — во вмешательство богов в осаду Трои. «Был в турецком лагере метательный снаряд, причинивший нам много вреда. Он кидал камни, которые летели так, точно имели крылья. Такой камень попал в спину одному воину. Будь то деревянный или мраморный столб, он был бы разбит надвое. Но этот честный храбрец даже его не почувствовал. Так хотел Господь. Вот поистине Сеньор, который заслуживает того, чтобы ему служили, вот чудо, которое внушает веру!»

Поэт хранит память и о более возвышенных и печальных событиях. Пытаясь заполнить крепостные рвы, осаждавшие бросали в них камни, которые свозили отовсюду. «Бароны привозили их на конях и вьючных животных. Женщины находили радость в том, чтобы притаскивать их на себе. Одна из них видела в том особое утешение. На этой работе, когда собралась она свалить тяжесть с шеи, пронзил ее стрелой сарацин. И столпился вокруг нее народ, когда она корчилась в агонии... Муж прибежал ее искать, но она просила бывших тут людей, рыцарей и дам, чтобы ее тело употребили для заполнения рва. Туда и от-

Но стать горчайшей из утрат —
Ей предстоит. О, злая доля!
О, сладость горькая утрат!

Джауфре Рюдель

несли ее, когда она отдала Богу душу. Вот женщина, о которой всякий должен хранить воспоминание!»

Несмотря на чудеса и воодушевление солдат, осада долгое время шла без особого успеха. В лагере крестоносцев вспыхнула эпидемия, поразившая и обоих королей. Больных жестоко лихорадило, «у них были в дурном состоянии губы и рот», выпадали ногти и волосы и шелушилась кожа на всем теле.

Еще больше вреда причиняла вражда между предводителями армий. Ричард, заболевший первым, боялся, что Аккра будет взята без него и всячески препятствовал совместным действиям двух армий. Филипп отвечал тем же. «Во всех тех начинаниях, в каких участвовали короли и их люди, — пишет Роджер Ховденский, — они вместе делали меньше, чем каждый поодиночке. Короли, как и их войско, раскололись надвое. Когда французский король задумывал нападение на город, это не нравилось английскому королю, а что угодно было последнему, неугодно первому. Раскол был так велик, что почти доходил до открытых схваток». Несколько штурмов города окон-

Филипп Август и Ричард Львиное Сердце получают ключи от Аккры

чились неудачно для осаждавших, но силы защитников Аккры были истощены. Саладин согласился уступить крепость на почетных условиях. Соперничество Ричарда и Филиппа продолжилось и в стенах Аккры, неприятно поразив многих крестоносцев. Оба короля стремились впускать в город только своих людей и не давали доли в добыче тем, кто задолго до их приезда бился под его стенами. Дело дошло до того, что Ричард открыто напал на Леопольда, герцога Австрийского, которого он не любил как сторонника Филиппа и родственника кипрского императора, сбросил знамя герцога с занятого им дома и выгнал его воинов из занимаемого ими квартала.

Хуже всего, однако, было то, что после взятия Аккры французский король собрался в обратный путь. Ричард, который «оставался в Сирии на службе Богу», потребовал у него клятвенного обещания не нападать на его земли в его отсутствие. Филипп подтвердил, что не имеет злых намерений против него.

Честь умерла. Ее врагов
Я бы нещадно истреблял,
В морях топил без дальних слов...

Бертран де Борн

«Французский король собрался в путь, — говорит Амбруаз, — и я могу сказать, что при отъезде он получил больше проклятий, чем благословений... А Ричард, который не забывал Бога, собрал войско... нагрузил метательные снаряды, готовясь в поход. Лето кончалось. Он велел исправить стены Аккры и сам следил за работой. Он хотел вернуть Господне наследие и вернул бы, не будь козней его завистников».

С этого дня (3 августа 1191 года) жизнь Ричарда достигает своего высшего напряжения, продолжавшегося немногим более года — до его отъезда из Сирии. Этот год навсегда запечатлел его в памяти потомков таким, каким мы его знаем, — бесстрашным рыцарем веры, очаровывающим даже сарацин своим мужеством. «Это он производит такие опустошения в наших рядах, — говорили Саладину бежавшие от Арсуфа эмиры. — Его называют Мелек-Ричард, то есть тот, который умеет обладать царствами, производить завоевания и раздавать дары». В войске Саладина у него даже появился горячий поклонник — это был не кто иной, как брат Саладина — Малек-эль-Адил-Мафаидин. Сам султан проявлял к своему врагу большое уважение и обменивался с ним подарками.

Амбруаз, восхищенный своим «доблестным», «бесподобным», «бодрым королем», не устает описывать его бесчисленные подвиги. Вот в сражении у Арсуфа турки «стеной напирают на крестоносцев». Более двадцати тысяч их налегло на отряд госпитальеров. Великий магистр Гарнье де Нап скачет галопом к королю: «Государь, стыд и беда нас одолевают. Мы теряем всех коней!» Ричард отвечает ему: «Терпение, магистр! Нельзя быть разом повсюду».

Выждав удобный момент для атаки, король «дал шпоры коню и кинулся с какой мог быстротой поддержать первые ряды. Летя скорее стрелы, он напал справа на массу врагов с такой силой, что они были совершенно сбиты, и наши всадники выбросили их из седла. Вы увидели бы их притиснутыми к земле, точно сжатые колосья. Храбрый король преследовал их, и вокруг него, спереди и сзади, открывался широкий путь, устланный мертвыми сарацинами».

В десятках стычек он бросается на врага в одиночку, не дожидаясь своих воинов, и возвращается невредимым, хотя и «колючим, точно еж, от стрел, уткнувшихся в его панцирь».

И также люб тот рыцарь мне,
Что, первым ринувшись вперед,
Бесстрашно мчится на коне...

Бертран де Борн

В тревожные ночи он спал «в палатке за рвами, чтобы тотчас поднять войско, когда будет нужно, и, привычный к внезапной тревоге, вскакивал первым, хватал оружие, колол неприятеля и совершал молодечества». В стычке при Казаль-де-Плен сарацины разбежались, едва завидев хорошо знакомую им фигуру, летевшую на них «на своем кипрском Фовеле, лучшем коне, какого только видели на свете...». Ричард один погнался за восемьюдесятью турками и, прежде чем свои к нему поспели, ссадил на землю нескольких сарацин.

Упоение боем не мешало ему спешить на выручку своим воинам, попавшим в трудное положение. На крестоносцев, занятых работой у стен Казаль-Мойена, напал отряд турок. «Битва была в самом разгаре, когда прибыл король Ричард. Он увидел, что наши вплотную окружены язычниками. „Государь, — говорили ему окружающие, — вы рискуете великой бедой. Вам не удастся выручить наших людей. Лучше пусть они погибнут одни, чем вам погибнуть вместе с ними. Вернитесь!.. Христианству конец, если с вами случится несчастье“. Король изменился в лице и сказал: „Я их послал туда. Я просил их пойти. Если они умрут без меня, пусть никогда не называют меня королем“. И дал он шпоры лошади, и отпустил ее узду...» Его появление спасло крестоносцев — «турки бежали, как стадо скота».

Несомненно, что в этом походе «несравненный король» познал не только уже привычную ярость разрушения, но и любовь и сострадание к людям, делившим с ним счастье и несчастье. В лагере у Соленой реки войско Ричарда томилось голодом. Некоторые воины убивали своих коней и дорого продавали их мясо.

Голодные люди теснились вокруг барышников. Узнав об зтом, король тотчас объявил, что всякий, кто даст его фуражирам убитую лошадь, впоследствии получит от него живую. Полученное таким образом мясо справедливо распределили между голодными.

«Все ели и получили по хорошему куску сала». Добравшись в марте 1192 года до разрушенного Саладином Аскалона, измученные походом крестоносцы взялись за восстановление его стен и башен. «Король с обычным своим великодушием участвовал в работе, и бароны ему подражали. Всякий взял на себя подходящее дело. Там, где другие не являлись вовремя, где бароны ничего не

Щит Ричарда Львиное Сердце

делали, король вступался в работу, начинал ее и оканчивал. Где у них не хватало сил, он приходил на помощь и подбодрял их. Он столько вложил в этот город, что, можно сказать, три четверти постройки было им оплачено. Им город был восстановлен, им же он потом был разрушен».

После первого неудачного похода на Иерусалим войско сильно пало духом. «Скотина ослабела от холода и дождей и падала на колени. Люди проклинали свою жизнь и отдавались дьяволу. Среди людей была масса больных, чье движение замедлял недуг, и их бросили бы на пути, не будь английского короля, который заставлял их разыскивать, так что их всех собрали и всех привели (в Раму)». Сердце Ричарда не очерствело от смертей, которые сопутствовали каждому его шагу по Святой земле. Вот поле битвы при Арсуфе. Госпитальеры и тамплиеры ищут тело отважного Жака Авенского. «Они не пили и не ели, пока не нашли его. И когда нашли, надо было мыть ему лицо; никогда не узнали бы его, столько получил он смертельных ран... Огромная толпа людей и рыцарей вышла навстречу, проявляя такую печаль, что смотреть было жалостно. Когда его опускали в землю, были тут короли Ричард и Гюи (Гюи Луэдшьянский, король Иерусалима. – *С. Ц.*)... Не спрашивайте, плакали ли они».

Едва Роланд в сознание пришел,
Оправился и сил набрался вновь,
Как он увидел, что проигран бой:
Все войско христиан костьми легло...
«Песнь о Роланде»

Это погребение происходило незадолго до того дня, который похоронил все надежды крестоносцев на успешное завершение похода. Иерусалим оказался недосягаем для воинства Ричарда. Причина неудачи крылась даже не в недостатке военных средств для захвата города, а в своеобразной психологии крестоносцев, о которой Амбруаз замечает: «Если бы даже город был взят, – это было бы гибельным делом: он не мог бы быть тотчас заселен людьми, которые в нем бы остались. Потому что крестоносцы, сколько их ни было, как только осуществили бы свое паломничество, вернулись бы в свою страну, всякий к себе домой. А раз войско рассеялось, земля потеряна». Таким образом, Ричард оказался в странном лабиринте, все ходы которого в равной степени удаляли его от цели. Бароны один за другим покидали его, солдаты жаловались на усталость; из Европы приходили вести о том, что Филипп вторгся во французские владения Ричарда, а брат Иоанн готовит ниспровержение его власти в Англии. Наконец предательства и новые приступы болезни сломили волю короля.

«Король был в Яффе, беспокойный и больной, — пишет Амбруаз. — Он все думал, что ему следовало бы уйти из нее ввиду беззащитности города, который не мог представить противодействия (Саладину). Он позвал к себе графа Анри, сына своей сестры, тамплиеров и госпитальеров, рассказал им о страданиях, которые испытывал в сердце и в голове, и убеждал их, чтобы одни отправились охранять Аскалон, другие остались стеречь Яффу и дали бы ему возможность уехать в Аккру полечиться. Он не мог, говорил он, действовать иначе. Но что мне сказать вам? Все отказали ему и ответили кратко и ясно, что они ни в каком случае не станут охранять крепостей без него. И затем ушли, не говоря ни слова... И вот король в великом гневе. Когда он увидел, что весь свет, все люди, нечестные и неверные, его покидают, он был смущен, сбит с толку и потерян. Сеньоры! Не удивляйтесь же, что он сделал лучшее, что мог в ту минуту. Кто ищет чести и избегает стыда, выбирает меньшее из зол. Он предпочел просить о перемирии, нежели покинуть землю в великой опасности, ибо другие уже покидали ее и открыто садились на корабли. И поручил он Сафадину, брату Саладинову, который очень любил его за его доблесть, устроить ему поскорее возможно лучшее перемирие... И было написано перемирие и принесено королю, который был один, без помощи в двух милях от врагов. Он принял его, ибо не мог поступить иначе... А кто иначе расскажет историю, тот солжет...»

> Сеньор и государь,
> Владения мои, и весь мой край,
> И Сарагосу я вручаю вам.
> Я и себя и рать сгубил вчера.
>
> «Песнь о Роланде»

*Герб
Ричарда
Львиное
Сердце*

Условия перемирия отражали тот глубокий упадок духа, в котором пребывал брошенный своими союзниками король. Иерусалим остался в руках сарацин, христиане сохранили за собой только узкую полоску земли между Тиром и Яффой; Саладин удержал у себя пленных крестоносцев. Но в конце переговоров, сообщает Амбруаз, «король не смог смолчать о том, что было у него на сердце. И велел он сказать Саладину (это слышали многие сарацины), что перемирие заключается им на три года: один ему нужен, чтобы вернуться к себе, другой — чтобы собрать людей, третий — чтобы вновь явиться в Святую землю и завоевать ее». Саладин без тени иронии ответил ему, что высоко ценит его мужество, великое его сердце и доблесть и что, если суждено его земле быть завоеванной при его жизни, он охотнее всего увидит ее в руках Ричарда.

Когда король уезжал, многие провожали его со слезами нежности, молились за него, вспоминая его мужество, его доблесть и великодушие.

Они говорили: «Сирия остается беспомощной». Король, все еще очень больной, простился с ними, вошел в море и открыл паруса ветру. Он плыл всю ночь при звез-

дах. Утром, когда занялась заря, он обернулся лицом к Сирии и сказал: «О, Сирия! Вручаю тебя Богу. Если бы дал Он мне силы и время, чтобы тебе помочь!»

Ричард покинул Яффу 9 октября. Через два с половиной месяца его корабль потерпел крушение у берегов Адриатики. Король решил ехать дальше инкогнито через владения австрийского герцога, которому некогда нанес тяжелое оскорбление в Аккре. Отпустив густую бороду и длинные волосы, в сопровождении только одного спутника, Ричард добрался до Вены.

Здесь его спутник, пытавшийся разменять деньги, был узнан слугой герцога, схвачен и отведен к Леопольду. Под пыткой он указал место, где остановился Ричард. Короля арестовали спящим; он, однако, настоял на том, что отдаст свой меч только в руки самого герцога.

Да не послужит сталь твоя неверным.
Пусть лишь христианин тобой владеет,
Пусть трус тебя вовеки не наденет!
«Песнь о Роланде»

Ричарда заточили в замок Дюренштейн на Дунае. Рассказывают, что его друзья и слуги долго безуспешно искали его. Темницу его будто бы открыл трувер Блондель, случайно запевший под его окном песню, сложенную им когда-то вместе с Ричардом. Допев первый куплет, он услышал, как кто-то с вершины башни подхватил второй. Изумленный Блондель поднял голову и узнал короля, стоявшего у окна.

Германский император отобрал пленника у герцога и поместил его в эльзасский замок Трифель, о котором молва утверждала, что из него никто не вышел живым.

Последовали долгие переговоры о выкупе. Когда согла-
шение о сумме выкупа было достигнуто, Филипп, Иоанн и другие враги Ричарда попытались перекупить
пленника, и лишь вмешательство Церкви помешало императору нарушить договор. Но громче всех об освобождении Ричарда взывали поэты Англии и Франции. Их
гневные голоса клеймили его тюремщиков и вызывали
сочувствие к плененному герою. Провансальский трубадур Пьер Видаль писал:

Домой без опасенья Ричард ехал,
Как император, думая нажиться
На выкупе, им овладел коварно.
Проклятье, Цезарь, памяти твоей!
Ричард ответил славным певцам собственной песней:

Напрасно помощи ищу, темницей скрытый.
Друзьями я богат, но их рука закрыта,
И без ответа жалобу свою
Пою...

Как сон, проходят дни. Уходят в вечность годы...
Но разве некогда, во дни былой свободы,
Повсюду, где к войне лишь кликнуть клич могу,
В Анжу, Нормандии, на готском берегу,

Могли ли вы найти смиренного вассала,
Кому б моя рука в защите отказала?
А я покинут!.. В мрачной тесноте тюрьмы
Я видел, как прошли две грустные зимы,
Моля о помощи друзей, темницей скрытый...

Друзьями я богат, но их рука закрыта,
И без ответа жалобу свою
Пою!..

Конечно, жалобы на равнодушие мира были только элегическим преувеличением. Ричард знал, что его друзья действовали за него повсюду. Наконец настал день, когда Филипп в ужасе написал Иоанну: «Берегитесь! Дьявол выпущен на свободу!» Действительно, Ричард вырвался из тюрьмы, как стремительный поток, прорвавший плотину, увлекая за собой всех недовольных властной политикой Капетинга. Вместе с ним против Филиппа поднялись Нормандия и Анжу, Аквитания и Фландрия, Бретань, новый германский император Отто Брауншвейгский и Иоанн, внезапно вспомнивший о братских узах, связывавших его с Ричардом... Их войска опустошали все на своем пути, «не оставляя собаки, которая лаяла бы им вслед». В битве при Фретевале Филипп потерял свои архивы и свою казну. В сражении между Курселем и Жизором он бежал, преследуемый Ричардом, «точно голодным львом, почуявшим добычу»; у ворот Жизора он едва не попал в плен, упав с моста в волны Эпты и «напившись ее воды». В конце 1198 года «Ричард так его прижал, что он не знал, куда повернуться; он вечно находил его перед собою».

Ураган утих так же внезапно, как и начался. Папский легат, приехавший к Ричарду от имени Филиппа вести переговоры о мире, вначале услышал от него гневные слова: «Не будет он владеть моими землями, пока я держусь на коне. Можете ему это сказать!» Легат осторожно возразил: «Вспомните, какой грех совершаете вы этой войной. В ней гибель Святой земли... Ей грозит уже конечный захват и опустошение, а христианству конец». Напоминание о Иерусалиме тотчас смирило грозу в сердце Ричарда. Он склонил голову и с горечью произнес: «Если бы оставили в покое мою державу, мне не нужно было бы возвращаться сюда. Вся земля Сирии была бы очищена от язычников...». Переговоры закончились согласием Ричарда на пятилетнее перемирие.

С этой минуты Святая земля вновь всецело завладевает мыслями Ричарда. И если три месяца спустя мы все еще видим его в Аквитании, под стенами замка Шалю, то лишь потому, что он явился сюда усмирить непокорного лиможского виконта Адемара V, которого подозревал в утайке половины сокровищ покойного Анри II. Мы уже знаем, с какой обстоятельностью готовился Ричард к походу в Святую землю. Лиможское золото должно было стать финансовой базой его новых приготовлений.

 Но именно здесь, в наследственной, «материнской» земле, на вершине его успехов, в чаянии небывалых замыслов и свершений, непредвиденная случайность оборвала нить его жизни. Или это была не случайность, а непреложная закономерность в судьбе того, кто, по словам Геральда Камбрезийского, властно пробивая пути в грядущее, «вступает только на пути, политые кровью»?

Роджер Ховденский так рассказывает о смерти Ричарда:

«Пришел король Англии с многочисленным войском и осадил замок Шалю, в котором, так он думал, было скрыто сокровище... Когда он вместе с Меркадье[1] обходил стены, отыскивая, откуда удобнее произвести нападение, простой арбалетчик, по имени Бертран де Гудрун, пустил из замка стрелу и, пронзив королю руку, ранил его неизлечимой раной[2]. Король, не медля ни минуты, вскочил на коня и, поскакав в свое жилище, велел Меркадье и всему войску атаковать замок, пока им не овладеют...»

«А когда замок был взят, велел король повесить всех защитников, кроме того, кто его ранил. Ему, очевидно, он готовил позорнейшую смерть, если бы выздоровел.

---

[1] Меркадье — один из военачальников Ричарда.
[2] Стрела, очевидно, была отравлена.

Ричард вверил себя рукам врача, служившего у Меркадье, но при первой попытке извлечь железо тот вытащил только деревянную стрелу, а острие осталось в теле; оно вышло только при случайном ударе по руке короля. Однако король плохо верил в выздоровление, а потому счел нужным объявить свое завещание». В последние минуты им овладел столь характерный для него порыв великодушия. «Он велел привести к себе Бертрана, который его ранил, и сказал ему: „Какое зло сделал я тебе, что ты меня убил?"

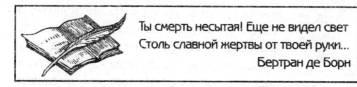

Ты смерть несытая! Еще не видел свет
Столь славной жертвы от твоей руки...
Бертран де Борн

Тот ответил: „Ты умертвил своею рукою моего отца и двух братьев, а теперь хотел убить меня. Мсти мне как хочешь. Я охотно перенесу все мучения, какие только ты придумаешь, раз умираешь ты, принесший миру столько зла". Тогда король велел отпустить его, говоря: „Смерть мою тебе прощаю..."

И, развязав оковы, пустил его, и король велел дать ему сто солидов английской монеты... Но Меркадье без его ведома снова схватил Бертрана, задержал и по смерти Ричарда повесил, содрав с него кожу...

Многие трубадуры, вдохновленные отвагой Ричарда, воспели его великие деяния

А умирающий король распорядился, чтобы мозг, кровь и внутренности его были похоронены в Шарру, сердце – в Руане, тело же – в Фонтевро, у ног отца...

Так умер он в восьмой день апрельских ид, во вторник, перед вербным воскресеньем. И похоронили его останки там, где он завещал».

Добросовестность биографа заставила Роджера Ховденского собрать в своей хронике около дюжины эпитафий, похвальных и злобных, появившихся после смерти Ричарда. Одна из них звучит так:

«Муравей загубил льва. О горе! Мир умирает в его погребении».

Другая — так:

«Жадность, преступление, безмерное распутство, гнусная алчность, неукротимая надменность, слепая похотливость дважды пять лет процарствовали. Их низверг ловкий арбалетчик искусством, рукою, стрелой».

Первая из них принадлежит, наверное, кому-то из сподвижников Ричарда; вторая — смиренной монахине, быть может, изнасилованной каким-нибудь воином Ричарда или самим королем во время одного из его походов. «Сказать правду, — пишет трубадур Госельм Феди, — во всем мире одни его боялись, другие любили».

Меня трудно уверить в том, что эти слова сказаны не о каждом из нас.

Наш век исполнен горя и тоски,
Не сосчитать утрат и грозных бед.
Но все они ничтожны и легки...

Бертран де Борн

ОДИНОЧЕСТВО
КОРОЛЕЙ

Умираю, оттого что не умираю.
Святая Тереза

I

Карлос II, последний отпрыск габсбургского дома в Испании, родился от брака Филиппа IV с Марией-Анной Австрийской, его племянницей. Появление на свет хилого младенца, зачатого исключительно ради интересов престолонаследия, не вызвало радости ни у одного из супругов, чуждых друг другу. Когда его красновато-лиловое тельце, тщательно вымытое и вытертое, поднесли королеве, она, захлебнувшись злобными, истеричными рыданиями, оттолкнула того, кто доставил ей столько страданий; а Филипп, подведенный к люльке инфанта, не выразил на своем одеревеневшем, похожем на маску лице никаких чувств и только оглядел ребенка неподвижно-сонным взглядом, неопределенность которого столь изумляла современников (Филипп родился в страстную пятницу и, по народному суеверию, обладал способностью видеть на месте, где когда-то произошло убийство, тело убитого; странную рассеянность его взгляда, не сосредоточенного ни на чем и в то же время объемлющего все, объясняли желанием избежать постоянного созерцания трупов). В эту минуту веки младенца приоткрылись, и король встретил взгляд еще более сонный, еще более оцепенелый. Филипп медленно отвел глаза и с тех пор ни разу не посмотрел в лицо инфанту.

И кажется, что все приметы,
Какие бедствием грозят,
Свершились при его рожденьи...
Педро Кальдерон де ла Барка,
«Жизнь есть сон»

Половина мира — королевство Неаполитанское, герцогство Миланское, Сардиния, Сицилия, Фландрия, огромный берег Африки, царство в Азии со всем побережьем Индийского океана, Мексика, Перу, Бразилия, Парагвай, Юкатан, бесчисленные острова во всех океанах отпраздновали вместе с Испанией рождение наследника огромной империи, в которой по-прежнему, как и сто пятьдесят лет назад, никогда не садилось солнце. На балах и карнавалах, шествиях и маскарадах, в церквах и капищах белые, красные, черные, желтые люди славили далекого божественного младенца, чье будущее величие и могущество должны были бросить хоть слабый отсвет счастья на их покорно-веселые лица. Но уродец с сонными глазами так и не узнал об этих надеждах неведомых ему людей. В течение всей своей жизни Карлос II ни разу не поинтересовался, сколько у него подданных, в каких частях света они живут и чего они желают. Позднее, когда Франция, Англия, Голландия отнимали их у него, он думал, что потерянные земли принадлежат какому-то другому государству.

Здоровье инфанта было настолько слабым, его рахитичное тельце так истощено, что до пяти лет он ходил, опираясь на нянек. Золотуха и лихорадка поочередно завладевали им

и отпускали только для того, чтобы передать его друг другу из рук в руки.

Лучшие врачи медицинских кафедр Саламанки и Болоньи сменялись у постели инфанта, прописывая ему лечение по испытанным рецептам Галена, Авиценны и Парацельса[1]. Потный, задыхающийся мальчик послушно глотал с золотых ложек горькие снадобья, далеко оттопыривая унаследованную от отца толстую нижнюю губу, и без того безобразно отвисавшую на сильно выпяченной челюсти. Врачи заглядывали ему в лицо, стараясь угадать по его выражению течение болезни, но встречали всегда один и тот же сонно-мертвенный взгляд, бессильный выразить даже страдание.

С еще большим усердием врачевала душу и тело мальчика Церковь. При первых признаках недомогания трое монахов-доминиканцев окружали постель инфанта и вступали в бессонную борьбу с одолевавшими его бесами, день и ночь читая псалмы и молитвы и кропя простыни святой водой. Суровая решимость их лиц, непонятные слова, загадочные жесты — все это одновременно манило и ужасало мальчика своей торжественной таинственностью. Он не понимал, зачем они находятся подле него и чего ему следует ждать от них. Эти три неизменных спутника его лихорадок не причиняли мучений, как доктора, не доводили до слез, как воспитательницы-дуэньи; Карлос не испытывал облегчения от мо-

---

[1] Гален (ок. 130 — ок. 200) — древнеримский врач. Его взгляды оказывали большое воздействие на европейскую медицину до XVI—XVII вв.; Авиценна (Ибн Сина; ок. 980—1037) — среднеазиатский ученый, философ, врач, чьи философские и медицинские трактаты были чрезвычайно популярны как на Востоке, так и на Западе; Парацельс (1493—1541) — врач и естествоиспытатель. Способствовал пересмотру идей древней медицины. Внедрял в медицину химические препараты.

литв монахов, но и стыдился плакать в их присутствии. Он видел, с каким почтением относятся к ним взрослые, в том числе отец с матерью, и догадывался, что над ним совершается нечто очень важное, чему он обязан беспрекословно подчиниться, и это чувство осталось в нем на всю жизнь. Часто, проснувшись ночью от жажды, он закрывался с головой одеялом и лежал так до самого утра, не смея прервать псалмопения и попросить воды.

Ведь самый величайший грех
Для человека есть родиться.

Педро Кальдерон де ла Барка,
«Жизнь есть сон»

Филипп IV.
Портрет работы
Диего Веласкеса.
1644 г.

Родителей Карлос видел редко, они мало интересовались им. Филипп IV с годами впал в почти неправдоподобную меланхолию (старики придворные уверяли, что он смеялся не больше трех раз в жизни), к которой примешивалось острое чувство отвращения ко всему, что так или иначе связано с людьми, — чувство, ставшее наследственным у испанских Габсбургов. Король избегал встреч с кем бы то ни было, надолго уединялся в своем кабинете или неделями не возвращался с охоты. К жизни и воспитанию инфанта он был совершенно равнодушен, иногда месяцами не видел его, а если случайно сталкивался с сыном, гулявшим по коридорам дворца в сопровождении двух-трех дуэний, то молча выслушивал их торопливый рассказ об успехах наследника в благочестии, все время глядя куда-то поверх головы сына, и, дрогнув оттопыренной нижней губой, шел дальше. Дуэньи застывали в почтительном реверансе и затем возобновляли обмен сплетнями, не упуская из виду воспитанника и поминутно одергивая его замечаниями.

 Карлос проводил целые дни, выдумывая, каким образом подластиться к отцу при следующем свидании, но, когда им снова случалось встретиться, беспомощно терялся от страха перед ним и прятал свое отчаяние под броней тупой одеревенелости.

Что касается королевы, то Мария-Анна принадлежала к той породе австрийских принцесс, ханжей и интриганок, чьи властолюбивые вожделения столько раз разоряли Европу. Будучи вынужденной подчиниться матримониальной политике своей семьи, оказавшись в расцвете молодости на окраине Европы, королевой самого угрюмого двора, она сочла себя жертвой и затаила ненависть ко всем и вся. Она завидовала сестрам, сделавшим более удачный выбор, и поэтому натравливала Испанию и другие государства против тех стран, в которых они стали королевами; она ненавидела своего супруга за то, что он не мог доставить ей радости ни в придворных развлечениях, которых не было, ни в постели, которой он избегал (ночным ложем ему часто служил специально для этого заказанный гроб); она ненавидела уродца ребенка, с отвращением зачатого и со стыдом рожденного; она презирала саму Испанию — ее нищету, ее славу, ее гордость. Мария-Анна чувствовала, что корона испанской королевы, словно тяжелый камень, увлекает ее в бездну злобы, тоски и отчаяния.

А кто в несчастия такие
Отчизну ввергнет, государем
Великодушным быть не может.

Педро Кальдерон де ла Барка,
«Жизнь есть сон»

С первого дня своего замужества она готовилась стать вдовой и регентшей, пустив в ход самые беспринципные средства, чтобы обеспечить себе поддержку дворянства и духовенства. Пытаясь привлечь на свою сторону Церковь, королева поддерживала притязания инквизиции на расширение ее прав в светском судопроизводстве. На исповеди и в духовных беседах со своим духовником-иезуитом отцом Нитардом она жаловалась на упадок рвения к делам веры в стране, сокрушенно вздыхала о том, что ее августейший супруг идет на недостойные христианина компромиссы с морисками и маранами[1], нисколько не сомневаясь в том, что ее жалобы и сокрушения

---

[1] Мориски, мараны — испанское название крещеных мусульман и иудеев.

Маленький Карлос рос болезненным ребенком и был лишен заботы родителей. Картина Себастьяна де Эррера Барнуэво. Ок. 1670 г.

дойдут до тех ушей, для которых они предназначались. Ее домашний шпион и платонический любовник Валенцула питал дворянскую среду слухами о благосклонном отношении Марии-Анны к введению новых привилегий для дворянства в ущерб кортесам (сословно-представительному собранию) и городам и вербовал сторонников среди самых знатных фамилий, не скупясь на обещания. Маленькому Карлосу в честолюбивых замыслах его матери отводилась роль послушного заложника, постоянные недомогания которого могли служить удобным доводом в пользу продления регентства. Карлос инстинктивно чуждался Марии-Анны и всегда начинал плакать, если ей приходило в голову приласкать его.

Болезненное детство Карлоса прошло на женской половине дворца, под придирчивым надзором дуэний. Эти церберы этикета и благочестия не ведали ни снисходительности к летам воспитанника, ни сострадания к его одиночеству; слова ласки и одобрения были у них не в ходу.

Им была предоставлена безраздельная власть над Карлосом, и они пользовались ею в полной мере. Их суждения были непререкаемы, наказания неотвратимы. Рано обнаружившаяся умственная отсталость инфанта нисколько не смягчала их требований к нему, напротив, это обстоятельство только усиливало строгость надзора. Общество этих чопорных, облаченных в глухие черные платья старух было порой невыносимо, но Карлос ни разу не взбунтовался против него. Подчиняться им было для него так же естественно, как пить, есть и спать. Не будучи в силах понять и усвоить преподносимые ему наставления и запреты, внутренне содрогаясь от ожидания возмездия за свою непонятливость, он не допускал и мысли о том, чтобы обратиться к ним за разъяснениями, и бессознательно искал спасения и самооправдания в своем тупоумии. Он защищался им от жестокости взрослых, выставляя его напоказ, как молчаливый призыв к милосердию и справедливости.

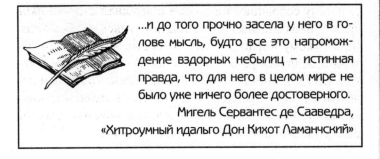

...и до того прочно засела у него в голове мысль, будто все это нагромождение вздорных небылиц – истинная правда, что для него в целом мире не было уже ничего более достоверного.

**Мигель Сервантес де Сааведра,
«Хитроумный идальго Дон Кихот Ламанчский»**

Между тем мечты Марии-Анны сбылись: Филипп IV скончался в 1665 году, оставив ее регентшей при малолетнем Карлосе. Мария-Анна сумела остаться благодарной, и Филипп занял свое место в фамильном склепе

Мария-Анна Австрийская хотела поскорей избавиться от мужа и стать регентшей, и ее мечты сбылись

Эскориала с подобающей случаю пышностью. Когда Карлоса подвели проститься с отцом, он вел себя на удивление спокойно — не испугался ни торжественной обстановки, ни ставшего незнакомым отцовского лица, ни ледяных, бескровных губ покойника, которые поцеловал не поморщившись. Вместо страха и растерянности Карлосом в эти минуты владело необыкновенное умиротворение, пронизывавшее сладостной истомой все тело. Ослепленный пламенем сотен свечей, стократно отраженном в золоте церковного убранства, вознесенный куда-то ввысь дивной мелодией хора, он чувствовал, что мучительная, притягательно-страшная загадка, обозначаемая словом «смерть», каким-то непостижимым, но легким и радостным образом разрешена здесь, в этом храме, с помощью этих свечей, икон, распятий, этого напева, строгих и величественных движений руки епископа; что и его собственная душа, отрешившаяся от всего земного и именно в этом своем отрешении объемлющая весь мир, готова ринуться в манящую, освобождающую пустоту...

Когда мы в самом деле спим
И жизнью нашей только грезим.
(...),
В чудесном мире пребывая,
Где наша жизнь есть только сон.

Педро Кальдерон де ла Барка
«Жизнь есть сон»

Карлос не забыл этого ощущения своей всепричастности миру перед лицом небытия. При первом же посещении Эскориала после смерти отца он сразу попросил отвести себя в королевскую усыпальницу, ставшую с тех пор его излюбленным местом уединения. Здесь, в прохладном сумраке огромного зала, возле гробниц почивших предков бремя одиночества переставало давить на него, оно представлялось ему понятным и спасительным избранничеством, утешительным даром вечности. Чарующее величие смерти обнажало ничтожество земных страданий и наполняло его душу смирением и любовью. Несколько месяцев, последовавших после смерти Филиппа IV, стали одними из счастливейших в его жизни. Карлос на время почувствовал почву под ногами, его здоровье пошло на поправку, разум начал проясняться.

Новые происшествия при дворе прервали наметившееся улучшение.

Юный король оказался втянутым в борьбу, которую вели между собой две могущественнейшие партии двора. Одну из них возглавляла королева-мать и ее фавориты, другую — брат Карлоса, дон Хуан, признанный бастард[1] Филиппа IV.

Медлительность Марии-Анны в выполнении своих обещаний, засилье никчемных фаворитов, проавстрийская политика, обернувшаяся военными неудачами, — все это вызвало открытое недовольство грандов и сплотило их вокруг незаконнорожденного принца. Вначале борьба велась истинно испанскими методами: Нитард обвинил дона Хуана в сочувствии лютеранству и начал против него процесс по подозрению в ереси. Однако бойкий иезуит перестарался. Его благочестивое рвение вызвало ревность у святейшей инквизиции, недолюбливавшей приверженцев ордена Святого Игнатия[2]. Уступая

---

[1] Бастард — незаконнорожденный сын владетельной особы.
[2] Игнатий Лойола (1491?—1556) — испанский дворянин, основатель ордена иезуитов.

давлению Великого инквизитора и епископата, заподозривших в ереси самого Нитарда, Мария-Анна лишила своего духовника августейшего доверия – Нитард пал.

Враги королевы осмелели. Паутина интриг, которой она опутала двор, лопалась то здесь, то там, переход бывших союзников во вражеский стан сделался повсеместным. Почувствовав шаткость своего положения, Мария-Анна отказалась от открытого столкновения и перенесла борьбу туда, где ее права не могли быть оспорены – в область материнской заботы о юном короле. В ее голове родился план, дьявольская сущность которого и составляла основу его привлекательности. Неуязвимость оппозиции заключалась в том, что она прикрывалась, как щитом, именем того, чьи интересы якобы защищала, – и этим щитом был ее сын Карлос, придурковатый ребенок, немощный, болезненный и зависимый пока что только от нее. Следовало превратить эту временную зависимость в постоянную, пожизненную.

Болезненная мнительность сына была ее главным козырем в этой игре: Карлос должен был почувствовать себя одержимым, и тогда вопрос о продлении ее опеки над ним стал бы решенным делом. И мать сделала все для того, чтобы вызвать у сына душевное расстройство.

Строгость его содержания была многократно усилена, Карлос был отдан в руки монахов, наиболее сведущих в искусстве исцеления одержимых; они были заранее предупреждены о том, что король страдает этим самым распространенным евангельским недугом. Монахи приступили к осаде беса со знанием дела, по всем правилам, установленным в подобных случаях отцами Церкви. Целыми днями целители внушали Карлосу, что его тело стало жилищем нечестивого; они растолковали мальчику его вину, заставили его почувствовать свой грех, запугали вечными карами. Они распространили враждебность и отчуждение, которые Карлос чувствовал вокруг себя, — в лицах, словах, жестах, вещах, — на единственный островок, до сих пор остававшийся недоступным этим чувствам — на него самого.

И если цирюльник пускал ему кровь, когда он был болен, то вы пускаете ему кровь, когда он находится в добром здравии.

Мигель Сервантес де Сааведра,
«Хитроумный идальго
Дон Кихот Ламанчский»

Карлос потерял доверие к самому себе и ужаснулся этой потере. Двери светского рая захлопнулись за ним, он ощутил вину своего существования. Всякая радость, даже самого невинного свойства, была изгнана из его покоев и осуждена, как ведущая к погибели души; посты, казуистика исповеди и упражнения в истязании плоти сделались немногими разрешенными ему развлечениями. Его организм снова пришел в расстройство, слабый разум окончательно рухнул под гнетом чертовщины испанского благочестия. Иногда по ночам, прислушиваясь к потрескиванию свечи перед распятием и невнятному бормотанию монаха над раскрытым требником, Карлос вдруг начинал слышать голоса, поначалу также глухие и неразличимые, но постепенно усиливавшиеся и оглушавшие его режущим визгом и хохотом. Он натягивал на голову одеяло, зарывался в подушки, но ад разрастался вокруг него, завывая, визжа и скрежеща на тысячи ладов, потом все обрывалось... Карлос дрожащими ногами искал под постелью туфли; найдя, подходил к монаху, становился рядом с ним на колени и проводил так остаток ночи...

Лечение возымело действие — Карлос действительно почувствовал себя одержимым. Когда он впервые до жуткости ясно представил и ощутил в себе присутствие враждебного существа, с ним случился припадок. Карлос вновь ощутил дыхание смерти, но теперь ее близость не приносила ему умиротворения.

Получив известие о припадке у сына, Мария-Анна быстро отвернулась к окну, боясь обнаружить свою радость в обществе придворных дам. В комнате Карлоса она встретила дона Хуана. Королева и принц встали по обе стороны постели, на которой распласталось неподвижное тело Карлоса, с ненавистью глядя друг на друга. Казалось, только ширина кровати мешает каждому из них вцепиться в глотку своего врага. А Карлос, закрыв глаза, умолял беса оставить его и перейти жить в тело какого-нибудь другого человека, все равно какого, все равно...

Однако расчеты Марии-Анны не оправдались. Карлос ускользал из-под ее влияния. Припадки больше не повторялись, а вступление короля в отроческий возраст позволило дону Хуану предъявить мужские права на его воспитание: Карлос начал присутствовать на придворных собраниях, в государственном совете, пристрастился к охоте. Мало-помалу дону Хуану удалось вырвать его из ненавистного гинекея[1] и показать прелести мужской свободы. Это решило исход борьбы. Едва дождавшись совершеннолетия, Карлос подписал давно заготовленные доном Хуаном указы. Регентство было прекращено, владычество фаворитов свергнуто, Мария-Анна изгнана в Толедо. Карлос II начал свое призрачное царствование.

---

[1] Гинекей — название женской половины дома у древних греков.

К этому времени расслабленность овладела им совершенно. Его мучили головные боли, желудочные и дыхательные катары, нервные расстройства с периодами светобоязни. Все наследственные признаки вырождения испанской ветви Габсбургов нашли в нем свое последнее выражение. Обвинение, предъявленное им природой, читалось во всей внешности Карлоса. Безобразность его невысокой рахитичной фигуры с выпирающим брюшком и сухопарыми кривыми ножками бросалась в глаза при любом костюме. Постоянный темный цвет его платья неприятно оттенял нечистую кожу лица и рук. Испорченное строение челюсти выносило далеко вперед острый подбородок и оттопыренную толстую губу, делая их продолжением хищной линии носа. Длинные белокурые волосы, оставлявшие лоб открытым, и отсутствие бровей придавало сонному взгляду голубых глаз особую мертвенность. Казалось, что Карлос заснул еще в утробе матери и никак не может пробудиться к жизни.

Ведь прежде, чем родился ты,
Ты умер – так решило небо.

Педро Кальдерон де ла Барка,
«Жизнь есть сон»

Никогда еще испанский двор не был столь тих и мрачен, как в эти первые месяцы его царствования. Власть имеет свои иллюзии. Карлос думал, что корона прольет благодать любви и участия в его душу, и потому на первых порах чистосердечно принимал подобострастие и лесть за искренние знаки внимания к нему со стороны двора. Заблуждение длилось недолго. Король ласкался к своим придворным, но встречал в ответ вместо любви — повиновение, вместо сострадания — вежливость, вместо живых чувств — этикет и церемониал. Одиночество не

*Святое причастие. Картина Клаудио Коэльо.
1685—1690 гг.*

покидало его, скорее наоборот, на троне оно сделалось
еще более невыносимым, потому что теперь он разделял
его со множеством людей.

**Подлинная жизнь двора сосредоточилась во-
круг дона Хуана, все нити испанской политики оказались в его руках. Однако и этот, более удачливый и решительный временщик не
знал иных способов решения политических
вопросов, кроме традиционных для Габсбургов матримониальных комбинаций.**

Выгодный брачный контракт с одним из европейских дворов должен был, по его мнению, обезопасить Испанию извне и укрепить внутри. После недолгих размышлений выбор дона Хуана остановился на Франции: во-первых, ввиду ее недавних военных успехов; во-вторых, из-за того, что она была естественным союзником в борьбе с Англией, грабившей испанские галеоны с американским золотом; в-третьих, просто потому, что партия Марии-Анны отдавала предпочтение австрийской принцессе. Единственным обстоятельством, которое смущало дона Хуана, была физическая слабость Карлоса и его отвращение к женщинам, оставшееся от детских лет. Король все еще не только не знал женщин, но и панически избегал их. Шелест юбки в комнате заставлял его спасаться потайными лестницами; если женщина на аудиенции подавала ему прошение, он отворачивался, чтобы не видеть ее. Дон Хуан ломал себе голову, как пробудить любовь в сердце короля, и ничего не мог придумать.

Но вот однажды летом, во время совместной прогулки по галереям дворца, дон Хуан завел короля в залу, посередине которой стояла накрытая тканью картина. Дон Хуан приказал слугам свернуть материю.

— Что вы скажете об этом портрете, ваше величество? — спросил он.

Сноп света хлынул с холста в глаза королю, и в этом сиянии перед ним во весь рост предстала прекрасная девушка в атласном платье перламутрового цвета — словно эльф в раскрывшихся лепестках бутона. Белоснежная кожа ее лица, полных рук, открытой груди впитала розовато-золотистые оттенки платья; приглушенные тона интерьера подчеркивали светоносность ее образа. Она смотрела на Карлоса мечтательно-отрешенным взором, и в уголках ее по-детски припухлых губ таяла улыбка.

И без того неподвижный взгляд короля как будто окаменел, прикованный к картине. Дон Хуан повторил вопрос.

— Кто она? — пробормотал Карлос.

— Мария-Луиза, принцесса Орлеанская и — да будет на то соизволение вашего величества — ваша невеста и королева Испании.

— Моя королева... — чуть слышно прошептал король. — Да, да, моя королева...

...это и есть очаровательная Дульсинея Тобосская, ради которой я совершал, совершаю и совершу такие подвиги, каких еще не видел, не видит и так никогда и не увидит свет.

Мигель Сервантес де Сааведра,
«Хитроумный идальго Дон Кихот Ламанчский»

Дон Хуан не поверил своим ушам.

На следующее утро лакеи, вошедшие в королевскую спальню, застали Карлоса сидящим на кровати, с красными от бессонницы глазами. Он приказал им позвать своего брата. Дон Хуан немедленно явился.

— Поторопитесь, сударь, — сказал ему король, — я хочу, чтобы эта женщина была здесь до начала зимы.

Дон Хуан, внутренне ликуя, поклонился.

В июле 1679 года в Париж отбыло посольство маркиза де Лос Балбазеса. Маркиз должен был от имени его католического величества короля Испании Карлоса II просить у его христианнейшего величества короля Франции Людовика XIV руки его племянницы Марии-Луизы, принцессы Орлеанской.

В течение нескольких дней Карлос совершенно преобразился. Придворные взирали на своего короля с нескрываемым изумлением — им казалось, что на их глазах некая чудодейственная сила воскресила труп. Этой силой была любовь.

Король нигде не хотел расставаться с портретом принцессы. Он приказал сделать с него миниатюрную копию и хранил ее на груди, у сердца. Иногда он вынимал портрет из-под камзола и обращался к нему с нежными словами. Любовь рождала в нем тысячи мыслей, которые он не мог доверить никому; ему казалось, что все недостаточно разделяют его нетерпение и желание поскорее ее увидеть. Он без конца писал Марии-Луизе и почти каждый день отправлял нарочных, чтобы отвезти его письмо и узнать новости о ней. У него вырывались слова, показывавшие, что сонный взгляд короля проникал в самые глубины страдающего сердца. Некая ревнивая куртизанка заколола своего любовника у самых ворот дворца. Король приказал привести ее к себе. Выслушав ее историю, он обратился к придворным:

— Воистину я должен поверить, что нет в мире состояния более несчастного, чем состояние того, кто любит, не будучи любим. Ступай, — сказал он женщине, — и постарайся быть более благоразумной, чем ты была до сих пор. Ты слишком много любила, чтобы поступать сознательно.

В начале осени гонец из Парижа привез долгожданное известие: Людовик XIV ответил согласием. Новость не успокоила короля, лишь обострила до предела его нетерпение. Чтобы унять свое возбуждение и вырвать у любви хоть несколько часов крепкого сна, Карлос прибегнул к самобичеванию. Стоя перед большим портретом Марии-Луизы, он хлестал себя по плечам и спине короткой плетью, и капли алой крови брызгали на белоснежную кожу и перламутровое платье принцессы...

Карлос готовился к любви, как аскет готовит себя к вечной жизни. Он любил, он страдал, и душа его была преисполнена гордости и надежды.

> Мои глаза больны водянкой,
> Их жажда будет бесконечна,
> Они погибнут от питья
> И все же пьют.
>
> Педро Кальдерон де ла Барка,
> «Жизнь есть сон»

В октябре Карлос покинул Мадрид и выехал навстречу Марии-Луизе.

II

Короли совершают человеческие жертвоприношения государственным интересам двумя способами: отправляя подданных на войну и своих детей — под венец, причем первое обычно влечет за собой второе. Людовик XIV, только что закончивший голландскую войну миром в Нимвегене[1], теперь намеревался закрепить военные успехи Тюренна и Люксембурга[2] династическим браком, который усилил бы французское влияние в Испании. Король знал о взаимной склонности Марии-Луизы и дофина, но чувства молодых людей мало интересовали его, несмотря на то что восемнадцать лет назад он сам должен был по настоянию Мазарини отказаться от любви к прекрасной Марии Манчини ради брака с Марией-Терезией. Душевных качеств этого монарха с избытком хватило бы на четырех королей, но едва ли на одного порядочного человека. Поэтому Людовик, растроганно слушавший в при-

---

[1] В Голландской войне 1672—1679 гг. против Франции выступила коалиция, включавшая Голландию, княжества Северной Германии, Австрию и Испанию. По Нимвегенскому миру (1679) Франция получила полтора десятка городов в Бельгии и так называемую испанскую Бургундию (Франш-Конте).

[2] Тюренн, Люксембург — французские маршалы.

дворном театре монолог Ифигении[1], влекомой жрецами на жертвенный алтарь, нетерпеливо прервал Марию-Луизу, когда она, рыдая, бросилась перед ним на колени, холодными словами:

— Сударыня, что же больше я мог сделать даже для своей дочери?

— Но, ваше величество, для вашей племянницы вы могли бы сделать больше! — в отчаянии воскликнула принцесса (она подразумевала свое желание стать супругой дофина).

Король нахмурился.

— День отъезда уже назначен, сударыня, — сказал он. — Потрудитесь быть готовой к этому времени. Я приготовил вам блестящую будущность. Вы станете залогом добрых отношений между мной и моим братом Карлосом. Вы принесете Франции безопасность, а я позабочусь о том, чтобы доставить ей славу.

И Людовик XIV сделал знак, что аудиенция окончена.

Известно, что «красивый» и «несчастный»
Суть схожие по смыслу имена.

Педро Кальдерон де ла Барка,
«Врач своей чести»

Мария-Луиза чувствовала то же, что и ребенок, изгоняемый родственниками из дома после смерти родителей. Привыкнув считать французский двор, приютивший ее мать в из-

---

[1] Ифигения — в троянском цикле дочь царя Агамемнона, предводителя ахейского войска. Агамемнон должен был принести ее в жертву для того, чтобы корабли ахейцев могли отплыть к Трое. Но богиня Артемида заменила Ифигению на алтаре ланью.

гнании[1], самым любезным и приятным двором в мире, она меньше всего думала о том, что ей когда-нибудь придется его покинуть.

Кроме отравления матери, только один таинственный случай омрачил ее юность. Как-то раз принцесса страдала от четырехдневной перемежающейся лихорадки и была весьма огорчена тем, что эта болезнь мешает ей разделить со всем двором удовольствия зимних празднеств. В монастыре кармелиток, где она попросила у сестер средства против лихорадки, ей дали питье, после которого у нее сделалась сильная рвота. Мария-Луиза не хотела говорить, кто дал ей питье; все же при дворе узнали правду. Происшествие наделало много шума, однако все ограничилось несколькими эпиграммами, пущенными в монашек какими-то смельчаками, пожелавшими остаться неизвестными. Юная принцесса скоро позабыла об этом случае. Кроткий, но вместе с тем веселый нрав побуждал Марию-Луизу довольствоваться настоящим, а любовь к дофину породила в ее душе сладостные надежды. Теперь же, после аудиенции у Людовика XIV, она поняла, что от нее ждут платы за гостеприимство, оказанное ее матери, и этой платой должно стать ее счастье. Корона королевы Испании, одна мысль о которой заставляла заливаться слезами европейских принцесс, в ее глазах ничем не отличалась от тернового венца, возлагаемого на голову мученика; последний при этом, правда, не был обязан благодарить своих мучителей.

---

[1] Мать Марии-Луизы королева Генриетта Английская, вдова казненного короля Карла I Стюарта, нашла убежище во Франции, вышла замуж за брата короля герцога Орлеанского и была отравлена в 1669 г. Мария-Луиза родилась от брака Генриетты с герцогом Орлеанским. Отравление приписывали герцогу Орлеанскому, второму супругу Генриетты, ревновавшему ее к герцогу Бекингему (сыну знаменитого фаворита Карла I) и к племяннику Генриетты, герцогу Монмутскому.

Юный Карлос сторонился женщин, но прекрасная Мария-Луиза поразила его своей красотой. Портрет работы Хосе Гарсия Идальго. 1679.

Она попыталась еще раз смягчить сердце Людовика XIV. За несколько дней до отъезда она вновь с мольбой упала к его ногам при входе в церковь. Смиренная поза любимицы двора, словно последняя нищенка ожидающей монаршей милости, вызвала в толпе придворных сочувственный шепот. Все поглядывали на дофина. Но король быстро пресек разговоры, промолвив со своей обычной сухой иронией:

— Прекрасная сцена! Королева католическая мешает всехристианнейшему королю войти в церковь!

С этими словами он грубо отстранил принцессу и проследовал дальше. Свита короля двинулась за ним; никто из придворных не посмел помочь Марии-Луизе подняться с колен. Дофин с подчеркнутой незаинтересованностью смотрел в другую сторону. Больше всего на свете Марии-Луизе хотелось застыть, окаменеть здесь, на церковных ступенях, став вечным укором справедливости Всевышнего.

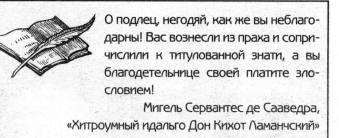

О подлец, негодяй, как же вы неблагодарны! Вас вознесли из праха и сопричислили к титулованной знати, а вы благодетельнице своей платите злословием!

Мигель Сервантес де Сааведра,
«Хитроумный идальго Дон Кихот Ламанчский»

Камеристки почти силой усадили ее в карету. Дома, немного успокоившись, она ужаснулась дерзости своих мыслей, но смирение, которым она попыталась облечь свое отчаяние, было так же невыносимо, как слишком узкий корсет.

Через несколько дней все было готово к отъезду. Кареты Марии-Луизы, ее дам и экипажи горничных стояли запряженные, чемоданы и сундуки были упакованы и привязаны к повозкам, пятьдесят кавалеров почетного эскорта сидели в седлах. Мария-Луиза, опустив глаза, подошла к Людовику XIV проститься.

— Государыня, — сказал он, целуя ее, и в его голосе слышалась явная угроза, — я надеюсь, что говорю вам прощайте навсегда, потому что величайшее несчастье, которое может случиться с вами, — это ваше возвращение во Францию.

Мария-Луиза села в карету и поспешно задернула занавески. Все же она сделала это недостаточно быстро, чтобы не дать заметить заблестевших на ее ресницах слез. Король, считавший неприличным любое публичное проявление чувств, сделал брезгливую гримасу и подал знак к отъезду. Послышались крики возниц, щелканье кнутов, и свадебный поезд тронулся в путь.

Время в дороге тянулось медленно. Принц д'Аркур, возглавлявший кортеж принцессы, старался сделать все от него зависящее, чтобы мрачные мысли как можно реже посещали хорошенькую головку Марии-Луизы во время путешествия. Ехали не спеша, подолгу задерживаясь в крупных городах и предаваясь всевозможным увеселениям, которые устраивали городские власти. В маленьких городишках, там, где у городских старшин не хватало денег и фантазии, придумывали развлечения сами. Любезная, добродушная, веселая Франция в последний раз дарила Марию-Луизу своей приветливой, ласковой улыбкой. Восхитительная прозрачность погожих октябрьских дней, пронизанных нежным светом нежаркого солнца, придавала поездке невыразимое очарование. Желто-бурые полосы на сжатых полях по обеим сторонам дороги, голубая цепь холмов вдали, жухлая зелень убранных виноградников и золотой багрянец рощ слагались в огромный, стоцветный, радостный мир, в котором, казалось, не было места несчастью и принуждению. И Мария-Луиза время от времени не могла не поддаваться общему настроению беспечного веселья. Любовь, доходящая до обожания, и безграничная преданность, читавшиеся на лицах ее дам, кавалеров свиты и даже прислуги, придавали ей решимости казаться достойной этих чувств. Она была обворожительно-прелестна с мужчинами и чарующе-обходительна с дамами. Один случай дает понять, ценой какого внутреннего напряжения ей это давалось.

Кортеж проезжал через один город, известный своим производством шелковых чулок. Городские депутаты явились к Марии-Луизе, чтобы поднести великолепные образцы своей промышленности. Однако старый испанский гранд из посольства Лос Балбазеса швырнул корзину с чулками в лицо обескураженным депутатам.

— Знайте, что у испанских королей нет ног! — крикнул он им.

При этих странных словах с Марией-Луизой случилась истерика. Весь страх, все отчаяние, копившиеся в ней, в один миг прорвались наружу. На руках у испуганных дам она визжала сквозь слезы, что во что бы то ни стало хочет вернуться в Париж и что, если бы она знала до своего отъезда, что у нее хотят отрезать ноги, она скорее бы предпочла умереть, чем отправиться в путь... Все пришли в смятение, французы требовали объяснений. Изумленный испанский гранд насилу успокоил Марию-Луизу уверениями, что его слова не следует принимать буквально и что своей метафорой он хотел сказать лишь то, что в Испании лица ее ранга не касаются земли. Наконец ему удалось добиться от нее улыбки.

Мария-Луиза попробовала вести себя по-прежнему непринужденно, но это плохо ей удалось. После этого происшествия она уже не могла согнать со своего лица тревогу и растерянность. Ее разум, бессильный осмыслить события последних недель, вновь и вновь возвращался к двум вопросам, которые не выходили у нее из головы: «Почему я?» и «За что?». Она замкнулась в себе и с ужасом считала дни, оставшиеся до встречи с Карлосом.

Временами в ней вспыхивал гнев на саму себя за то, что она спокойно позволяет распоряжаться своей судьбой. В такие минуты Мария-Луиза мысленно готовила планы побега, перебирала в уме своих возможных сообщников, обдумывала слова, которыми она надеялась склонить их на свою сторону.

Она так глубоко погружалась в грезы о свободе, так отчетливо представляла свои действия, так сильно переживала радость мнимого освобождения, что, когда действительность напоминала ей о себе, Мария-Луиза не сразу могла отделаться от чувства, что видит перед собой остатки какого-то дурного сна. Тогда она вспоминала свое сиротство, свое одиночество, вспоминала, что у нее есть поклонники, но нет друзей, что сама она всего лишь дочь беженки, воспитанная страной, по отношению к которой должна выполнить долг благодарности... Смиряясь, она упивалась своей жертвой, но затем в ее мозгу снова всплывала мысль: «Почему я?» — и она опять переставала что-либо понимать, и ее жертва казалась ей бессмысленной и чудовищной.

3 ноября 1679 года кортеж Марии-Луизы прибыл около Сен-Жан-де-Люза на берег реки Бидассоа, отделявшей Францию от Испании.

Вон те черные страшилища, что показались вдали, – это, само собой разумеется, волшебники: они похитили принцессу и увозят ее в карете, мне же во что бы то ни стало надлежит расстроить этот злой умысел.

Мигель Сервантес де Сааведра,
«Хитроумный идальго Дон Кихот Ламанчский»

С утра накрапывал дождь, но теперь небо прояснилось. Сквозь обрывки хмурых туч проглядывало неяркое солнце, тускло блестя на воде, мокрых камнях и крупах лошадей. На пустынном берегу стоял специально выстроенный позолоченный деревянный дом, где принц д'Аркур должен был передать Марию-Луизу в руки маркиза Асторгаса. Кареты и всадники сгрудились вокруг постройки. Д'Аркур предложил Марии-Луизе руку, чтобы проводить ее в дом. Принцесса прошла вместе с ним и со своей статс-дамой госпожой Клерамбо в отведенную ей комнату, покорно села на предложенный ей стул и стала ждать, когда за ней придут. Она была охвачена ледяным ужасом, параличом мысли и воли, превращавшим ее в послушный манекен.

Спустя какое-то время Мария-Луиза увидела в окно, как несколько человек в черных плащах шли с другого берега по узкому мосту. Вскоре в соседней комнате послышался голос д'Аркура, приветствующий испанцев. Спустя еще некоторое время дверь отворилась, и д'Аркур пригласил Марию-Луизу выйти.

— Король Карлос разрешает вам взять с собой четырех дам и несколько человек прислуги, — сказал он. — Кого бы вы желали выбрать?

Мария-Луиза испуганно посмотрела на него и оглянулась на госпожу Клерамбо.

— Может быть, вы? — слабым голосом произнесла она.

— Не беспокойтесь, ваше величество, я все улажу, — ответила статс-дама.

Она вышла и вернулась с тремя женщинами, которые поклонились Марии-Луизе и заняли место возле нее.

— Ну что же, ваше величество, соблаговолите выйти к остальным вашим друзьям. Настало время проститься, — сказал д'Аркур.

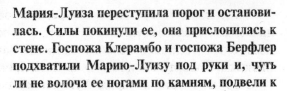

Мария-Луиза переступила порог и остановилась. Силы покинули ее, она прислонилась к стене. Госпожа Клерамбо и госпожа Берфлер подхватили Марию-Луизу под руки и, чуть ли не волоча ее ногами по камням, подвели к кавалерам и дамам свиты, тесной толпой стоящим поодаль возле карет.

Французы по очереди стали подходить к Марии-Луизе для прощания. Она по привычке хотела протянуть им руку, но маркиз Асторгас громко воспротивился этому, напомнив, что никто не смеет касаться ее величества. Мария-Луиза безвольно, как по команде, опустила руку и, глядя в землю, отвечала на поклоны и реверансы едва заметным кивком головы.

Дамы повели ее к мосту, Асторгас двинулся следом. С противоположной стороны, навстречу им, двигались несколько женских фигур, одетых в черное. Дойдя до середины моста, Мария-Луиза порывисто обернулась. Французы почтительно склонились в последний раз. Мария-Луиза закусила губы, слезы брызнули у нее из глаз. Ей показалось, что она переходит Стикс. В отчаянии она уже сделала шаг по направлению к французскому берегу, но в это мгновение чья-то узкая сухая рука крепко ухватила ее запястье. От неожиданности Мария-Луиза вскрикнула и оглянулась. Высокая бледная старуха с маленькими суровыми глазками на длинном морщинистом лице еще крепче сжала ее руку.

Страж адских врат, трехглавый пес Плутона,
А с ним химер и чудищ легион.
Мигель Сервантес де Сааведра,
«Хитроумный идальго Дон Кихот Ламанчский»

— Я герцогиня Терра-Нова, камарера-махор[1] вашего величества. Извольте следовать за мной, — холодно произнесла она, и в ее повелительном голосе слышалось, что отныне власть над душой и телом королевы принадлежит ей.

Старуха отпустила Марию-Луизу, поклонилась и спокойно пошла назад. Девушке показалось странным, что с ней разговаривают таким тоном, но удаляющаяся прямая спина герцогини безоговорочно пресекала все возражения и протесты. Мария-Луиза подчинилась и, перейдя мост, взошла вслед за камарерой на барку с застекленной комнатой.

Как ни была Мария-Луиза погружена в свои переживания, она не могла не заметить, что камарера занимает среди испанцев какое-то особое, исключительное положение. Маркиз Асторгас и другие гранды как-то сразу исчезли из поля зрения, предоставив ей право распоряжаться всем на судне. Все разговоры при ее приближении почтительно стихали, а ее короткие приказы, отдаваемые с ледяным спокойствием, исполнялись незамедлительно. Мария-Луиза сразу инстинктивно почувствовала в этой старухе своего злейшего врага и решила повнимательнее присмотреться к ней.

Герцогиня Терра-Нова из дома Пиньятелли была внучкой Фернандо Кортеса[2]. Воплощенная надменность, она держала себя равной с королем и королевой перед равными. Ее внешность казалась ветхим слепком дряхлеющего могущества Испании. Герцогине было шестьдесят лет, но выглядела она на все семьдесят пять. Она была безобразна и плохо сложена; вместе с тем она обладала величественной осанкой, внушавшей почтение и даже некоторую симпатию. Все ее поступки, жесты и слова были

---

[1] Старшая придворная дама.

[2] Кортес Фернандо (1485—1547) — испанский конкистадор, завоеватель государства ацтеков (1519—1521). В 1522—1528 гг. губернатор, в 1529—1540 генерал-капитан Новой Испании (Мексики).

строго рассчитаны. Герцогиня говорила мало, но «я хочу» и «я не хочу» произносила так, что людей охватывала дрожь. Иметь ее врагом означало то же самое, что брать змею за хвост: смертельный удар следовал незамедлительно. Дон Карлос Арагонский, ее двоюродный брат, был убит нанятыми герцогиней бандитами за то, что он требовал у нее возвращения принадлежавшего ему герцогства Терра-Нова, которым герцогиня бесконтрольно пользовалась. Суровость и старость герцогини сыграли решающую роль при назначении ее на должность.

 Камарера-майор была, так сказать, официальной тюремщицей королевы, окостенелым этикетом, не ведавшим снисхождения даже к коронованным особам. Она должна была вживить в тело и душу молодой королевы испанский церемониал, научить ее есть, спать, двигаться, говорить по его незыблемым законам, указывать на каждое слово, каждый жест, отступающий от правил, значение которых было давно забыто.

Неслыханные права камареры по отношению к ее подопечной превосходили полномочия евнухов в гареме: они отвечали только за целомудрие своей госпожи; камарера же была ответственна перед Испанией за натурализацию ее королевы.

Барка проплыла несколько миль и причалила к берегу возле какой-то деревни, где путешественников ожидали приготовленные для горной дороги лошади и мулы. Заночевали в Ируне. Здесь Мария-Луиза получила первое представление об испанской нищете. Постоялый двор, где они остановились, поразил ее своей убогостью. Ужин был так скуден и так плохо сервирован, что Мария-Луиза была крайне изумлена и почти ни к чему не прикоснулась. «Ужасно быть королевой в стране, где нет вилок», — сострила одна из ее француженок. Шутка заставила кисло улыбнуться Марию-Луизу, но не прибавила ей аппетита. Ее не покидало ощущение, что в этом доме никогда не было ни постояльцев, ни пищи.

Комната, или скорее клеть, отведенная королеве, находилась рядом с конюшней. Когда Мария-Луиза открыла дверь, ей показалось, что перед ней зияет какая-то черная дыра. Мало-помалу глаза ее привыкли к темноте, и она различила крохотное окошко, столь скупо пропускавшее свет, что в этой комнате, по-видимому, и в полдень требовался светильник.

Меблировка ограничивалась кроватью и лавкой. Под окном на пыльной доске сохли связки трески рядом с куском заплесневелого черного хлеба.

– Стало быть, – подхватил он, – ложе вашей милости – твердый камень, бденье до зари – ваш сон. А коли так, то вы смело можете здесь остановиться: уверяю вас, что в этой лачуге вы найдете сколько угодно поводов не то что одну ночь – весь год не смыкать глаз.

Мигель Сервантес де Сааведра,
«Хитроумный идальго Дон Кихот Ламанчский»

Мария-Луиза хотела помолиться на ночь, но ни у хозяина гостиницы, ни у местного священника не оказалось свечей. Не раздеваясь, она с отвращением прилегла на жесткое, скрипучее ложе. Она думала, что не заснет, но сон сразил ее мгновенно.

Утром Мария-Луиза не пожелала даже взглянуть на приготовленный завтрак и, сев на лошадь, продолжила путь. Герцогиня Терра-Нова следовала за ней чуть поодаль на своем муле, ни на минуту не упуская королеву из виду, подобно стоокому дракону, стерегущему сокровище.

III

Карлос II ехал навстречу Марии-Луизе. Полумертвый король в первый и последний раз видел свое умиравшее королевство.

Испания взирала на своего Hechizado — «околдованного» короля — с нежной покорностью: она узнавала в нем себя. Ее еще нетронутое, кажущееся нерушимым могущество не в состоянии было скрыть симптомы смертельного упадка.

Король Карлос II.
Портрет работы
придворного живописца
Хуана Карреньо де
Миранда. 1676 г.

Европа освобождалась из-под гипнотизма габсбургской политики, понемногу осознавая, что боится, в сущности, бессильного призрака. Грозная пехота, гордость испанской армии, полегла под Рокруа[1], немногочисленные нищие ветераны дряхлели в гарнизонах; флот, некогда носивший название Непобедимой Армады[2], догнивал в портах. Иностранные дипломаты все чаще и смелее поговаривали о «неизлечимо больном человеке», подразумевая под ним испанскую монархию; тем из них, которые сами побывали за Пиренеями, действительность представала более ужасной, чем самые смелые предположения.

Страна выглядела опустошенной, как после вторжения какого-нибудь новоявленного Аттилы; между тем со времен Карла Великого ни одна вражеская армия не пересекала ее границ[3]. Испания убивала сама себя, уподобляясь истекающему кровью гемофилику, продолжающему наносить себе порезы. Принятие законов об изгнании евреев и мавров превратило в беженцев два миллиона человек, колонизация Америки отняла еще несколько миллионов, полмиллиона еретиков были сожжены инквизицией или отправлены на каторжные галеоны. Невероятная популярность монашества усугубляла эту язву бесплодия. На всем полуострове едва насчитывалось шесть миллионов жителей. Пустынножительство перестало быть прерогативой отшельников. Только в обеих Кастилиях насчитывалось триста опустевших селений, еще двести было возле Толедо,

---

[1] Рокруа — город во Франции, возле которого в 1643 г. французские войска под командованием принца Конде разгромили испанскую армию, считавшуюся непобедимой.

[2] Непобедимой Армадой назывался военный флот Испании с тридцатитысячным десантом, направленный Филиппом II на завоевание Англии. В 1588 г. Армада понесла огромные потери в бою с английским флотом в Ла-Манше и отступила.

[3] Поход короля франков Карла Великого в Испанию состоялся в 778 г.

тысяча — в королевстве Кордуанском... Кортесы в ужасе пророчествовали: «Больше не женятся, а женившись, не рождают больше. Никого, кто мог бы обрабатывать земли. Не будет даже кормчих для бегства в другие места. Еще одно столетие, и Испания угаснет!»

Затем он осведомился, есть ли у Дон Кихота деньги; тот ответил, что у него нет ни гроша, ибо ни в одном рыцарском романе ему не приходилось читать, чтобы кто-нибудь из странствующих рыцарей имел при себе деньги.

Мигель Сервантес де Сааведра, «Хитроумный идальго Дон Кихот Ламанчский»

Беспримерная убыль населения шла рука об руку с какой-то одуряющей ленью, невероятно легко развратившей не только сеньора и священника, но и ставшей гордым идеалом простонародья. Праздности предавались с истинно религиозным пылом, она была царством небесным здесь, на земле. Промышленность презиралась; торговля была отдана на откуп маранам и иностранцам; земледелие глохло под гнетом двойной зависимости крестьян от дворянства и духовенства. Пословица того времени гласила: «Жаворонок не может пролететь над Кастилией, не запасшись своим зерном». Бедняки просили милостыню с гордостью принцев; богатые жили на восточный манер, проживая сокровища, спрятанные в сундуках и подвалах. Тяжкой привязанности к плугу крестьяне предпочитали пастушескую вольность. Заброшенные поля превращались в пастбища. Эстрамадура целиком была отдана мериносам; одни только пастухи маркиза Гебралеона пасли стада в восемьсот тысяч овец.

Бедность государства достигла сказочных размеров. Постоянные войны, содержание международных гарнизонов, бессмысленная фискальная система превратили его в скупца, умирающего от голода возле своих золотых рудников. Золото Нового Света текло в Испанию только для того, чтобы обогащать другие народы. Фландрия пухла от торговли; вице-короли Мексики и Перу организованно грабили богатства империи; английские, голландские, французские флотилии бороздили Атлантику в поисках беззащитных золотых караванов Испании. Один писатель того времени, уподобляя мир телу, сравнивал Испанию со ртом, который принимает пищу, разжевывает, но тотчас же отдает ее другим органам, довольствуясь сам лишь мимолетными вкусовыми ощущениями и случайными волокнами, застрявшими в зубах.

 Государству нечем было платить своей армии: из жалованья в двенадцать экю в месяц офицеры не получили и шести в течение последних десяти лет. Солдаты пробавлялись милостыней днем, а ночью выходили на большую дорогу; более совестливые дезертировали. Казна чеканила фальшивую монету и конфисковывала скудное имущество еретиков.

Нищета, неуничтожимая, словно метастазы, распространялась на все слои общества. Один путешественник насчитал всего лишь четырех богатых сеньоров во всем королевстве.

Однако все это совершенно не интересовало Карлоса. Он смотрел вокруг себя взглядом мертвеца и ничего не замечал. Его занимали только мысли о Марии-Луизе. Король был печален и рассеян, он разговаривал лишь с гонцами, которых ежечасно отправлял справиться, на каком расстоянии от него находится королева. Ожида-

ние и раздумья до некоторой степени облагораживали безобразную фигуру Карлоса, налагая на его движения печать меланхолической гармонии.

Их встреча произошла в деревне Квинта-Напалья около Бургоса. Был пасмурный день, дул сильный ветер. Король с утра сидел у окна в одном из крестьянских домов. При известии о приближении королевы его охватила лихорадочная тревога. «Моя королева! Моя королева!» — взволнованно бормотал он. Карлос потребовал коня, вскочил в седло без посторонней помощи и дрожащей рукой натянул поводья. Животное, закусив узду, во весь опор понесло его по деревне. Комья грязи летели из-под копыт; свиньи, визжа, разбегались от дороги; крестьяне с пугливым любопытством смотрели вслед безумному всаднику.

Выехав за деревню, Карлос издали увидел растянувшуюся по равнине кавалькаду. Он почувствовал, что сердце словно плавает у него в груди, и остановил коня. Стараясь восстановить спокойное дыхание, король глубоко втягивал ртом воздух, но от каждого нового вздоха по его плечам и груди пробегала судорога. Он ощущал внутри какую-то пустоту, но эта пустота была мучительно-тяжела. Карлос понял, что больше не сможет ступить и шага, и впился глазами в даль. Ему казалось, что фигурки на равнине не двигаются.

 С этими словами он вне себя от восторга дважды подпрыгнул, а затем схватил мула Доротеи под уздцы и, остановив его, бросился перед ней на колени и попросил дозволения поцеловать ей руки в знак того, что он признает ее своею королевою и госпожою.

Мигель Сервантес де Сааведра,
«Хитроумный идальго Дон Кихот Ламанчский»

Прошло не менее получаса, прежде чем кавалькада приблизилась. Взгляд Карлоса давно уже отыскал Марию-Луизу среди всадниц и неотступно следил за ней, между тем как его рука сжимала на груди ее портрет. Когда она подъехала ближе и стали видны черты ее лица, Карлос пришел в некоторое смятение – живая Мария-Луиза была и хуже, и лучше своего изображения.

Мария-Луиза также остановила лошадь, и они в нерешительности застыли напротив друг друга. Дамы королевы, камарера-махор, маркиз Асторгас и другие, подъезжая, спешивались за спиной Марии-Луизы и кланялись королю. Никто не произносил ни слова. Ветер хлопал юбками и плащами, лошади фыркали и позвякивали уздечками.

Наконец Карлос спрыгнул на землю и помог Марии-Луизе сойти с коня. Дотронувшись до нее, король преобразился, восторг осветил его лицо.

– Моя королева! Моя королева! – твердил он по-испански, в упоении глядя на нее.

– О, ваше величество! – лепетала в ответ по-французски Мария-Луиза, опустив глаза.

Она несколько раз пыталась броситься к его ногам и поцеловать ему руку, но он каждый раз останавливал ее и приветствовал, по обычаю страны, сжимая ее руки обеими руками. Мария-Луиза не знала, что делать, но камарера-махор пришла ей на помощь.

– Ваше величество, – твердым голосом произнесла она, – королева устала с дороги, ей следует отдохнуть.

– Да, да, – спохватился Карлос. – Моя королева!..

Он подсадил Марию-Луизу в седло и поехал рядом, не спуская с нее глаз.

 Король не захотел откладывать торжество, и свадьба была справлена в тот же день в этом бедном селении. Мария-Луиза приказала себе больше ничему не удивляться, даже если

окажется, что Квинта-Напалья и есть столица ее королевства. После венчания в местной церкви все сели за свадебный стол, чья евангельская простота делала его похожим скорее на монастырскую трапезу, чем на королевское пиршество. Засидеться за таким столом было невозможно, но нетерпение короля и тут дало себя знать: он уединился с королевой, не дожидаясь конца обеда.

На следующий день кортеж малыми переходами направился к Мадриду. После Бургоса горы сменились пустынной равниной. Кругом не было видно ни одного дерева. Изредка на окрестных холмах можно было заметить одинокого пастуха, закутавшегося, словно монах, в плащ цвета высохшего трута, и его овец, белевших на бурых склонах, как крупные капли молока. Дома в придорожных селениях были сплошь одноэтажные, сложенные из круглых камней; пучки сухой травы, наложенной на древесные жерди, заменяли крыши. Мария-Луиза не могла отделаться от чувства, что путешествует по Иудее времен патриархов.

Путь до Мадрида занял около двух месяцев. Только в начале января 1680 года королевская чета въехала в столицу. Во главе процессии двигалась карета с четырьмя королевскими мажордомами, затем три кареты с идальго в вышитых золотом костюмах — кавалерами орденов

...увидев постоялый двор, он тут же вообразил, что перед ним замок с четырьмя башнями и блестящими серебряными шпилями, с неизменным подъемным мостом и глубоким рвом – словом, со всеми принадлежностями, с какими подобные замки принято изображать.

Мигель Сервантес де Сааведра,
«Хитроумный идальго Дон Кихот Ламанчский»

Сант-Яго, Калатрава и Алькантара, и кареты великого конюшего, капитана гвардии и кравчего; следом ехала пустая карета короля. Карлос и Мария-Луиза сидели в карете, находящейся в середине поезда. За ними ехали конюший и мажордом королевы в ее карете и карета камареры.

Спешенная челядь шла возле четырех мулов с гербом и ливреей. Замыкали шествие дамы на лошаках и пеший конвой с трубами и литаврами. Толпы горожан встречали кортеж на всем протяжении от городских ворот до собора Атохской Богоматери, где король и королева должны были выслушать Te Deum[1].

Мария-Луиза с любопытством смотрела на полки испанской и валлонской[2] гвардии, стоящие шпалерами вдоль улиц с развернутыми знаменами и оглашающие воздух треском барабанов; на многочисленные ювелирные лавки с тяжелыми, обитыми железом дверями; на балконы, покрытые коврами, и окна с выставленными в них подушками, обшитыми разноцветным бархатом. Ее удивило, что, несмотря на многолюдье, горожане не давятся, как в Париже, за право протолкнуться поближе к королевской карете. В окнах некоторых домов Мария-Луиза заметила свиные окорока. Она осведомилась у короля, что это значит, и получила ответ, что крещеные мавры таким образом отводят от себя подозрения в тайной приверженности к предписаниям своей религии.

 У собора все спешились, король и королева вышли из карет. В эту минуту камарера, увидав, что волосы на лбу королевы несколько растрепались, плюнула себе на пальцы и прикоснулась к голове Марии-Луизы, чтобы

---

[1] Начальные слова католической мессы.
[2] Валлоны — небольшой народ, живущий в Бельгии. Валлонов, как и швейцарцев, европейские дворы охотно нанимали для военной службы.

слепить их. Брезгливость помогла Марии-Луизе преодолеть тот ужас, который внушала ей герцогиня. Она остановила руку камареры и с королевским видом сказала ей, что даже лучшая эссенция не годится для этого. Камарера грозно сверкнула глазами, а Мария-Луиза, достав платок, долго терла свои волосы в том месте, где старуха так неопрятно их замочила.

Это была первая победа королевы в той долгой войне, которую эти две женщины молча объявили друг другу.

IV

Зловещее предзнаменование сопутствовало вступлению Марии-Луизы в Буен-Ретиро — королевский дворец в Мадриде: она слегка оперлась рукой на большое зеркало, и стекло треснуло сверху донизу. Придворные дамы пришли в ужас. Они много рассуждали об этом случае и решили со вздохом, что их королеве долго не прожить. Впрочем, к частой смене королей в Испании давно привыкли. Короли здесь хоронили в течение своей жизни двух-трех, иногда четырех жен. Минотавром, пожирающим этих дев, был испанский придворный церемониал.

Всякое учреждение — это только продолжение тени создавшего его человека, говорил Эмерсон[1]. Над испанским двором царила мрачная тень Филиппа II, этого вырода-мизантропа, кадившего своему богу дымом бесчисленных аутодафе. Жизнь останавливалась у порога его дворца, как трава у подножия скалы. Сам Эскориал, построенный им едва ли не с той же целью, с какой фараоны строили свои пирамиды, имел форму рашпера — орудия пытки, на котором принял мученическую смерть святой Лоренцо, особо чтимый этим благочестивым извергом. Дворец стал частью пустыни, его окружавшей. «Двор, — говорит одна итальянская реляция, написанная около 1577 года, — в на-

---

[1] Эмерсон Ралф Уолдо (1803—1882) — американский философ и писатель.

стоящее время весьма малолюден, потому что там встречаешь лишь тех, кто имеет отношение к личным покоям короля или к его совету, так как большинство из cavalieri privati[1], которые там находились, или к услугам короля, или для искания почестей, видят, что его Величество живет все время в уединении или в деревне, мало показываясь, редко давая аудиенции, награждая скупо и поздно, не могли там оставаться под бременем расходов, не получая ни выгоды, ни удовольствий». В конце концов из дворца были прогнаны не только придворные, но и священники, и Филипп II заперся в нем с кучкой монахов.

Придворный этикет напоминал монастырский устав. Филипп II, вступив в Эскориал, словно дал обет молчания. Депутации, которые он принимал, не слышали от него ни одного слова: после их речей он склонялся к уху своего министра, и тот отвечал вместо него. Даже королевский секретарь, сидевший с Филиппом II за одним столом, вместо слов получал от него записки — вплоть до мельчайших распоряжений. Мир был для Филиппа II огромным пергаментом, на котором он писал свои политические заклинания. Но этот пергамент в сознании короля со временем ссыхался, словно шагреневая кожа; вскоре и Эскориал стал для него слишком просторным. Свои последние годы он провел заживо похороненный в комнате с окном, у подножия главного алтаря дворцовой церкви. Возле этого склепа Филипп II велел поставить свой гроб.

Если ж рок неотменим,
Надо примириться с ним —
Это мудрости основа.

Педро Кальдерон де ла Барка,
«Стойкий принц»

---

[1] Придворных.

Потомки Филиппа II соблюдали намеченные им правила, придав этикету мертвенную слаженность механизма. Один французский писатель сравнил его с большими часами, которые каждый день начинают тот же самый круг, что они пробежали накануне, указывая те же цифры, звоня в те же часы, приводя в движение, согласно временам года и месяцам, те же аллегорические фигуры.

Король и королева были именно такими фигурками, с машинальной неизменностью показывающимися в известные сроки на часовой башне этого монархического механизма, на чьем циферблате было только две отметки: «всегда» и «никогда». При Филиппе IV он был доведен до пределов совершенства. «Нет ни одного государя, который жил бы так, как испанский король, — читаем в записках путешественника того времени. — Его занятия всегда одни и те же и идут таким размеренным шагом, что он день за днем знает, что будет делать всю жизнь. Можно подумать, что существует какой-то закон, который заставляет его никогда не нарушать своих привычек. Таким образом, недели, месяцы, годы и все часы дня не вносят никакого изменения в его образ жизни и не позволяют ему видеть ничего нового, потому что, просыпаясь, сообразно начинающемуся дню он знает, какие дела он должен решать и какие удовольствия ему предстоят. У него есть свои часы для аудиенций иностранных и местных и для подписи всего, что касается отправления государственных дел, и для денежных счетов, и для слушания мессы, и для принятия пищи. И меня уверяли, что он никогда не изменяет этого порядка, что бы ни случилось. Каждый год в одно и то же время он посещает свои увеселительные дворцы. Говорят, что только одна болезнь может помешать ему уехать в Аранхуэц, Прадо или Эскориал на те месяцы, в которые он привык пользоваться деревенским воздухом. Наконец, те, что говорили мне о его расположении духа, уверяли, что оно вполне соответствует выражению его лица и осанке, и те, что видели его вблизи, уверяют, что во время разговора с ним они никогда не замечали, чтобы он изменил позу или движение, и что он принимал, выслушивал и отвечал с тем же самым выражением лица, и во всем его теле двигались только губы и язык».

Десятилетия за десятилетиями церемониал губил все живое, к чему прикасался. Убив всякое проявление духа, он за десять — пятнадцать лет сводил в могилу европейских принцесс, имевших несчастье надеть корону испанской королевы; однажды жертвой этикета стал король. Филипп III, задохнувшийся от чада жаровни, позвал на помощь, но дежурный офицер куда-то отлучился. Он один имел право прикасаться к жаровне. Его искали по всему дворцу; когда он, наконец, вернулся, король был уже мертв.

Мария-Луиза сделалась пленницей этикета раньше, чем ее нога переступила порог Буен-Ретиро. Еще во время путешествия камарера-махор сумела убедить Карлоса в том, что королева, юная, живая, с блестящим умом, воспитанная в свободных обычаях французского двора, вольно или невольно разрушит церемониал, если с первых же дней не почувствует всей его неуклонности. Карлос испугался. Камарера, сама того не ведая, растревожила тайные опасения короля. Карлос хотел продолжать любить Марию-Луизу так, как он любил ее портрет; она была для него живой игрушкой, которую можно, налюбовавшись на нее и наигравшись с ней, снова запереть в шкатулку. В сознании Карлоса их совместная жизнь оставалась, по сути, исключительно его жизнью, и сама мысль, что Мария-Луиза может внести в их отношения нечто непредвиденное, казалась ему посягательством на

его счастье. Поэтому король предоставил камарере полную власть в воспитании королевы.

Герцогиня Терра-Нова сразу отняла у Марии-Луизы ту небольшую долю свободы, которой она еще пользовалась во время путешествия. Желая остаться единственной госпожой над волей королевы, она объявила, что до первого публичного выхода ее величества она не допустит к ней никого, кто бы это ни был.

 Мария-Луиза, став королевой полумира, оказалась запертой в своих комнатах в Буен-Ретиро, покидать которые камарера ей запретила.

В течение нескольких недель ее единственным развлечением были длинные и скучные испанские комедии да грозная камарера, безотлучно находившаяся у нее перед глазами с лицом суровым и нахмуренным, никогда не смеявшаяся и за все умевшая сделать выговор. Она была заклятым врагом всех удовольствий и обращалась со своей госпожой как гувернантка с маленькой девочкой.

Умилостивить непреклонную старуху было невозможно. Госпожа де Виллар, жена французского посланника, после настойчивых просьб добилась, наконец, у короля разрешения видеть королеву инкогнито; однако камарера не допустила ее к ней. В первый раз герцогиня выпроводила француженку, убеждавшую ее, что король разрешил это посещение, со словами, что «она этого не знает». Госпожа де Виллар направила к ней придворного, который умолял камареру осведомиться. Та отвечала, «что не сделает ничего и что королева не увидит никого, пока будет в Ретиро». А когда Мария-Луиза, встретив в одном из апартаментов дворца маркизу Лос Балбазес, хотела поговорить с ней, камарера взяла королеву за локоть и заставила вернуться в свою комнату.

— Слава богу, — молвил Дон Кихот. — Когда так, то да будет вам известно, сеньор кавальеро, что меня околдовали и посадили в клетку, а виной тому зависть и коварство злых волшебников, ибо добродетель сильнее ненавидят грешники, нежели любят праведники.

Мигель Сервантес де Сааведра,
«Хитроумный идальго Дон Кихот Ламанчский»

Так прошли зимние месяцы. С наступлением весны затворничество сделалось для Марии-Луизы невыносимым. Едва дождавшись вечера, когда она оставалась одна в своей спальне, королева открывала окно и подолгу стояла возле него. Гроздья созвездий чисто и ярко сияли из темной бездны, разверзшейся над городом. И словно отвечая им, в городских аллеях вспыхивали и плыли огненные светлячки — это женщины, длинными рядами сидящие под деревьями на камышовых стульях, зажигали свои сигарки. В дворцовых садах и апельсиновых рощах вокруг Мадрида раздавались голоса и звуки мандолин, а порой весенний ветерок доносил до слуха Марии-Луизы странный шум: как будто город наполнился тысячами гремучих змей; она не сразу поняла, что это шелест опахал. К полуночи все мало-помалу затихало, и только плеск фонтанов да приглушенное женское хихиканье нарушали спокойное течение ночи. О чем думала Мария-Луиза в эти часы полного уединения? Вспоминала ли она сады и парки Версаля, веселые балы и спектакли? Или свою любовь к дофину? Горевала ли о своих загубленных мечтах, пропавшей молодости, а может быть, прозревала свою судьбу? Рядом с ней не было никого, с кем она могла бы перекинуться хоть словом о милых для ее сердца вещах, кто мог бы утешить ее и подать совет.

Первый публичный выход королевы был приурочен к началу святой недели. Мария-Луиза с нетерпением ожидала ее, чтобы присоединить к вселенскому ликованию Воскресения Христова радость своего освобождения. В предвкушении этого дня ей стоило больших усилий сосредоточиться на страстях Спасителя; все же ей удалось преодолеть себя, и она явилась двору воплощением кротости и смирения. Однако то, что она затем увидела в храмах и на улицах города, настолько потрясло ее, что вернуть себе прежний благочестивый настрой Мария-Луиза уже не смогла.

 Мадрид, казалось, совершал какую-то оргиастическую мистерию, кружась в любовном исступлении вокруг Голгофы. Храмы были полны влюбленными, их страстные вздохи вплетались в гармонию хоралов. У каждой придворной дамы был возлюбленный, но вне определенных дней он не имел права говорить с ней иначе, как издали и жестами. Во время литургии поднятые руки любовников обменивались таинственными знаками. Иногда устраивались церковные процессии, во время которых любовники придворных девушек могли открыто ухаживать за ними. Ночью разодетые женщины совершали прогулки, ища по церквам своих кавалеров. Сводницы обожали часовни, свидания назначались возле кропильниц.

Пылающая чувственность еще более разжигалась аскетизмом и мистикой. Среди придворных вошло в моду самобичевание во время Великого поста. Мастера монашеской дисциплины преподавали им, как фехтмейстеры, искусство розги и ремня. Молодые самобичеватели пробегали по улицам, надев батистовые юбки, расширяющиеся колоколом, и остроконечный колпак, с которого свешивался кусок материи, закрывающий лицо. Спектакль самобичевания они устраивали под окнами возлюбленных. Их искусство не было лишено своеобразной эстетики: плети были перевиты лентами, полученными на память от любовниц; верхом элегантности считалось умение хлестать себя одним движением кисти, а не всей руки, и так, чтобы брызги крови не попадали на одежду. Дамы, извещенные заранее, украшали свой балкон коврами, зажигали свечи и сквозь приподнятые жалюзи ободряли своих мучеников. Если же самобичеватель встречал свою даму на улице, то старался ударить себя так, чтобы кровь брызнула ей в лицо, — эта любезность вознаграждалась милой улыбкой.

...что ни день – на нашей улице игры и смехи, ночью никому не давала спать музыка, в мои руки бог весть какими путями попадали записки, и в бессчетных этих записках, полных уверений и слов любви, было больше обещаний и клятв, нежели букв.

Мигель Сервантес де Сааведра,
«Хитроумный идальго Дон Кихот Ламанчский»

Случалось, что кавалеры-соперники, сопровождаемые лакеями и пажами, несущими факелы, встречались под окном дамы, во имя которой взялись истязать себя. И тогда орудие бичевания тотчас превращалось в орудие поединка: господа начинали хлестать друг друга плетьми, а лакеи колотили друг друга факелами. Более выносливый вознаграждался брошенным с балкона платком, который с благоговением прижимался к ранам любви. Сражение завершалось большим ужином. «Кающийся садился за стол вместе со своими друзьями, — пишет современник. — Каждый по очереди говорил ему, что на памяти людей никто не совершал самобичевания с большим изяществом: все его действия преувеличиваются, особенно же счастье той дамы, в честь которой он совершил свой подвиг. Ночь проходит в беседах такого рода, и порой тот, кто так доблестно изувечил себя, оказывается настолько больным, что не может присутствовать в церкви в первый день Пасхи». В смятении от увиденного Мария-Луиза обратилась к маркизу Лос Балбазесу, единственному испанцу, с которым она несколько раз беседовала в Париже, с просьбой объяснить ей причины сохранения столь варварских обычаев.

— Ваше величество напрасно приписывает испанцам жестокосердие, — возразил маркиз. — Мы, испанцы, действительно воинственны — как-никак за семь столетий мы дали маврам три тысячи семьсот сражений, не считая не столь давних битв с язычниками, еретиками и, к моему искреннему сожалению, с соотечественниками вашего величества. Однако смею заверить, что меня беспредельно огорчает то, что ваше величество считает Испанию варварской страной.

— Простите меня, маркиз, я не хотела вас обидеть. И все же сознаюсь, что до сих пор я увидела здесь больше дурного, чем интересного.

— Это правда, ваше величество, наши нравы дают обильную пищу для предвзятых мнений. Ваши послы, впервые приезжающие в Мадрид, приходят в ужас от испанского придворного церемониала, ибо, привыкнув к грациозной вежливости французского двора, они теряются перед строгим благочестием мадридского. Костюмы дам их пугают, обычаи — раздражают или смешат, развлечения кажутся скучными или кровожадными. Много увидев, но мало поняв, они возвращаются во Францию, где приспосабливают свои наблюдения, — надо признать, подчас весьма меткие, — под вкусы того салона, завсегдатаями которого являются. Между тем причины непонимания довольно очевидны. Испания, более гордая, более идеальная, еще способна на безумства, от чего во Франции давно отвыкли. Сила чувств и неистовство в их проявлении — вот то, что более изнеженные народы склонны выдавать за варварство. Скажите, ваше величество, разве в Париже кто-нибудь способен поджечь театр, чтобы иметь возможность унести свою возлюбленную на руках?

— Боже мой, конечно нет, хотя бы потому, что в Париже и теперь не каждая порядочная дама рискнет поехать в театр. Но о ком вы говорите?

— Так поступил граф Вилламедиана, влюбленный в королеву Елизавету, первую супругу покойного отца нашего нынешнего государя. Испания чтит безумцев, особенно безумцев от любви. Ваше величество слышали когда-нибудь о Embevecidos?

— Нет. Кто это?

— «Опьяненные любовью». Эти люди могут оставаться с покрытой головой перед королевской четой, даже если они не являются испанскими грандами. Они считаются ослепленными видом своих возлюбленных и неспособными видеть что-либо иное и знать, где они находятся. Король дозволяет им непочтительность, как султан терпит проклятия дервишей. Если ваше величество хочет понять Испанию, вам следует помнить, что это означает понять безумство.

Королева улыбнулась несколько принужденно, как если бы выслушала рассказ о нравах той тюрьмы, в которой ей суждено было находиться.

Я безумен и пребуду таковым до тех пор, пока ты не возвратишься с ответом на письмо, которое я намерен послать с тобой госпоже моей Дульсинее. Отдаст она должное моей верности – тут и конец моему безумию и покаянию. Если же нет, то я, и точно, обезумею и, обезумев, уже ничего не буду чувствовать.

Мигель Сервантес де Сааведра,
«Хитроумный идальго Дон Кихот Ламанчский»

— Вы говорите странные вещи, маркиз. Однако я благодарна вам за этот небольшой этюд о нравах моих подданных. Надеюсь, я со временем лучше пойму то, о чем вы сейчас сказали, — ответила она.

 После первого публичного выхода Мария-Луиза вышла из своего затворничества, но лишь для того, чтобы перейти к тому, что госпожа де Виллар в своих письмах называет «ужасной жизнью дворца». Ее важнейшей чертой, закрепленной церемониалом, был строго соблюдаемый и оттого особенно невыносимый tete-a-tete короля и королевы.

В девять часов утра азафата[1] отдергивала занавеску королевской постели, а камердинер подавал королю горячий напиток: слабый бульон с двумя желтками, разбавленный молоком, вином, которое преобладало, и сдобренный сахаром, гвоздикой и корицей; королеве азафата подносила принадлежности вышивания. Затем она же подавала обоим постельные плащи и клала рядом с королем часть деловых бумаг, лежавших на ближайших стульях и креслах; после этого слуги уходили. Король и королева совершали молитву, по окончании которой к Карлосу приходил министр с бумагами. Через полчаса министр удалялся, и азафата приносила королю туфли и халат. Карлос шел в кабинет, где одевался с помощью трех лакеев, никогда не менявшихся, и одного из своих фаворитов. Облачившись в платье, король некоторое время беседовал через специальное окошко со своим духовником.

В это время азафата подавала Марии-Луизе халат — это были семь-восемь минут, когда король и королева оставались в одиночестве; в случае промедления Карлос осведомлялся о причине задержки. Мария-Луиза в свою

---

[1] Азафата — камеристка.

очередь шла в уборную и совершала утренний туалет с помощью азафаты, двух придворных дам и двух фрейлин, чередовавшихся каждую неделю. Если Карлос к тому времени заканчивал исповедь, которая обычно продолжалась недолго, то присутствовал при туалете. Беседа велась стоя и ограничивалась королевскими замечаниями дамам об их знакомствах и набожности.

Из уборной шли по внутренним покоям в часовню слушать мессу в сопровождении лиц, присутствовавших при туалете, и капитана гвардии. После мессы обедали и совершали часовую прогулку в каретах; по возвращении закусывали и время до ужина проводили в молитвах и душеспасительном чтении. Согласно этикету испанские королевы должны были ложиться спать летом в десять часов, а зимой в половине десятого. Первое время Марии-Луизе случалось засидеться за ужином до этого неизбежного срока, и тогда одни ее дамы, ни слова не говоря, начинали распускать ее прическу, другие разували ее под столом. В несколько минут она была раздета, ее волосы распущены и сама она отнесена в постель. Ее укладывали спать «с куском во рту», говорит в одном письме госпожа де Виллар.

Даже супружеская любовь имела свой распорядок и свою униформу. Когда король приходил, чтобы провести ночь с королевой, он должен был поверх башмаков надевать мягкие туфли, иметь на плече черный плащ, в одной руке держать свою шпагу, а в другой потайной фонарь, придерживая при этом правым локтем кувшин, а левым бутылку двусмысленной формы, подвязанную веревками.

Этот полуторжественный, полушутовской наряд на сонном манекене с лицом призрака не смешил, а пугал Марию-Луизу, напоминая ей о бессмысленности всего, что она видела вокруг себя.

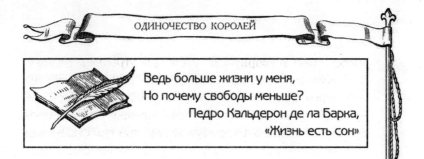

Ведь больше жизни у меня,
Но почему свободы меньше?
Педро Кальдерон де ла Барка,
«Жизнь есть сон»

Любовь Карлоса только отягчала ее тоску: Мария-Луиза чувствовала в ней унылую маниманию безумца. «Король никогда не хотел терять королеву из виду, и это очень обязывало», — пишет госпожа де Виллар со своей тонкой придворной иронией. Три или четыре часа в день он играл с Марией-Луизой в бирюльки — игру, в которой можно потерять одну пистоль лишь при самой необыкновенной неудаче. Для развлечения он возил ее по мадридским монастырям. Разнообразие времяпровождения в этих поездках заключалось в том, что после мессы король и королева садились на широкие кресла, положив ноги на великолепные подушки, и принимали процессию монахов, по очереди подходивших к ним приложиться к руке.

Балы, случавшиеся не чаще солнечных затмений, не могли снять вечный траур двора. Находиться в присутствии короля можно было только одетым в черное. Костюмы мужчин с воротниками, охватывающими шею, словно железные ошейники, узкие штаны и тяжелые плащи уродовали красоту и старили молодость. Дамы носили монашеские нагрудники, мантильи, скрывавшие глаза, корсажи, твердые, как доспехи, и фижмы, придававшие телу крутые откосы крепостей. Мода предписывала им носить круглые очки и румянить и белить не только лицо, но также руки, плечи и кожу сзади ушей (пристрастие к румянам было так велико, что их клали даже на бюсты в королевском дворце). Жены, мужья которых были в путешествии, носили кожаный пояс верности или веревку. Марию-Луизу поразило присутствие на балу священников и поведение камаре-ры-махор — благочестивая старуха бормотала в промежутках разговоров молитвы, откладывая их на четках, которые не выпускала из рук. Вообще, четки были у многих дам, — молясь, они машинально отмечали на них ритм менуэтов.

Два карлика с длинными волосами, облаченные в парчовые мантии, пытались развлекать этот могильный двор. Разговор поддерживался главным образом ими. Однако обращать внимание на их шутки полагалось не больше, чем на гримасы каменных масок над порталами дворца.

Однажды Мария-Луиза во время обеда стала смеяться над кривляньями шута, который то и дело подходил к ней с жестяной трубкой в руках, делая вид, что туг на ухо. Камарера сразу пресекла ее смех, предупредив, что это не подобает испанской королеве и что ей следует быть более серьезной. Изумленная Мария-Луиза отвечала, что не сможет удержаться от смеха, если не уберут этого человека, и что не следовало его ей показывать, если не хотят, чтобы она смеялась.

Король, с безучастным видом слушавший этот разговор, сделал знак шуту удалиться.

V

Между тем официальное торжество по случаю королевской свадьбы все откладывалось: казна была пуста. Одно время королевский совет решал, не следует ли для того, чтобы оплатить свадебные расходы, конфисковать купеческие галеоны, прибывшие в Кадис. Наконец необходимые средства были найдены, и Карлос смог преподнести Марии-Луизе в качестве свадебного подарка два зрелища: бой быков и аутодафе.

Празднества происходили на главной площади Мадрида, превосходившей по размеру любую из площадей европейских столиц. Ее окружали сто тридцать шесть одинаковых пятиэтажных домов, расположенных на равном расстоянии один от другого. На каждом этаже имелся один балкон с желтыми перилами. На изгибах перил с обеих сторон балконов крепилось по одному факелу из белого воска. Их блеск изумлял иностранцев: при нем можно было даже ночью свободно читать самый маленький шрифт в любом месте площади.

Как только королевская карета подъехала к площади, все прочие экипажи были убраны. Король и королева должны были наблюдать корриду с балкона одного из домов. Обзор с лестницы, ведущей наверх, был тщательно закрыт, так что, поднимаясь по ней, увидеть огни было невозможно. Зато, когда Мария-Луиза поднялась по ней в комнату, выходящую на площадь, она была ослеплена, а на балконе просто потеряла дар речи от неистового сияния, белым огнем заливавшего площадь.

Постепенно глаза ее привыкли к свету, и она смогла осмотреться. Королевский балкон выдавался больше других балконов и был накрыт тронным балдахином. Напротив королева увидела балконы послов Франции, Польши, Савойи, Венеции и папского нунция (дипломаты Англии, Голландии, Швеции и других протестантских стран не имели доступа на этот праздник). Ее внимание привлекло то, что только французское посольство было одето согласно моде своей страны — это была привилегия, дарованная Карлосом французам, как соотечественникам его супруги; посланники других стран должны были носить испанский костюм. Гранды и их жены занимали места по рангу на прочих балконах, украшенных коврами. Толпа народа заполняла всю площадь, кроме огороженной и посыпанной песком арены; зрители теснились в проемах между домами и даже густо облепили крыши. Разносчики фруктов, конфет и лимонада едва протискивались со своими корзинами сквозь эту толпу, ежеминутно рискуя рассыпать или раздавить свой товар. Они стремились пристроиться к дворцовым лакеям, разносившим придворным дамам подарки от короля — перчатки, ленты, веера, благовонные шарики, чулки и подвязки, — перед королевскими посланниками толпа кое-как расступалась.

Бой быков - любимое развлечение испанцев. Картина П. Кончаловского. 1910 г.

Посреди неясного людского гула резко прозвучал сигнал горна, и в ответ ему взревели десятки труб, возвещая о начале поединков. Площадь восторженно загудела, приветствуя шестерых грандов, выезжающих на арену. Разноцветные султаны колыхались на их шлемах, а нагрудные латы были перевязаны шарфами дам, ради которых они намеревались сразиться с разъяренным зверем. Подняв пики, всадники невозмутимо пересекли площадь и остановились под королевским балконом, поклоном испрашивая у короля разрешения на поединок. Карлос едва заметно кивнул им.

Снова заиграли трубы, и бой начался. Он был великолепен; гранды «быкобойствовали», по выражению госпожи де Виллар, которая чуть не упала в обморок от этого зрелища. Выезжая по очереди на арену, дворяне гарцевали вокруг быка и дразнили его уколами пик. Доведенное до бешенства животное, опустив голову, металось по арене, стараясь достать рогами лошадь, выводимую из-под удара опытной рукой наездника. В одном случае бык оказался проворнее: ему удалось пропороть брюхо лошади одного из грандов. Ее дымящиеся внутренности вывалились на песок. Обезумев от боли, страха и воплей толпы, дико храпя и кося глазами, лошадь поволокла кишки за собой, то и дело наступая на них

 Сшибка же обыкновенно кончается тем, что один из них валится навзничь, пронзенный насквозь копьем противника, а другой – другой, разумеется, последовал бы его примеру и тоже грянулся оземь, если б ему не удалось ухватиться за гриву коня.

Мигель Сервантес де Сааведра,
«Хитроумный идальго Дон Кихот Ламанчский»

задними ногами. Бык повернул в ее сторону морду, по которой уже бежали с рогов темные струйки крови, и в несколько прыжков снова оказался возле нее. Глубоко всадив рога в лошадиный пах, он могучим движением шеи высоко поднял лошадь вместе со всадником и бросил их через себя на землю.

Сладострастный крик ужаса вырвался одновременно из многих тысяч грудей, — казалось, бык низверг бойца в ад. На помощь поверженному гранду бросились chulos, копьеносцы, волоча по арене желтые, голубые, зеленые и красные куски ткани, чтобы отвлечь внимание быка. Некоторые, завернувшись в плащ, на одном колене ожидали его приближения. Бросив свою жертву, бык устремился на них. Несмотря на слепую ярость, заставлявшую его наносить удары только по прямой, ему удалось сбить с ног одного chulo. Тотчас же послышался отвратительный хруст — бык страшными ударами ног насквозь пробил грудную клетку человека. Новая победа чудовища была отмечена бешеным, протяжным воем зрителей. На арену высыпали banderilleros, вооруженные железными гарпунами. Они кружили вокруг быка, стараясь вонзить свое оружие между его плеч. Животное с налитыми кровью глазами, обессилев от боли и бешенства, дико ревело, взрывало копытами песок и трясло окровавленной шкурой.

За это время поверженный гранд успел выбраться из-под коня. Приблизившись к балкону короля, он попросил у него разрешения убить быка. Марии-Луизе показалось невероятным, что ее супруг, в котором едва теплилась жизнь, может обречь смерти мощного, свирепого зверя. Однако Карлос снова едва заметно наклонил голову, и гранд, вынув меч, направился к быку. Животное почувствовало близость рокового удара: его взгляд стал пристальным, ноги дрожали, оно прерывисто дышало. Гранд сделал приветственный жест в сторону балкона, на

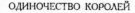
котором находилась его дама, и ловко всадил меч по рукоятку в бычье плечо. Бык зашатался, поворачиваясь на месте, ноги его подогнулись, и он грузно, сонливо опустился на песок...

Зрители бесновались, на арену летели шляпы, ленты, сигары, монеты. Продавцы апельсинов с поразительной ловкостью бросали плоды на балконы. Трупы быка и лошади в мгновение ока были привязаны к мулам и увезены.

Бойня продолжалась до вечера. Последнего быка вывели для традиционной пантомимы с участием зрителей. Толпа, изображающая старых маркизов, одержимых подагрой, пьяных солдат, демонов, потрясающих вилами, обезьян, гоняющихся друг за другом, крестьян в бумажных чепцах и с пиками на ослах, окружила быка. Мальчишки, переодетые поварятами и обмазанные сажей, кувыркались, женщины в фантастических головных уборах подбирали подолы и падали навзничь, демонстрируя непристойные места; остальные бегали, толкались, шумели под шипение и ослепительные вспышки самодельных ракет и треск мушкетов. Некоторые смельчаки с помощью жерди скакали через быка, когда тот устремлялся на них. Фейерверк на площади и в королевском дворце завершил праздник.

После боя Карлос осведомился у французской делегации, как им понравилось зрелище.

— Это празднество — ужасающее удовольствие, ваше величество, — смело заявила едва пришедшая в себя госпожа де Виллар. — Если бы я была королем Испании, оно бы не повторилось никогда.

— Сударыня, мы поставлены Богом, чтобы беречь обычаи нашей страны, а не для того, чтобы отменять

Смерть пикадора. Картина Франсиско Хосе де Гойя. 1793 г.

их, — холодно произнес король, сонно глядя на собеседницу из-под полуприкрытых век.

Три месяца спустя состоялось торжественное аутодафе — неизменный огненный спектакль на свадьбах испанских королей.

Святейшая инквизиция простирала свои объятия язычнику и грешнику, но в одной руке она держала меч, а в другой — факел. В семивековой рукопашной схватке с исламом испанский католицизм вдохновлялся примером не Бога Голгофы, а Иисуса Навина[1], истреблявшего в Ханаанской земле не только идолопоклонников, но и их скот. В XV веке, когда мавры сложили оружие, по всему полуос-

---

[1] Иисус Навин — преемник Моисея, руководитель еврейского народа во время завоевания Ханаанской земли.

трову зажглись костры инквизиции, чтобы неугасимо пылать в течение четырехсот лет. Торквемада[1] обратил Кастилию в море пламени. В течение восемнадцати лет десять тысяч осужденных были сожжены живыми, семь тысяч заочно, в изображениях. Статуи апостолов, воздвигнутые на площади Севильи, покрылись толстым слоем жирной сажи от сгоревших тел. Инквизиция считала себя правовернее Рима: она пренебрегала папскими советами и цензурой.

Сами короли трепетали перед этим подозрительным чудовищем. Филипп II повелел одному вице-королю Нового Света подставить свою спину под бич инквизиции за то, что он ударил одного из ее сочленов. При вступлении на престол он отдал в ее руки своего учителя, архиепископа Толедского, со словами: «Если у меня самого в жилах будет кровь еретика, то я сам отдам свою кровь». Передают, что Филипп III искупил слово сострадания, которое вырвалось у него во время одного аутодафе, несколькими каплями крови, выпущенной из его руки ножом палача.

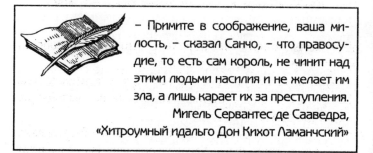

– Примите в соображение, ваша милость, – сказал Санчо, – что правосудие, то есть сам король, не чинит над этими людьми насилия и не желает им зла, а лишь карает их за преступления.

Мигель Сервантес де Сааведра,
«Хитроумный идальго Дон Кихот Ламанчский»

Впрочем, и самое зло может вырождаться. Ко времени Карлоса II крестоносцы преобразились в полицейских, костры зажигались и гасли в положенные сроки, никого не возбуждая и не устрашая: они стали частью церемониала.

---

[1] Торквемада Томас (ок. 1420–1498) – с 1480-х гг. Великий инквизитор, инициатор изгнания евреев из Испании (1492).

Огромный эшафот, над которым возвышалась кафедра Великого инквизитора, епископа Барселонского, был воздвигнут на главной площади. В семь часов утра король, королева, гранды, посланники, придворные дамы, празднично разодетые, заняли места на тех же балконах, откуда они наблюдали бой быков. Через час процессия началась. Во главе ее шло сто угольщиков, вооруженных пиками. За ними в плащах, расшитых черными крестами, следовало семьсот доминиканцев, несущих хоругви с изображением короля, королевы и папы; ими предводительствовал герцог Медина Цели, наследственный хоругвеносец инквизиции, с зеленым крестом церкви Святого Мартина. Вслед за доминиканцами тридцать человек несли картонные фигурки и две статуи осужденных в изображениях, из которых одни представляли бежавших приговоренных, другие — умерших в тюрьме: мятежные останки этих счастливцев покоились в гробах, украшенных нарисованными языками пламени. Далее вели вереницей более ста живых преступников — каждого между двумя монахами. Первыми шли сорок покаявшихся, осужденных с отречением от грехов — двоеженства, суеверий, лицемерия, лжи и т. д. На шее у них болтались веревки с завязанными узелками по числу ударов плетей, которые они должны были получить; на головах возвышались коросы, картонные колпаки, расписанные шутовскими рисунками, — инквизиция высмеивала свои жертвы. За ними следовало пятьдесят приговоренных, одетых в санбенито, желтые

– Те-те-те! – воскликнул священник. – Дело уже и до исполинов дошло? Накажи меня бог, если завтра же, еще до захода солнца, все они не будут сожжены.

Мигель Сервантес де Сааведра,
«Хитроумный идальго Дон Кихот Ламанчский»

мешки с прорезями для головы и рук, испещренные андреевскими крестами и полукрестами.

Это были евреи, осужденные за тайное иудейство; будучи взяты лишь в первый раз, они подвергались пока только бичеванию. Наконец появились двадцать евреев и евреек «осужденных отпущенных», то есть обреченных на костер. Их одежды и колпаки говорили об их участи: те, которые раскаянием заслужили милость быть задушенными до костра, были отмечены опрокинутыми языками пламени; пламя тех, кого должны были сжечь живыми, стояло прямо, и в нем извивались дьяволы и драконы. У двенадцати наиболее упорствующих в заблуждении рты были заткнуты кляпом и руки связаны.

Вся вереница осужденных была связана одной веревкой. «Этих несчастных протащили так близко от короля, — пишет госпожа д'Онуа, француженка, очевидица казни, — что он слышал их жалобы и стоны, потому что эшафот, на котором они стояли, касался его балкона. Монахи, некоторые искусные, другие невежественные, с яростью вступали с ними в споры, чтобы убедить их в истинах нашей веры. Среди осужденных были евреи, весьма ученые в своей религии, которые с большим хладнокровием отвечали поразительные вещи».

Была отслужена заупокойная обедня. Во время чтения Евангелия Карлос II, с обнаженной головой, приблизился к кафедре, чтобы у колен Великого инквизитора принести присягу святейшей инквизиции. В полдень началось чтение решений и приговоров, прерываемое криками и мольбами осужденных. Каждый смертный приговор заканчивался словами: «Мы должны отпустить и отпускаем такого-то и отдаем его в руки светского правосудия, коррехидору[1] сего города, или тому, кто исполняет его обязанности при названном трибунале, коих мы

---

[1] Коррехидор — судья.

сердечно просим и молим милосердно обращаться с обвиняемым и не допустить пролития его крови». Между приговоренными была семнадцатилетняя девушка редкой красоты; она отбивалась от державших ее монахов и, обращаясь к королеве, просила о помиловании.

— Великая королева, — кричала она, — неужели ваше королевское присутствие ничего не изменит в моей несчастной судьбе? Взгляните на мою юность и подумайте, что дело идет о религии, которую я впитала с молоком матери.

Бедная девушка не думала, что обращается к той, чье сердце было также поражено страхом. Мария-Луиза отвратила от нее взор, выразив на лице сострадание, но не посмела сказать ни слова, чтобы спасти ее.

 Стремясь как можно быстрее покинуть место казни, Мария-Луиза обратилась к Карлосу с просьбой позволить ей удалиться по причине дурноты. Карлос передал ее слова Великому инквизитору, который приказал королеве дослушать чтение приговоров.

Госпожа де Виллар, проявившая не менее нетерпения, также получила отказ. «У меня не хватило мужества присутствовать при этой ужасной казни евреев, — пишет она о своих чувствах. — Это было отвратительное зрелище, судя по тому, что я слышала; но что касается чтения приговоров, присутствовать там необходимо, если только вы не имеете удостоверения от врачей о тяжкой болезни, так как в противном случае вы прослывете еретиком. Нашли даже весьма нехорошим то, что я как бы слишком мало развлекалась всем происходящим...» После чтения приговоров месса возобновилась: тогда королю и королеве было дозволено удалиться. Но двор и народ остались наблюдать за казнью. Вначале были удушены несколько «возвращенных» — тех, кто покаялся.

Каждый раз, когда палач вталкивал внутрь язык жертвы, члены трибунала требовали его к ответу:

— Вы повинны в убийстве человека. Что вы можете сказать в свою защиту?

— Это был преступник, осужденный законом. Я исполнял только веление правосудия, — отвечал палач.

— Нет, — возразила племянница, — ни одна из них не заслуживает прощения, все они причинили нам зло. Их надобно выбросить в окно, сложить в кучу и поджечь. А еще лучше отнести на скотный двор и там сложить из них костер, тогда и дым не будет нас беспокоить.

Мигель Сервантес де Сааведра,
«Хитроумный идальго Дон Кихот Ламанчский»

Тела удушенных кидали в огонь. Затем наступила очередь живых. «Мужество, с которым приговоренные шли на казнь, действительно необычайно, — рассказывает госпожа д'Онуа. — Многие сами кидались в огонь, другие сжигали себе руки, потом ноги, держа их над огнем, сохраняя при этом такое спокойствие, что приходилось только жалеть, что души столь мужественные не были просвещены лучами веры».

А в толпе, глазеющей на костер, все так же протискивались разносчики конфет и лимонада, и продавцы апельсинов с той же ловкостью кидали свои плоды на балконы придворных дам.

VI

Неделя за неделей, месяц за месяцем одиночество Марии-Луизы становилось все безысходней. Рвались последние нити, связующие ее с Францией, с прошлым. Почти все ее женщины-француженки были отосланы; с ней оставались только две: ее кормилица и горничная. Но камарера-махор сделала их жизнь настолько невыносимой, а король, проходя мимо, кидал на них такие мрачные взгляды, что они попросили свою госпожу отпустить их.

Один Бог знает, чего стоило Марии-Луизе выполнить эту просьбу, тем не менее она не стала удерживать их возле себя. Теперь ее уединение стало полным. Только госпожа де Виллар и госпожа д'Онуа могли изредка ее видеть. Страницы их писем, где рассказывается об этих визитах, совершаемых под наблюдением камареры, полны сцен, напоминающих посещения монастырской затворницы. Однажды госпожа де Виллар показала королеве письмо из Парижа, в котором говорилось «о ней и о ее хорошеньких ножках, которые грациозно танцевали и так красиво ступали». Мария-Луиза даже раскраснелась от удовольствия. «А затем она подумала о том, что ее хорошенькие ножки не имеют занятий иных, как несколько раз обойти вокруг комнаты да каждый вечер в половине девятого отнести ее в постель». Скука заставляла ее развлекать саму себя.

«Она сочиняет оперы, она дивно играет на клавесине и довольно хорошо на гитаре; ей ничего не стоило научиться играть на арфе. Благочестивые книги доставляют ей не много утешения. Это и неудивительно в ее летах. Я часто говорю, что хотела бы, чтобы она забеременела и имела ребенка» (письмо госпожи де Виллар). Сборники испанских стихов отпугивали ее предисловиями авторов вроде: «Сим предупреждается, что слова: бог любви, богиня любви, божество, рай, поклоняться, блаженный и другие — должны пониматься только согласно поэтическому словоупотреблению, а не в каком-нибудь ином смысле, который мог бы в чем бы то ни было оскорбить чистейшее учение пресвятой матери Церкви, которой я, как покорный сын, повинуюсь во всем, что она предписывает».

Если жизнью вправе счесть я
Пытку долгую такую.
Не дивитесь, что, тоскуя,
Не уйму я слез моих...

Педро Кальдерон де ла Барка,
«Врач своей чести»

Зато испанские романсы пришлись Марии-Луизе по душе, и она часто пела свой любимый:

Милая смуглянка, не забудь,
когда сон смежает твои веки:
отдавать принуждены мы
снам половину жизни человека.

Как в песок вода, уходит жизнь,
столь неудержимо скоротечна, —
будь то в годы старости седой
или в годы юности беспечной.

И течение необратимо это,
но приходит поздно отрезвленье;
бесполезен суеты урок:
не прозренье даст он — сожаленье.

Молодость твоя и красота,
милый друг, товар всего лишь новый.
Ты — богач, но станешь бедняком:
время разоряет, безусловно.

Но несет необъяснимую печаль сей товар,
снискавший в мире славу,
пеленою застит юный взор,
на запястье виснет кандалами.

И, тая немалую угрозу,
черную он зависть разжигает,
что людей безжалостно казнит,
время жизни злобно пожирает.

И удел красивых и невзрачных уравнит,
увы, касанье смерти;
близких нет в могильной тесноте,
и останкам, верно, не до сплетен.

Несомненно — всех красивей кедр,
нет деревьев выше кипариса,
но беспомощны они перед судьбой —
жертвы своевольного каприза.

Милая смуглянка, наша явь —
вереница бед, юдоль сомнений;
только на дорогах сна
мы познаем сладость недоступных наслаждений.

Но когда апрельский новый цвет
скомкает безжалостная осень,

то померкнет красок ликованье
и небесная пожухнет просинь[1].

Вместе с тем бедная королева нашла еще утешение в хорошем столе. Она ела много и часто, отчего начала толстеть.

«Испанская королева, — пишет госпожа де Виллар, — располнела до такой степени, что еще немного — и ее лицо станет совсем круглым. Ее шея слишком полна, хотя и остается одной из самых красивых, которые я когда-либо видела. Она спит обыкновенно десять — двенадцать часов; четыре раза в день она ест мясо; правда, ее завтрак и ужин являются лучшим ее питанием. За ее ужином всегда бывает каплун, варенный в супе, и каплун жареный». Этот «версальский» аппетит был весьма необычен в стране, где герцог Альбукеркский, владевший двумя тысячами пятьюстами дюжинами золотых и серебряных блюд, за обедом съедал одно яйцо и одного голубя. «Король, — говорит госпожа де Виллар, — смотрит, как ест королева, и находит, что она ест слишком много».

В свою очередь госпожа д'Онуа передает, что при своем посещении застала королеву в зеркальном кабинете сидящей на подушках на полу, по испанскому обычаю. На ней было платье из розового бархата, расшитое серебром, и тяжелые серьги, падавшие на плечи. Она трудилась над рукодельем из голубого шелка с золотыми оческами. «Королева говорила со мной по-французски, стараясь при этом говорить по-испански в присутствии камареры-махор. Она приказала мне посылать ей все письма, которые я получаю из Франции, в которых будут новости, на что я ей возразила, что те новости, о которых мне пишут, недостойны внимания столь великой

---

[1] Перевод А. Ткаченко.

королевы. „Ах, Боже мой! – сказала она, с очаровательным видом подымая глаза. – Я никогда не смогу относиться равнодушно к чему бы то ни было, что приходит из страны, которая мне дорога". Затем она сказала мне по-французски очень тихо: „Я бы предпочла видеть вас одетой по французской моде, а не по испанской". – „Государыня, – отвечала я ей, – это жертва, которую я приношу из уважения к вашему величеству". – „Скажите лучше, – продолжала она улыбаясь, – что вас приводит в ужас строгость герцогини"».

Жертва госпожи д'Онуа и предусмотрительный шепот королевы были вовсе не лишними в этом дворце, где каждое слово, каждый жест взвешивались самым пристрастным образом. Однажды королева пригласила к себе заезжего халдейского мага из города Музала (древней Ниневии). Расспрашивая его с помощью переводчика о стране, откуда он прибыл, она поинтересовалась, так ли сурово охраняются женщины в Музале, как и в Мадриде. Ее невинное лукавство было возведено камарерой в ранг преступления; она тотчас побежала сообщить об этом королю, который рассердился и нахмурился. Понадобилось несколько дней, чтобы он вновь выказал королеве свое расположение.

...люди рассудительные, узнав причину, перестанут дивиться следствиям, и если и не исцелят меня, то, по крайней мере, не осудят, и сострадание, вызванное моими горестями, заступит у них в душе место злобы на мою несдержанность.

Мигель Сервантес де Сааведра,
«Хитроумный идальго Дон Кихот Ламанчский»

В другой раз ночью королева услыхала, что ее болонка, которую она очень любила, выходит из комнаты. «Испугавшись, что она не вернется, она встала, чтобы найти ее ощупью. Король, не находя королевы, встает в свою очередь, чтобы искать ее. И вот они оба посреди комнаты в полной темноте бродят из одного угла в другой, натыкаясь на все, что лежит у них на пути. Наконец король в беспокойстве спрашивает королеву, зачем она встала. Королева отвечает, что для того, чтобы найти свою болонку. „Как, — говорит он, — для несчастной собачонки встали король и королева!" И в гневе он ударил ногой маленькое животное, которое терлось у его ног, и думал, что убил его. На ее визг королева, которая очень любила ее, не могла удержаться, чтобы не начать очень кротко жаловаться, и вернулась, чтобы лечь в постель, очень опечаленная» (записки госпожи д'Онуа). Утром король поднялся озабоченный и угрюмый и, ни словом не обмолвившись с королевой, уехал на охоту. Под вечер, когда Мария-Луиза ожидала его возвращения возле окна, опершись на подоконник, камарера-махор строгим тоном отчитала ее и прибавила, что «не подобает испанской королеве смотреть в окна».

Вообще можно было подумать, что камарера намеренно истязает королеву. Мария-Луиза привезла из Франции двух попугайчиков, говоривших по-французски, за что король их возненавидел. Камарера, желая угодить королю, свернула им шеи. Однако по странной прихоти судьбы именно казнь этих беззащитных существ послужила причиной падения грозной тюремщицы. И роль богини мщения на этот раз была отведена Марии-Луизе. Когда при их следующей встрече герцогиня склонилась перед ней, чтобы поцеловать ее руку, королева, ни слова не говоря, влепила ей две крепкие пощечины. Это было оскорбление почти от равного равному. Старуха, владевшая несколькими провинциями в Испании и королевством в Мексике, чуть не задохнулась от ярости. В сопровождении четырехсот дам самого высокого происхождения она явилась к королю требовать возмездия. Выслушав ее, Карлос II послушно отправился бранить виновную. Но грозное нашествие было остановлено одной из тех счастливых хитростей, которые приходят на ум женщинам в минуты опасности. Мария-Луиза прервала речь короля, сказав с видом оскорбленного достоинства:

— Государь, это была прихоть беременной женщины.

При этих словах гнев короля сменился ликованием. Он одобрил пощечины, найдя, что они были даны очень ловко, и объявил, «что если двух ей недостаточно, то он разрешает дать герцогине еще две дюжины». В ответ на протесты и жалобы герцогини Терра-Нова Карлос произносил только: «Молчите, эти пощечины — прихоть беременной женщины».

Прихоти беременных имели в Испании силу закона. Даже если беременная крестьянка желала видеть короля, он выходил для нее на балкон.

Мария-Луиза, решив до конца использовать выгоды своего положения, попросила у короля увольнения герцогини от должности. Такая просьба была беспримерна. Никогда королева Испании не сменяла своей камареры-махор. Но радость короля от ожидания появления наследника была столь велика, что Карлос пошел на этот шаг, граничащий со святотатством. Надо отдать должное герцогине — она восприняла этот удар с надменностью патрицианки, сумев напоследок преподнести еще один урок королевского величия своей повелительнице. Госпожа д'Онуа запечатлела ее прощание с Марией-Луизой в следующих словах: «Ее лицо было еще более бледно, чем обычно, глаза сверкали еще страшнее. Она приблизилась к королеве и сказала ей, не выражая ни малейшего сожаления, что ей досадно; что она не смела служить ей так хорошо, как хотела бы. Королева, доброта которой была беспредельна, не могла скрыть своей растерянности и умиления, а так как она обратилась к ней с несколькими обязательными словами утешения, та прервала ее и с надменным видом заявила, что королеве Испании не подобает плакать из-за таких пустяков; что та камарера-махор, которая заступит на ее место, конечно, лучше исполнит свой долг, чем она, и, не вступая в дальнейшие разговоры, взяла руку королевы, сделала вид, что поцеловала ее, и удалилась». Но, выйдя из комнаты, она не смогла удержать своего бешенства и изломала китайский веер, лежавший на столе.

...улетая, этот злой старик громко крикнул, что по злобе, которую он втайне питает к владельцу книг и помещения, он нанес его дому урон и что урон этот впоследствии обнаружится.

Мигель Сервантес де Сааведра,
«Хитроумный идальго Дон Кихот Ламанчский»

Герцогиня Альбукерк, новая камарера-махор, была женщиной лет пятидесяти, столь же безобразная лицом, как и ее предшественница. Она носила на голове маленькую повязку из черной тафты, которая спускалась ей до бровей и так крепко сжимала лоб, что глаза ее всегда припухали. Излишняя суровость была ей чужда. Кротость ее нрава простиралась до того, что она позволила Марии-Луизе ложиться спать не раньше половины одиннадцатого и смотреть в окна. Госпожа де Виллар иронически прославляет эти победы: «Со времени смены камареры-махор все чувствуют себя прекрасно. Воздух дворца совсем переменился. Теперь мы — королева и я — смотрим сколько нам угодно в окно, в которое только и видно, что большой сад женского монастыря... Вам трудно себе представить, что юная принцесса, родившаяся во Франции и воспитанная в Пале-Рояле, может это считать удовольствием; я делаю все, чтобы заставить ее ценить

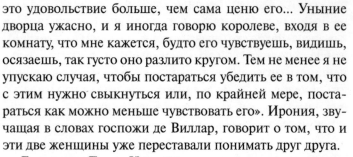

это удовольствие больше, чем сама ценю его... Уныние дворца ужасно, и я иногда говорю королеве, входя в ее комнату, что мне кажется, будто его чувствуешь, видишь, осязаешь, так густо оно разлито кругом. Тем не менее я не упускаю случая, чтобы постараться убедить ее в том, что с этим нужно свыкнуться или, по крайней мере, постараться как можно меньше чувствовать его». Ирония, звучащая в словах госпожи де Виллар, говорит о том, что и эти две женщины уже переставали понимать друг друга.

Герцогиня Терра-Нова еще раз появилась во дворце несколько месяцев спустя после своей отставки, чтобы поблагодарить королеву за вице-королевство, пожалованное ее зятю. Бывшая камарера, войдя в апартаменты королевы, казалась вначале несколько смущенной. Она извинилась, что многие болезни и недомогания мешали ей так долго посещать дворец, и прибавила:

— Я должна признаться вашему величеству, что я даже не знала, смогу ли я пережить горе разлуки с вами.

Жалобный рык, вырвавшийся из пасти дракона, произвел бы меньше впечатления, чем это признание. Мария-Луиза на минуту остолбенела. Придя в себя, она смогла только сказать, что все это время осведомлялась о здоровье герцогини, и затем переменила тему. Королева не могла не заметить, что вся ненависть герцогини Терра-Нова теперь сосредоточена на своей сопернице. Бывшая камарера «от времени до времени поглядывала на герцогиню Альбукерк так, как будто хотела сожрать ее, а герцогиня Альбукерк, глаза которой были нисколько ни более красивы, ни более мягки, тоже искоса посматривала на нее, и обе они изредка обменивались кислыми словами» (госпожа д'Онуа).

Было ли признание герцогини Терра-Нова лицемерием? Если да, то следует признать, что в устах людей с подобным характером лицемерие почти равняется раскаянию.

VII

Одиночество не оставляло не только Марию-Луизу, но и Карлоса. Оно, словно сфинкс, день за днем вновь и вновь задавало им одну и ту же бессмысленную загадку, на которую заведомо не было ответа. Любовь только на одно мгновение вырвала разум короля из тьмы безумия. Радости медового месяца постепенно блекли в его душе, а раскрывшаяся хитрость королевы в истории с пощечинами еще более охладила их отношения. Бесплодие приводило Карлоса в отчаяние. Великая империя погибала его слабостью, династия угасала в нем.

 Иностранные государи не сомневались, что испанский трон останется без наследника. Упустить такой случай не хотел никто, и вскоре целый рой претендентов начал вербовать сторонников при мадридском дворе.

Позиции французской партии были ослаблены внезапной смертью дона Хуана, случившейся еще в разгар приготовлений к свадьбе Карлоса II. Мария-Анна, как освобожденный демон, ринулась тогда из Толедо в Мадрид, чтобы расстроить свадьбу, но прибыла в столицу слишком поздно, когда венчание уже состоялось. Теперь королева-мать вновь возглавляла австрийскую

Дон Хуан Австрийский, находясь в тени равнодушного к политике государя, являлся настоящим правителем Испании. Портрет работы Хосе де Рибера. 1647 г.

партию, затаив глухую ненависть против Марии-Луизы, воплощавшей собой права Франции по отношению к испанскому трону. Мадридский двор сделался самым таинственным и опасным местом Европы. Цели, преследуемые там честолюбцами со всего света, диктовали и соответствующие средства: шпионство, доносы, клевету, яд.

Подобно любому из своих подданных, Карлос презирал все другие нации; Францию, ограбившую его в войнах, он ненавидел. Когда же Людовик XIV стал претендовать на его наследство, ненависть Карлоса ко всему французскому приняла маниакальные формы. Однажды французский нищий подошел к карете Марии-Луизы, чтобы попросить милостыню, — король приказал убить его на месте. В другой раз два голландских дворянина, одетые по французской моде, почтительно поклонились королевской карете; им было дано понять со стороны короля, чтобы они впредь остерегались при встрече с их величествами становиться со стороны королевы и с ней раскланиваться. Галлофобия короля распространялась даже на животных. Мария-Луиза не смела при нем ласкать своих собачек, так как он не переносил этих животных, привозимых из Франции, и всегда кричал на них: «Прочь! Прочь! Французские собаки!»

 Мысль завещать свое королевство иностранцам была для него непереносима. Вскоре Карлос впал в меланхолию еще более черную, чем до женитьбы. Наследственное отвращение к людям, соединенное со стыдом за свой позор и маноманией безумца, заставляло его искать уединения. Единственным его удовольствием стала охота, которая давала возможность надолго покидать двор.

«Король, — пишет госпожа д'Онуа, — брал обыкновенно с собой на охоту только первого конюшего и великого ловчего. Он любил оставаться один в этих пустынных просторах и иногда заставлял себя подолгу искать». Окрестности Эскориала притягивали Карлоса, как пустыня притягивает аскета. Впрочем, это и была настоящая пустыня: заживо сожженная земля, обнаженные горы, серые скалы, каменистые овраги. Видимо, бесплодие природы как-то заставляло его забыть свое собственное. Отсюда Карлос послал однажды королеве четки в ларце из филигранного золота, с запиской, которая стоит иной поэмы: «Сударыня, сегодня сильный ветер, и я убил шесть волков».

Проходили годы, но королева не становилась матерью. Ни обеты, ни паломничества, ни подношения мадоннам не могли сотворить чуда, и печаль короля превратилась в мрачное безумие. Мысль о наговоре неотступно преследовала его, она одна все объясняла, все оправдывала и подавала надежду на спасение после преодоления злых чар. Королю пришло в голову, что графиня де Суассон, приехавшая в это время в Мадрид, колдовством лишила его возможности иметь детей. Олимпия Манчини, графиня де Суассон была племянницей Мазарини. Воспитывавшаяся вместе с Людовиком XIV, она первая привлекла его взгляды, но также первая узнала и ветреность короля. Брак с одним из принцев не мог утешить ее, и для того чтобы вернуть себе благорасположение короля, она воспользовалась услугами колдуньи.

Это была эпоха, когда воображение парижан взбудоражил ряд таинственных смертей, связанных с «порошком наследства». Некий итальянец Экзили, занимающийся поисками философского камня, обнаружил яд без наружных следов действия. Его ученик Сент-Круа уговорил маркизу де Бренвилье, свою любовницу, попробовать этот яд на ее отце, судье д'Обре, который препятствовал их связи.

Простые бабы и отъявленные мошенники составляют обыкновенно разные смеси и яды, от которых у людей мутится рассудок, и при этом внушают им, что они обладают способностью привораживать...

Мигель Сервантес де Сааведра,
«Хитроумный идальго Дон Кихот Ламанчский»

Затем настал черед обоих ее братьев и сестры — уже из-за богатого наследства. Но чудовищнее всего оказалось то, что маркиза и ее любовник вскоре стали класть яд в паштеты из голубей и потчевать ими своих гостей и сотрапезников — просто для развлечения.

Известная в Париже гадалка Ла Вуазен также воспользовалась изобретением и начала не только предсказывать наследникам смерть богатых родственников, но и способствовать ей. Несколько священников помогали ей в этом деле, весьма своеобразно причащая больных. Они продавали ядовитые снадобья и служили молебны об успехе отравления перед распятием, поставленным вверх ногами. Семидесятилетний священник Гейбург изобрел другой знаменитый яд «avium risus» («смех птиц»), от которого умирали в припадке безудержного смеха, так как у отравившегося им возникала подъязычная опухоль.

Страх парализовал Париж; отцы семейств закупали припасы и сами готовили пищу в какой-нибудь грязной харчевне, чтобы не стать жертвой предательства в собственном доме. Вскоре зараза распространилась по всей стране, всюду находили трупы людей, умерших внезапно, без всякой видимой причины. Казалось, вся Франция разделилась на отравителей и отравляемых.

Король учредил особую Огненную Палату для расследования этих преступлений. Случай помог открыть истину. Сент-Круа погиб при взрыве реторты с отравленной жидкостью. Поскольку у него не было наследников, его имущество опечатали. В одном из ящиков бюро судебные исполнители обнаружили целый арсенал ядов, а в другом — письма маркизы де Бренвилье, полностью изобличавшие обоих.

Маркиза была обезглавлена, Ла Вуазен исчезла в подвалах Огненной Палаты. Однако для дальнейшего расследования король был вынужден создать тайную комиссию, поскольку оказалось, что в деле замешаны самые высокопоставленные лица. Впрочем, все они покинули Огненную Палату с гордо поднятой головой. Ла Вуазен увлекла за собой на хвосте ведьмовского помела одну графиню де Суассон. Колдунья показала, что графиня около тридцати раз приходила к ней и требовала приготовить любовный напиток, который позволил бы ей возвратить симпатии его величества. Не довольствуясь этим, она носила к ведьме волосы, ногти, чулки, рубашки, галстуки короля для изготовления любовной куклы, с тем чтобы произнести над ней заклятия. Графиня принесла даже капли крови Людовика XIV, подкупив за огромную сумму королевского лекаря. Замаранная показаниями отравительницы, Олимпия поспешно бежала и остаток своей жизни провела странствуя по Европе, точнее, изгоняемая из одного города в другой.

Когда она появилась при испанском дворе, слава колдуньи все еще прочно держалась за ней. Карлос приказал ей вернуться во Фландрию, но графиня де Суассон имела поддержку в австрийской партии, которая, возможно, и вызвала ее в Мадрид. Чтобы отвести от нее подозрения короля, Мария-Анна при помощи Церкви решила «доказать», что наговор исходит не от кого-нибудь, а от самой Марии-Луизы. Эта адская комедия должна была привести к разрыву с королевой. И если бы граф де Рабенак, сменивший де Виллара на должности французского посланника в Мадриде, не сорвал вовремя маски с обманщиков, их дело было бы сделано. Вот что он рассказывает Людовику XIV об этом деле:

«Некий доминиканский монах, друг исповедника короля, имел откровение, что король и королева околдованы; я должен заметить, между прочим, Ваше Величество, что испанский король уже давно полагает, что он околдован, и именно графиней де Суассон. Был поставлен вопрос о том, чтобы снять колдовство, если только наговор был сделан после брака; если же он был сделан до, то нет никакого средства к его устранению. Церемония эта должна была быть ужасной, потому что, Ваше Величество, и король и королева должны были быть совсем обнажены. Монах, одетый в церковные облачения, должен был совершить заклинания, но самым гнусным образом, а затем, в присутствии же монаха, они должны были убедиться в том, снят ли наговор на самом деле. Королева была настойчиво принуждаема королем дать согласие на это, но никак не могла решиться. Все это происходило в большой тайне, и я не знал ничего об этом, когда получил записку без подписи, предупреждавшую меня, что, если только королева даст согласие на то, что предлагает этот монах, — она погибла и что западня эта устроена ей графом Оропесой[1]. Предполагалось вынести заключение, что королева была околдована еще до брака; он, следовательно, становится не имеющим силы, или, по крайней мере, сама королева стала бы ненавистной королю и народу. А так как все такие козни, даже самые черные, обнаруживаются такого рода путем, то отец-исповедник королевы и я, мы направили все усилия, чтобы исследовать это дело. Прежде всего мы узнали от самой королевы о том, что происходит, и она приняла свои меры предосторожности. Затем мы узнали, что вопрос был уже поставлен некоторым теологам и что кое-кто из них уже высказался в смысле незаконности брака. В конце концов, Ваше Величество, это было ужасное дело и опасная западня для королевы, и мы не нашли более верного пути избежать ее, как тайно опубликовать всю историю, и с тех пор король Испании больше не вспоминает о ней...»

Надобно тебе знать, что черти — великие искусники: они распространяют зловоние, но сами ничем не пахнут, ибо они — духи, а если и пахнут, то это не хороший запах, а мерзкий и отвратительный.

Мигель Сервантес де Сааведра,
«Хитроумный идальго Дон Кихот Ламанчский»

[1] Оропеса — фаворит Карлоса II.

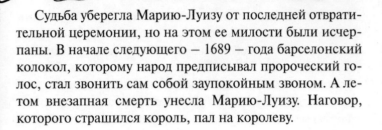

Судьба уберегла Марию-Луизу от последней отвратительной церемонии, но на этом ее милости были исчерпаны. В начале следующего — 1689 — года барселонский колокол, которому народ предписывал пророческий голос, стал звонить сам собой заупокойным звоном. А летом внезапная смерть унесла Марию-Луизу. Наговор, которого страшился король, пал на королеву.

VIII

Еще раньше жизни Марии-Луизы уже дважды угрожала опасность, причем оба случая были связаны с повелительным девизом этикета: не касайтесь королевы! «Если бы королева оступилась и упала, — разъясняет его суть госпожа д'Онуа, — и если бы около нее не оказалось ее дамы, чтобы ее поднять, хотя бы вокруг стояло сто царедворцев, то ей пришлось бы подняться самой или оставаться на земле весь день скорее, чем кто-нибудь решился бы помочь ей встать». Далее госпожа д'Онуа рассказывает, что в первый раз королева едва не убилась на охоте. Этикет требовал, чтобы она прыгнула на коня из дверей кареты, не касаясь земли. В момент прыжка лошадь оступилась, и королева упала с размаху на землю. «Когда король присутствует, то помогает ей он, но никто другой не смеет приближаться к королевам Испании, чтобы до них дотронуться и помочь сесть в седло. Предпочитают, чтобы они подвергали опасности свою жизнь или рисковали расшибиться». В другой раз Мария-Луиза впервые села на андалузскую лошадь во дворе дворца. Животное взвилось на дыбы, королева упала, и ее нога запуталась в стремени. Лошадь потащила ее за собой, грозя разбить голову о плиты. «Король, который видел это с балкона, был в отчаянии, а двор был переполнен аристократией и стражей, но никто не решился прийти на помощь королеве, потому что мужчинам не дозволено ее касаться, и особенно ее ноги, если только это не первый из ее прислужников, надевающий туфли: нечто вроде сандалий, которые дамы надевают поверх башмаков, что очень увеличивает их рост. Королева опирается также на своих „менинов" во время прогулки; но это были дети, слишком малые для того, чтобы спасти ее от опасности, в которой она находилась».

Работы тонкой наша честь,
Ее один поступок губит!
Ее и воздух запятнает!

Педро Кальдерон де ла Барка,
«Жизнь есть сон»

Наконец два дворянина, дон Луис де Лас-Торрес и дон Хайме де Сото-Махор, отважно бросились на эту арену этикета. Один схватил лошадь за узду, а другой освободил ногу королевы из стремени. «Не промедлив ни секунды, оба выбежали, бросились к себе и приказали быстро оседлать коней, чтобы бежать от гнева короля. Молодой граф Пенеранда, их друг, приблизился к королеве и почтительно сказал ей, что те, кто имел счастье спасти ей жизнь, подвергаются смертельной опасности, если только она милостиво не будет заступничать за них перед королем. Король, торопливо спустившийся для того, чтобы увидать, в каком состоянии она находится, выразил крайнюю радость, что она не ранена, и весьма хорошо принял ее ходатайство за этих благородных преступников».

И все же смерть поражает людей только через их самую сильную любовь. Словно в насмешку над ее трагической судьбой, Марии-Луизе было уготовано умереть вследствие страстной привязанности к родине, от руки соотечественницы, ощутив вкус смерти на краях зловещего кубка, как некогда в монастыре кармелиток. Она впустила убийцу в свои покои как завороженная.

Вот что говорит об этом Сен-Симон в своих «Мемуарах» — энциклопедии интриг своего времени.

«Граф Мансфельд был посланником австрийского императора в Мадриде, и графиня де Суассон вступила с ним по приезде в интимную дружбу. Королева, которая дышала только Францией, возымела страстное желание ее увидеть; испанский король, который уже был много наслышан о ней и к которому с некоторого времени стали часто доходить слухи, что королеву собираются отравить, с великою трудностью согласился на это. В конце концов он позволил, чтобы графиня де Суассон иногда приходила к королеве после обеда по потайной лестнице, и та принимала ее наедине вместе с королем. Посещения эти учащались и все время с тем же отвращением со стороны короля. Он, как милости, просил у королевы никогда не дотрагиваться ни до какой пищи, которой бы он не отведал или не выпил первый, потому что он хорошо знал, что его не хотят отравить. Было жаркое время; молоко — редкость в Мадриде; королева его захотела, а графиня, которая мало-помалу начала оставаться с ней наедине, стала ей хвалить превосходное молоко и обещала ей доставить его прямо со льдом. Утверждают, что оно было приготовлено у графа Мансфельда. Графиня де Суассон принесла его королеве, которая его выпила и умерла несколько часов спустя, как ее мать. Графиня де Суассон не дожидалась исхода и заранее сделала приготовления к бегству. Она недолго теряла время во дворце, после того как увидела, что королева выпила молоко. Она вернулась к себе, где ее вещи были увязаны, не смея больше оставаться ни во Фландрии, ни в Испании. Как только королева себя почувствовала нехорошо, все поняли, что она выпила и чьих рук это дело. Испанский король послал к графине де Суассон, которой уже не оказалось дома. Он отправил за ней погоню во все стороны, но она так хорошо заранее приняла меры, что ускользнула».

Возможно, впрочем, что Сен-Симон передает лишь устоявшуюся версию событий. Он опирался на сведения, которые получил во время своего испанского посольства тридцать лет спустя после смерти королевы. Очевидцы же преступления теряются в умозаключениях и умолчаниях, их обвинения спутаны и противоречат одно другому.

Французский посланник, извещая Людовика XIV о смерти его племянницы, выражает вначале лишь еле заметные подозрения. «Курьер, — докладывает он, — принесет Вашему Величеству самое печальное и самое прискорбное из всех известий. Королева испанская скончалась после трех дней непрерывных болей и рвоты. Один Бог, государь, ведает причины этого трагического события. Ваше Величество знает по многим письмам о тех печальных предвестиях, которые я имел об этом. Я видел королеву за несколько часов до ее смерти. Король, ее супруг, дважды отказывал мне в этой милости. Она сама потребовала меня и с такой настойчивостью, что меня пропустили. Я нашел, государь, на ее лице все знаки смерти; она их сознавала и не была ими испугана. Она держалась как святая по отношению к Богу и героиня по отношению к миру. Она мне приказала уверить Ваше Величество, что, умирая, она оставалась, так же как была при жизни, самым верным другом и слугой, которого Ваше Величество имели когда-нибудь».

– Со всем тем надобно тебе знать, Панса, – заметил Дон Кихот, – что нет такого несчастья, которого не изгладило бы из памяти время, и нет такой боли, которой не прекратила бы смерть.

Мигель Сервантес де Сааведра,
«Хитроумный идальго Дон Кихот Ламанчский»

Тем не менее посланник пытался обследовать следы недуга на теле умершей, но таинственные запрещения и надежная стража помешали ему сделать это. Он хотел присутствовать при вскрытии тела — его требование было отвергнуто; он поставил у порога комнаты, где проводилось вскрытие своих хирургов и поручил им проникнуть за дверь и исследовать труп сразу же, как только тело вскроют, но дверь оказалась неприступной, словно стена.

Несколько дней спустя подозрения посланника крепнут, и он сообщает Людовику XIV имена целой группы виновных. «Это, государь, граф Оропеса и дон Эммануэль Лира. Мы не включаем сюда королевы-матери; но герцогиня Альбукерк, главная фрейлина королевы, держала себя столь подозрительно и выражала столь большую радость в то самое время, когда королева умирала, что я не могу глядеть на нее иначе, чем с ужасом, а она — преданная креатура королевы-матери». Он называет еще Франкини, врача королевы, который теперь избегает его, как бы опасаясь его взгляда. «Поэтому, государь, поведение его мне кажется подозрительным. Я знаю сверх того, что он говорил одной особе, из числа его друзей, что при вскрытии тела и в течение болезни он действительно заметил необычные симптомы, но что он рискует жизнью, если бы стал говорить об этом, и что все случившееся заставляет его уже давно страстно желать отставки... Теперь публика убедилась в отравлении и никто в этом не сомневается; но зловредность этого народа столь велика, что многие его одобряют, потому что, говорят они, королева не имела детей, и рассматривают преступление как государственный переворот, заслуживающий их одобрения... К сожалению, слишком верно, государь, что она умерла насильственной смертью».

 Во Франции не сомневались в преступном умысле по отношению к Марии-Луизе. Людовик XIV официально объявил об отравлении королевы испанской. Это случилось за

ужином, когда король, по обыкновению, произносил самые веские свои слова. Однако, кажется, у него был другой источник, кроме его посланника.

В дневнике одного из придворных читаем: «Король сказал за ужином: „Испанская королева была отравлена пирогом с угрями; графиня Паниц, служанки Цамата и Нина, отведавшие после нее, умерли от той же отравы“». Королевские слова переходили из уст в уста, множа подозрения и обвиняемых. Говорили, что дело «весьма попахивает костром», то есть искали колдовство, обвиняли какого-то герцога де Пастрона, якобы дурно говорившего о королеве, и австрийского посланника графа Мансфельда; передавали, будто Мария-Луиза сообщала Месье[1] о своих подозрениях и что герцог Орлеанский послал ей противоядие, которое прибыло в Мадрид на следующий день после смерти королевы...

Все казалось правдой, и все могло быть правдой. Возможно, ближе всех к истине была одна из дам французского посольства, госпожа де Лафайет, чьи слова звучат как эпитафия: «Испанский король страстно любил королеву; но она сохраняла к своей родине любовь слишком сильную для такой умной женщины».

Некогда госпожа де Лафайет оказалась свидетельницей смерти матери Марии-Луизы, Генриетты. Теперь она оказалась очевидицей и смерти дочери. Она оставила нам свидетельство трогательного сходства последних минут обеих жертв.

Английский посланник, призванный к смертному ложу бывшей английской королевы, спросил ее, не отравлена ли она. «Я не знаю, — говорит госпожа де Лафайет, — ответила ли она утвердительно, но я хорошо знаю, что она его просила ничего не сообщать ее брату королю,

---

[1] Месье — титул брата короля во Франции. В данном случае речь идет о герцоге Орлеанском, отце Марии-Луизы.

чтобы избавить его от этого горя, и особенно позаботиться о том, чтобы он не захотел мстить...»

Испанская королева была так же кротка перед лицом смерти, как и ее мать, свидетельствует госпожа де Лафайет. «Королева просила французского посланника уверить Месье, что она, умирая, думала лишь о нем, и бесконечное число раз повторяла ему, что она умирает естественною смертью. Эта предосторожность, ею принятая, очень увеличила подозрения, вместо того чтобы их уменьшить». Мученица трона, она и на пороге смерти не произнесла ни одного проклятия своим мучителям. Святое молчание увенчало безмолвную жертву, которой была ее жизнь. Мир праху твоему, бедная королева!

IX

Мария-Луиза унесла с собой ту тень разума, тот проблеск духа, который еще сохранял Карлос II. Все прежние развлечения — охота, бой быков, аутодафе — стали ему неприятны. Король запирался ото всех в своем кабинете или бродил с утра до ночи по песчаной пустыне вокруг Эскориала. Остальное время он посвящал ребяческим играм или ребяческим подвигам веры.

Он любовался редкими животными в зверинце, а еще больше — карликами во дворце. Если ни те ни другие не разгоняли черных мыслей, клубившихся у него в голове, он читал Ave или Credo[1], ходил с монашескими процессиями, иногда морил себя голодом, иногда бичевал. Его физический упадок в последние годы жизни принял характер разложения; в тридцать восемь лет он казался восьмидесятилетним стариком. Портрет той эпохи рисует его почти трупом: провалившиеся щеки, безумные глаза, свисающие редкие волосы, судорожно сжатый рот... Его желудок перестал переваривать пищу, потому что из-за уродливого строения челюсти он не мог ее пережевывать и глотал куски целиком. Лихорадки терзали

---

[1] Католические молитвы, аналогичные православным «Богородице Дево, радуйся» и «Верую».

его еще сильнее, чем в детстве. Через каждые два дня на третий конвульсивная дрожь, упадок сил, приступы бреда, казалось, предвещали близкий конец.

> Одно бесспорно: в гроб я скоро сниду,
> Затем что от недуга средства нет,
> Когда его причины неизвестны.
>
> Мигель Сервантес де Сааведра,
> «Хитроумный идальго Дон Кихот Ламанчский»

Однако жизнь теплилась в нем еще десять лет. Его даже женили вновь, но этот брак без всякой надежды на потомство был простой политической махинацией. Его вторая жена Мария-Анна Нейбургская, преданная Австрии, деятельно поддерживала права австрийского эрцгерцога Карла на испанское наследство.

Другими претендентами на трон были сын баварского курфюрста, опиравшийся на королеву-мать, изменившую к тому времени собственному роду, и герцог Анжуйский, внук Людовика XIV.

Карлос видел себя окруженным людьми, ожидающими его смерти. Ни одно средство воздействия на его пораженный разум не было забыто заговорщиками, ни один ужас домашних раздоров не миновал его. Безумие короля пытались обратить против его же родных. При дворе вновь запахло серой.

Королеву-мать едва не сразило то же оружие, которым она несколько раз пыталась воспользоваться сама. Исповедник Карлоса, подкупленный австрийской партией, вызвал дьявола в присутствии короля и заставил нечистого признаться в том, что болезнь Карлоса происходит от чашки шоколада с порошком из человеческих костей, данной ему королевой-матерью четырнадцать лет назад. Чтобы излечиться от колдовства, король должен был каждое утро пить освященное масло; австрийский император Леопольд рекомендовал ему воспользоваться услугами знаменитой венской чародейки. Королева-мать всполошилась и призвала на помощь инквизицию. Великий инквизитор взамен на обещание кардинальской шапки арестовал исповедника как подозреваемого в ереси за суеверие и виновного в принятии учения, осуждаемого Церковью, поскольку тот оказал доверие дьяволу, воспользовавшись его услугами. Богословы, однако, заявили о том, что поведение исповедника с церковной точки зрения беспорочно, и монах был отпущен. Дело замяли, но Карлос так и не смог оправиться от этого кошмара.

Только народ, столь же безумный в своей любви, как и в ненависти, оставался верен своему королю. Безумный взгляд Карлоса принимали за взор духовидца, а его телесные немощи лишь увеличивали преданность: народы любят тех государей, которых жалеют, они прощают все тем, кто не ведает, что творит. Безумие защищало его от любых обвинений. Тем не менее однажды, во время голода, народ ворвался во двор Буен-Ретиро и потребовал короля. Мария-Анна вышла на балкон и сказала, что король спит. «Он спал слишком долго, — ответил ей голос из тол-

– Я хочу сказать, сеньор, что вы совершенно правы: чтобы я мог со спокойной совестью поклясться, что видел ваши безумства, не худо было бы поглядеть хоть на какое-нибудь из них, – впрочем, одно то, что вы здесь остались, есть уже изрядное с вашей стороны безумие.

Мигель Сервантес де Сааведра,
«Хитроумный идальго Дон Кихот Ламанчский»

пы, — теперь время ему проснуться». Тогда королева ушла со слезами, а через несколько минут появился Карлос. Совершенно обессилевший, он едва дотащился до окна и приветствовал свой народ, шевеля губами. Наступило потрясенное молчание; мгновение спустя раздались крики любви. Выразив свою радость, толпа мирно разошлась.

У каждого из королей этой династии наступал момент, когда ужас смерти сменялся болезненным любопытством к ней. Самый отдаленный предок Карлоса II Карл Смелый[1] наслаждался ее видом, впадая в мрачное исступление. «Вот прекрасное зрелище!» — говорил он, въезжая в церковь, заполненную трупами осажденных. Хуана Безумная, мать основателя Испанской империи Карла V[2], таскала за собой на носилках по всей Испании забальзамированный труп своего мужа; она бдела над ним в течение сорока лет, кладя вместе с собой на ложе. Карл V в монастыре Святого Юста устраивал репетиции собственных похорон. Филипп II за несколько часов до смерти приказал принести череп и возложил на него свою корону. Отец Карлоса II спал в гробу.

Что за демон звал их, чье проклятие тяготело над ними, какой груз давил на их души? Карлос II в свою очередь подчинился этому зову небытия, слышимому им с детства четче всех земных звуков. Последний испанский Габсбург завершил свое царствование странным поступком — он пожелал увидеть всех своих предков.

Гробница испанских королей, называемая Пантеоном, помещается в центре Эскориала, под главным алтарем часовни. В Пантеон ведет лестница из темного мрамора.

---

[1] Карл Смелый (1433–1477) — герцог Бургундии, боровшийся против абсолютизма Людовика IX.

[2] Карл V (1500–1558) — император Священной Римской империи в 1519–1556 гг., испанский король (Карлос I) в 1516–1556 гг., из династии Габсбургов. Пытался создать «мировую христианскую державу», вел многочисленные войны. В 1556 г. отрекся от престола.

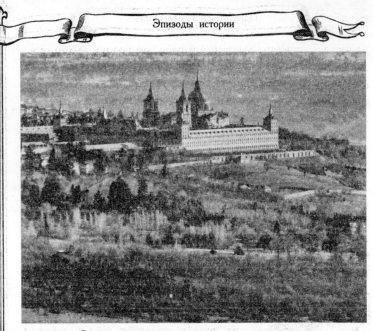

Эскориал, королевская резиденция и усыпальница

Спускаясь по ней, оказываешься в восьмиугольной зале длиной десять метров и высотой двенадцать. Она совершенно пуста; только возле одной из стен возвышается престол с бронзовым распятием, и огромная люстра спускается прямо со свода. В отделанных яшмой стенах находятся ниши с гробницами: направо лежат короли, налево королевы. Ледяной блеск разлит повсюду, могильный холод проникает в самое сердце. Ни украшения, ни знаки не отмечают гробниц. К чему они? В течение последних двух веков Испания имела одного короля в четырех лицах.

Шатающейся походкой, бледный как мертвец, Карлос спустился туда и приказал открыть все гробы. Карлос I предстал перед ним почти совсем разложившийся. Голова сохранилась лучше тела — испортилось лишь одно веко и ввалились ноздри; клочки рыжих волос еще держались на скуле. Филиппа II смерть словно смягчила — в нем не было ничего зловещего. Филипп III снача-

ОДИНОЧЕСТВО КОРОЛЕЙ

ла явился чудесно сохранившимся, но воздух земли оказался убийственным для мертвеца — он распался на глазах у внука. Зато Мария-Анна Австрийская, умершая совсем недавно, казалось, была готова проснуться. Карлос холодно поцеловал ее руку.

 Король был бесстрастен и молчалив, созерцая тех, кому было суждено умереть вместе с ним навсегда. Он не испытывал к ним ни страха, ни любопытства, как бы уже ощущая себя одним из них. Но при виде Марии-Луизы сердце короля разбилось, и он со слезами упал на ее гроб, покрывая ее тело исступленными поцелуями любви — той любви, которая вовеки сильнее смерти.

 Но всего удивительнее то, что он завещал похоронить себя, точно мавра, среди поля у подошвы скалы, где растет над источником дуб, ибо, по слухам, да и от него самого будто бы приходилось слышать, что там он увидел ее впервые.

Мигель Сервантес де Сааведра, «Хитроумный идальго Дон Кихот Ламанчский»

— Моя королева, моя королева! — восклицал он среди рыданий. — Она с Богом, и я скоро буду вместе с нею!

Его пророчество сбылось несколько месяцев спустя. Он умер в 1700 году, завещав Испанию герцогу Анжуйскому[1].

---

[1] Смерть Карлоса II привела к войне за «испанское наследство» (1701—1714), в результате которой внук Людовика XIV герцог Анжуйский сохранил за собой испанский престол и стал править под именем Филиппа V.

ВОЛЬТЕР
И ФРИДРИХ II

*Судьба заставила меня перебегать от одного короля
к другому, хотя я боготворил свободу.*
Вольтер

*Мелкие мотивы, как всегда, переплетаются
с великими идеями.*
Рене Полю

На свете есть люди, как будто созданные для того, чтобы любить друг друга только на расстоянии. Их встречи оборачиваются поединком, в котором каждый из них старается подчинить другого или, по крайней мере, не поступиться своей независимостью; они обмениваются колкостями в лицо и злословят друг о друге за глаза и, наконец, расстаются, раздраженные взаимными упреками и обиженные собственным разочарованием в предмете своей любви. Какое-то время они дуются друг на друга, потом кто-нибудь из них — обыкновенно тот, кто, унизив другого, считает себя еще более им униженным, — делает жест примирения; отношения возобновляются, оживленные неумеренными заверениями в любви и преданности, пока новая ссора не заставляет их призвать гром небесный на голову вероломного притворщика и лицемера. Дальнейшие отзывы таких людей друг о друге полны самых высоких оценок добродетелей противной стороны и самых неподдельных сожалений, что эта сторона не употребила своих добродетелей на пользу единственной персоны, которая их заслуживала.

Вольтер и Фридрих II были именно такими людьми.

 Среди галантнейших вельмож и наиболее обаятельных проходимцев того времени немногие могли бы сравняться с королем-философом и королем философов в умении очаровывать; в искусстве искренне обманывать самого себя относительно своих чувств к другому им не было равных (обмануть в своих чувствах друг друга Вольтеру и Фридриху не удавалось никогда). Вольтер и Фридрих были, без сомнения, очень похожими натурами.

Дети своего скептического века, они обладали счастливой смесью смелости и гибкости, умением то уступать времени, то пользоваться им, то порождать его. Что побуждало их тянуться друг к другу? — Не симпатия, и, уж конечно, не любовь, и не потребность в любви, а чувство некоего глубинного родства темперамента и умонастроения. Что гнало их друг от друга? — Не ненависть, но понимание, проникновение в сокровенные мысли и намерения другого. Их личные отношения не продолжались и трех лет и закончились гнуснейшим разрывом, но их переписка длилась с небольшими перерывами сорок два года, до самой смерти Вольтера, и составила многотомное руководство для желающих усовершенствоваться в недостойном искусстве лести, причем лести зачастую совершенно бескорыстной и идущей от самого сердца. Впрочем, заметил Вольтер в мемуарах, «эпитеты нам ничего не стоили». Тем не менее они кое о чем говорят.

I

Немногие вольнодумцы XVIII столетия испытали столько гонений и издевательств, сколько пришлось вытерпеть Фридриху, наследному принцу Прусского королевства, за свою приверженность к французским книгам.

Пруссия тогда только что вошла в число ведущих европейских держав. Дед Фридриха II, Фридрих I, в 1701 году добавил к своему титулу курфюрста Бранденбургского титул короля Прусского. Соперничая с Австрией и Саксонией за влияние на германские княжества, он хорошо понимал значение не только военного, но и культурного превосходства и потому, как мог, подражал роскоши Версальского двора. Кое-что перепадало также наукам и художествам: в Берлине была основана Академия наук, душой которой стал Лейбниц. В конце концов Фридрих I добился того, что его столицу стали называть «германскими Афинами».

После вступления на прусский престол его преемника, Фридриха Вильгельма I Толстого, об Афинах больше не вспоминали, зато заговорили о «германской Спарте». Отец Фридриха II, прозванный «фельдфебель на троне», был без ума от рослых солдат и не останавливался ни перед какими расходами, чтобы укомплектовать первые шеренги своих гвардейских полков двухметровыми молодцами. Один из этих великанов получал 1300 талеров жалованья – больше, чем профессор Берлинской академии. Ученых король почитал за ничто; о Лейбнице он отзывался как о совершенно бесполезном человеке, не способном, по его мнению, даже хорошо стоять на часах.

Появление на улицах Берлина коренастой фигуры Фридриха Вильгельма с увесистой дубинкой в руке вызывало панику среди гуляющих. Вид праздношатающихся подданных вызывал в короле сильнейший гнев, который он вымещал на попавшихся под руку бездельниках при помощи дубинки и пинков. Даже слабый пол не мог рассчитывать на снисхождение.

«Честная женщина сидит дома и занимается хозяйством, а не шляется по улицам!» – гремел Фридрих Вильгельм, пинками направляя несчастную к домашнему очагу.

Поймав однажды пустившегося от него наутек берлинца, король спросил, что заставило его обратиться в бегство. Тот чистосердечно признался, что причиной его поспешной ретирады был испуг перед особой его величества. «Ах, негодяй! – возмутился Фридрих Вильгельм. – Ты должен не бояться меня, а любить!» Эта заповедь любви была подкреплена дюжиной самых убедительных колотушек.

Король не был более сдержан и в семье. Французские гувернеры приохотили наследного принца к чтению, игре на флейте и хорошим манерам, чтобы сделать из него настоящего galant homme[1]. Вид чувствительной задумчи-

---

[1] В буквальном переводе с французского: «галантный человек», выражение, заменявшее в то время понятие «джентльмен». Согласно тогдашнему авторитету в вопросах светскости, лейпцигскому профессору Готшеду, «galant homme» должно означать: учтивый человек, умеющий хорошо вести себя с дамами, носящий белое белье (обычай, медленно распространявшийся по Европе из Англии и Голландии), «действительно образованный».

вости на лице сына выводил Фридриха Вильгельма из себя. «Нет, Фриц повеса и поэт: в нем проку не будет! Он не любит солдатской жизни», — горевал коронованный фельдфебель. Чтобы выбить из принца французскую дурь, король бросал в камин книги, ломал флейты и усердно, до вывихов пальцев на ногах, пинал доморощенного galant homme'а и его учителей. Принцу приходилось ночью тайком покидать дворец и в доме

Фридрих II — король, литератор, философ

у кого-нибудь из своих молодых друзей предаваться порокам образованности. Но если дежурному офицеру удавалось выследить его, то король не ленился подняться с постели, чтобы лично накрыть всю компанию и раздать всем сестрам по серьгам.

Его спросили, строго следуя судебной процедуре, что он предпочитает: быть ли прогнанным сквозь строй тридцать шесть раз или получить сразу двенадцать свинцовых пуль в лоб. Как он ни уверял, что его воля свободна и что он не желает ни того ни другого, – пришлось сделать выбор.

Вольтер, «Кандид, или оптимизм»

Деспотизм и побои отца навели принца на мысль искать убежище в Англии. Но побег не удался, он был пойман и арестован за дезертирство. Фридрих Вильгельм настаивал на смертном приговоре для него, однако такая неслыханная дикость возмутила судей и министров, они отказались осудить на смерть наследника престола. Вмешательство иностранных дворов окончательно образумило взбесившегося солдафона. Фридрих отделался несколькими месяцами заключения; был казнен лишь его паж, принявший участие в заговоре.

Буря, пронесшаяся над головой Фридриха, оборвала последние лепестки его юношеского идеализма. Он постиг важнейшую заповедь придворного евангелия: «Лицемерие сделает вас свободными»[1]. Выказав интерес к военному делу (впрочем, далеко не притворный), принц добился примирения с отцом, а подарив ему несколько дюжих гренадеров, он вконец растрогал старика. Прошлое было забыто. Король выделил сыну придворный штат, подарил замок Рейнсберг и позволил ему жить как заблагорассудится.

Рейнсберг называли еще Ремусберг, «город Рема», по имени брата легендарного основателя Рима. Историки того времени верили старинному немецкому преданию, согласно которому Рем, изгнанный Ромулом, нашел пристанище на берегах Рейна и основал здесь поселение. В окрестностях замка велись археологические раскопки с целью обнаружить следы пребывания героя на немецкой земле. Фридрих так увлекся этой легендой, что дал своим приближенным римские имена.

Вообще антично-средневековая театральность пропитывала весь быт Рейнсберга. Принц основал рыцарский орден, избравший своим покровителем Баярда. Эмблемой ордена была шпага, лежащая на лавровом венке, а его девиз: «Без страха и упрека» — повторял девиз легендарного рыцаря. Рыцарское братство состояло из двенадцати ближайших друзей Фридриха, у каждого из которых было свое прозвище: сам принц назывался Постоянный, Фуке, гроссмейстер ордена, — Целомудренный, герцог Вильгельм Баварский — Золотой колчан и т. д. Рыцари носили кольца в виде согнутого меча с

---

[1] Аллюзия на евангельское: «Истина сделает вас свободными» (Ин. 8, 32).

надписью: «Да здравствует кто не сдается!» — и давали обет блюсти доблесть душевную, храбрость воинскую и славу вождя. В разлуке они обменивались выспренними письмами в старофранцузском рыцарском стиле. Позже Фридрих вступил в масонскую ложу «Авессалом», а после восшествия на престол сделался гроссмейстером Великой ложи.

Не стесняемый более отцом, окруженный друзьями, разделявшими его мысли и увлечения, Фридрих зажил в свое удовольствие, деля досуги между книгами, музыкой, театром и веселыми беседами, в которых оттачивал свое остроумие. Вообще он любил все развлечения, кроме охоты, считая ее «убийством души, потерей времени и столь же полезным занятием, как сметание пыли в камин».

 Принц верил только во французскую культуру. Его кумиром был Вольтер, к тому времени уже прославленный автор «Эдипа», «Заиры», «Генриады», «Трактата о метафизике» и «Истории Карла XII».

В кабинете принца висел портрет поэта, о котором Фридрих говорил: «Эта картина, как Мемноново изображение, звучит под блеском солнца[1] и оживляет дух того, кто на нее взглянет». В своем поклонении он заходил так далеко, что утверждал: «Одна мысль „Генриады“ стоит целой „Илиады“».

Фридрих и сам считал себя поэтом, так как писал французские стихи, подражая стилю Вольтера, что,

---

[1] Мемнон — в греческой мифологии царь Эфиопии, принявший участие в Троянской войне и погибший в поединке с Ахиллом. Одна из двух колоссальных фигур Мемнона, воздвигнутая недалеко от египетских Фив, в древности была повреждена во время землетрясения и с тех пор на рассвете издавала звук, считавшийся приветствием Мемнона своей матери — богине утренней зари.

впрочем, по самим стихам понять было нелегко — его лучшие оды не поднимались выше образцов тогдашней школьной поэзии. Родной язык Фридрих презирал и знал по-немецки ровно столько, сколько было необходимо, чтобы выбранить лакея или подать команду гренадерам. К немецким писателям он был равнодушен и не читал их, полагая, что немецкий язык не способен достичь силы выражения, грации в оборотах и гармонии в стихах, свойственных языку французскому. Правда, состояние немецкой литературы того времени отчасти оправдывало такое мнение. Но несчастье Фридриха как поэта заключалось в том, что он и по-французски знал как иностранец, из-за чего, при всем своем незаурядном воображении и остроумии, не мог придать должной живости стихам и убедительности выражениям и образам. До конца своей жизни он нуждался в литературных секретарях-французах, поправлявших его солецизмы[1] и фальшивые рифмы[2].

В 1736 году Фридрих вступил в переписку с Вольтером, послав ему на первый раз не стихи, а почтительную прозу и свой портрет. (Надо сказать, что письма прусского короля, как и его исторические сочинения, стоят много выше его стихотворных опусов, в них виден талант простоты и здравомыслия — явление редкое среди эпигонов.) Польщенный поэт подарил принцу рукопись одной из своих трагедий, которую Фридрих называл с тех пор своим золотым руном. Тогда же принц попросил Вольтера взять на себя труды по изданию «Анти-Макиавелли» — сочинения, в котором Фридрих разоблачал по-

---

[1] Солецизм — неправильный языковой оборот, не нарушающий смысла выражения (например: «Сколько время?»).

[2] Этот приговор, вынесенный временем стихам Фридриха, следует, быть может, несколько смягчить. Многим современникам прусского короля его поэзия казалась весьма значительным литературным явлением; Державин даже вдохновлялся ею при создании своих «Читалагайских од» (1775).

литический цинизм великого итальянца. Вольтер охотно взял на себя эту почетную обязанность[1].

Их первое свидание состоялось в августе 1740 года, когда Фридрих, уже в качестве короля прусского, предпринял поездку по Рейну. В Везеле он заболел и очень сокрушался, что не может приехать в Брабант, где тогда жил Вольтер. Поэт поспешил явиться сам.

Во дворце маркграфини, куда его немедленно проводили, он увидел маленького, изможденного болезнью человечка с большими голубыми глазами, лежащего в постели в одной рубашке. Первые впечатления Фридриха вряд ли были лучше: перед ним стоял сухой старикашка, казалось готовый вот-вот отдать Богу душу, но, впрочем, весьма живой и любезный.

В этот день Вольтер, сидя на постели короля, читал ему «Магомета». Фридрих только «удивлялся и молчал».

Славословия поэта в адрес венценосного покровителя поэзии и философии щедро оплачивались звонкой монетой и королевскими милостями. Однако, когда они расстались, Вольтер отозвался о своем меценате как о «респектабельной, любезной потаскушке»[2], а Фридрих пожаловался друзьям, что «придворный шут» обошелся ему слишком дорого. Тон последующих отношений был задан.

Следующая их встреча состоялась через два года, во время Силезской войны. Вольтер прибыл в Берлин в качестве неофициального представителя французского двора и тщетно пытался заставить прусского короля от-

---

[1] После вступления на престол Фридрих благоразумно решил не публиковать эту книгу.

[2] Намек на гомосексуальные склонности Фридриха II.

*Франсуа Мари
Аруэ Вольтер*

нестись к нему как к дипломату. Фридрих не придал значения этим потугам. Расстались они холодно.

 Причина их взаимного неудовольствия заключалась в том, что они оба были подвержены странному желанию поменяться ролями и обнаружить превосходство именно в той области деятельности, в которой другой по праву считал себя стоящим неизмеримо выше. Вольтер снисходительно поправлял королевские стихи, а Фридрих возвращал поэту его заметки о политическом положении Европы, приписав на полях несколько игривых строф.

Таким образом, первый видел в другом лишь неисправимого графомана, а тот, в свою очередь, считал его тщеславным стихотворцем, возомнившим себя государственным человеком. Раздражение мешало быть справедливым.

Фридрих был посредственным литератором, но выдающимся государственным деятелем. Едва ли будет преувеличением сказать, что он занимался государственными делами больше, чем все европейские государи, вместе взятые[1]. Он желал быть не первым, а единственным своим министром; при нем не было места не только для Ришелье или Мазарини, но и для Кольбера и Лувуа[2]. Он лично разбирал дела, от которых отмахнулся бы начальник департамента; если иностранец хотел получить хорошее место на плацу во время развода, он писал королю и на другой день получал его собственноручный ответ. Эта почти болезненная деятельность не оставляла ни сил, ни времени, чтобы дать развиться литературному таланту. Зато Пруссия являла собой образец порядка и уважения к собственности. Фридрих придерживался широкой веротерпимости и уничтожил пытку; смертные приговоры в его царствование были редки и выносились только убийцам. Его бережливость в придворных расходах была иногда чрезмерной и более приличной содержательнице пансиона, нежели королю: из-за нескольких лишних талеров, переплаченных его поваром за устриц, он мог поднять шум, как из-за сданной крепости; но он украшал Берлин великолепными постройками и не жалел средств, чтобы привлечь в академию выдающихся ученых. Право, Фридриху можно было простить несколько дурных од.

---

[1] Эти лавры великого труженика, вторые по значимости в венце монархов после лавров милосердия, отняла у него Екатерина II, о которой Фридрих с неудовольствием и беспокойством осведомлялся: неужели правда, что русская императрица работает больше него?

[2] Кольбер, Лувуа — знаменитые министры Людовика XIV.

В свою очередь Вольтер, проведший полвека при самых разных дворах Европы, менее всего походил на «придворного шута». Ему можно поставить в вину льстивость, но не раболепие. «У меня хребет не гибкий; я согласен сделать один поклон, но сто сразу меня утомляют», — с полным правом говорил он. При дворах он искал безопасности. Его сто тридцать семь псевдонимов не всегда спасали от преследований; чтобы свободно мыслить и писать, Вольтеру нужен был сильный покровитель. Его пресловутое корыстолюбие тоже объясняется довольно просто. Вольтер ценил деньги так, как они того заслуживают. («Не нужно думать ни о чем другом, кроме денег, пока не имеешь шести тысяч франков годового дохода, а потом вовсе не нужно о них думать», — говорил в этом случае Стендаль.) Материальная обеспеченность оберегала его независимость от диктата издателей и капризов сильных мира сего.

 Несмотря на скрытую борьбу и плохо сдерживаемое раздражение, их отношения внешне оставались прекрасными. Каждый из них надеялся в конце концов взять верх.

II

В конце сороковых годов Фридрих стал настойчиво приглашать Вольтера навсегда поселиться в Берлине. Король, победоносно окончивший к тому времени две войны и выигравший пять сражений, писал поэту, что теперь его честолюбие состоит в том, чтобы писать свой титул следующим образом: «Фридрих II, Божьей милостью король Пруссии, курфюрст Бранденбургский, обладатель Вольтера и проч.». Вольтер благодарил, однако не спешил с отъездом.

В своем стремлении стать единственным «обладателем» поэта Фридрих зашел так далеко, что велел своим агентам в Париже подбрасывать под двери влиятельных вельмож письма, порочащие Вольтера, в надежде, что того вышлют из Франции. К счастью для Вольтера, этим письмам не придавали значения. Напротив, казалось, что двор благоволит к нему. Госпожа де Помпадур поручила ему написать пьесу по случаю бракосочетания дофина. Пьеса была поставлена в срок — за это Вольтер получил звание камергера и историографа Франции. Сам он не питал иллюзий насчет достоинств своего нового творения. «Мой Генрих IV, моя Заира и моя американка Альзира не доставили мне ни одного взгляда короля. У меня было много врагов и весьма мало славы; почести и богатство сыплются наконец на меня за ярмарочный фарс».

«Божественная Эмилия», маркиза дю Шатле, соперничала с Фридрихом за право покровительствовать Вольтеру

Еще более сильным доводом в пользу жизни в отечестве была давняя связь Вольтера с «божественной Эмилией», маркизой дю Шатле, образованной женщиной, с которой он уединился в поместье Сирей. Госпожа дю Шатле считала прусского короля своим опаснейшим соперником и, пока была жива, с успехом противостояла его посягательствам на «обладание» поэтом. «Из двух философов я предпочитаю даму — королю», — говорил Вольтер.

Но в 1749 году произошло несколько событий, приблизивших для Фридриха желанный миг.

Во-первых, в этом году умерла госпожа дю Шатле — во время родов, ставших печальным концом ее увлечения драгунским офицером де Сен-Ламбером. Вольтер знал об их отношениях, но смотрел на них сквозь пальцы. Однако для него было сильным ударом обнаружить в медальоне, снятом с шеи покойной, портрет своего соперника: он полагал, что занимает гораздо больше места в сердце женщины, с которой прожил рядом шестнадцать лет.

Вольтер был раздавлен горем. Некоторое время он избегал общества. Удрученный, рассеянный, он бродил ночью по комнатам в парижском доме на улице Траверзьер и звал свою Эмилию.

Постепенно он все же утешился. Место госпожи дю Шатле заняла госпожа Дени, его племянница. (Фридрих сразу же выказал свою ревность: «О служанке Мольера все еще говорят; о племяннице Вольтера говорить не будут».) Это была веселая, в меру легкомысленная женщина, уже успевшая стать вдовой и с тех пор отвергавшая новые предложения, — быть может, не без тайного намерения когда-нибудь сделаться госпожой де Вольтер[1]. Она стала любовницей Вольтера еще в 1744 году, но ни одна живая душа из их окружения не подозревала об этом.

Во-вторых, Париж поставил под сомнение его трагический талант. Успех «Катилины» старого Кребильона превзошел все ожидания, Людовик XV назначил пенсию счастливому автору. В парижских кофейнях решили, что истинное трагическое вдохновение, которое отличало Корнеля и Расина, можно теперь найти только у Кребильона. Взбешенный Вольтер написал «Семирамиду», «Ореста» и «Спасенный Рим», но не сумел восстановить свое пошатнувшееся положение первого трагического поэта. Мнение о превосходстве Кребильона поддерживалось с такой страстью, что позднее д'Аламберу в «Предварительной речи к Энциклопедии» нужно было иметь настоящее мужество, чтобы поставить Вольтера наравне с ним.

Наконец, на Вольтера дохнуло холодом со стороны Версаля. Людовик XV не переносил его, королевская свита не хотела, чтобы он заправлял придворным театром (этого желания Вольтер не скрывал), госпожа Помпадур дулась на него за экспромт, в котором он фамильярно журил ее за небольшие погрешности в произношении. Вольтер попытался восстановить свое положение, написав в придворном духе историю войны 1744 года и похвальное слово Людовику Святому, но ни то ни другое не поправило дела.

В досаде на двор и столицу он сделался более внимательным к соблазнительным посулам из Берлина. В от-

---

[1] В романских странах допускаются близкие отношения и браки между дядей и племянницей.

ветных письмах прусскому королю он стал подробно излагать причины, по которым не может поехать к прусскому двору: в общем, Вольтер желал, чтобы его уговорили. Фридрих так и понял своего корреспондента и постарался быть как можно более убедительным.

Вольтер сетовал на климат Пруссии — король слал ему дыни, выращенные в Потсдаме; поэт намекал на непостоянство королей — Фридрих указывал на свою академию, почти всю состоявшую из иностранцев; Вольтер вздыхал о своем безденежье — король сулил выдать шесть тысяч франков на дорожные расходы и т. д.

«Нет, дорогой Вольтер, — убеждал его Фридрих, — если бы я предполагал, что переселение будет неблагоприятно для Вас самого, я первый бы Вас отговорил. Ради Вашего счастья я пожертвовал бы удовольствием считать Вас своим навсегда. Но Вы философ, и я философ, у нас общие научные интересы, общие вкусы. Что же может быть более естественным, чем то, чтобы философы жили вместе и занимались бы одним и тем же?! Я уважаю Вас как своего наставника в красноречии, поэзии, науках. Я люблю Вас как добродетельного друга. В стране, где Вас ценят так же, как на родине, у друга, чье сердце благородно, Вам незачем опасаться рабства, неудач, несчастий. Я не утверждаю, что Берлин лучше Парижа, будучи далек от такой бессмысленной претензии. Богатством, величиной, блеском Берлин уступает Парижу. Если где-либо господствует изысканный вкус, то, конечно, в Париже. Но разве Вы не приносите хороший вкус всюду, где бы Вы ни появились? У нас есть руки, чтобы Вам аплодировать, а что касается чувств, питаемых к Вам, мы не уступим никакому другому месту на земном шаре.

Я уважал дружбу, которая привязывала Вас к маркизе дю Шатле, но после ее смерти считаю себя Вашим ближайшим другом. Почему мой дворец должен стать для Вас тюрьмой? Как я, Ваш друг, могу стать Вашим тираном? Признаюсь, я не понимаю такого хода мыслей. Заверяю Вас, пока я жив, Вы будете здесь счастливы, на Вас будут смотреть как на апостола мысли, хорошего вкуса... Вы найдете тут то утешение, которое человек с Вашими заслугами может ожидать от человека, умеющего ценить Вас».

Вольтер был прав, когда утверждал, что «такие письма редко пишутся их величествами».

 Не довольствуясь этим, Фридрих играл на тщеславии Вольтера, делая вид, что перенес свое уважение на д'Арно — многообещающего молодого поэта, вынужденного покинуть Францию и нашедшего убежище в Берлине.

Король сочинил несколько стишков, развивавших одну поэтическую метафору: Вольтер — заходящее солнце, д'Арно — восходящее. Уловка помогла. Друзья Вольтера не преминули прочитать ему эти стихи. Поэт, лежавший в это время в постели, в бешенстве вскочил и забегал по комнате в одной рубашке; прислуга немедленно была послана за паспортом и почтовыми лошадьми. Нетрудно угадать, чем должна была закончиться поездка, начавшаяся таким образом.

Перед отъездом Вольтер в последний раз посетил Компьен — он еще надеялся, что его, может быть, станут удерживать или, по крайней мере, дадут дипломатическое поручение. Но Людовик лишь сухо подтвердил, что камергер и историограф может ехать, куда он сочтет нужным, а госпожа Помпадур ограничилась тем, что холодно попросила передать прусскому королю ее комплименты. Никаких других поручений не последовало.

> – Что такое оптимизм? – спросил Какамбо.
>
> – Увы, – сказал Кандид, – это страсть утверждать, что все хорошо, когда в действительности все плохо.
>
> Вольтер, «Кандид, или Оптимизм».

Париж проводил поэта карикатурой, продававшейся за шесть су: на ней Вольтер был изображен пруссаком, одетым в медвежью шкуру.

Теперь он уже рвался в Берлин. Путешествие, однако, затянулось. Болезнь на две недели задержала его в Клеве, а прусские дороги оказались так плохи[1], что к четырем лошадям, которые везли карету, пришлось пристегнуть еще двух. «Я направляюсь в рай, но путь выложен сатаной», — писал он с дороги Фридриху.

Наконец дорожная тряска закончилась. 10 июля 1750 года Вольтер прибыл в Сан-Суси.

---

[1] Фридрих II намеренно не ремонтировал дорог, усматривая в этом двойную выгоду: во-первых, он хотел, чтобы иностранцы, проезжающие через Пруссию (а их было немало), тратили как можно больше денег на дорожные издержки, вынужденные остановки в трактирах и т. д., что значительно пополняло казну и поднимало благосостояние пруссаков; во-вторых, он надеялся, что плохие дороги в случае войны задержат продвижение вражеских армий.

III

Однажды, гуляя по Потсдаму, Фридрих любовался окрестностями города и решил построить дворец на месте так называемого «королевского виноградника». Он сам наметил план постройки и парка. Строительство продвигалось быстро. В 1745 году был заложен фундамент, а через два года король уже поселился в Сан-Суси (так он назвал свою резиденцию).

Дворец возвышался на холме, срытом в шесть уступов, которые образовали широкие террасы, обсаженные деревьями и кустарником; бюсты античных героев, мудрецов и скульптуры на мифологические сюжеты отражали политические, философские и художественные пристрастия хозяина. Легкая, изящная, гармоничная архитектура Сан-Суси подчеркивала его частное, неофициозное назначение. Внутреннее убранство дворца было выдержано в том же стиле. Здесь не было тяжеловесной роскоши и пышности отделки. Комнаты выглядели несколько холодновато, так как деревянная обшивка из резного дуба была выкрашена в очень светлые тона, а простые шелковые шторы на больших окнах позволяли свету заливать все пространство залов и галерей. Мода еще запрещала увешивать стены картинами; их заменяла столярная резная работа или скульптурная лепка, покрытая матовым золотом, благодаря чему она с удивительной четкостью выделялась на белом, голубоватом или лиловом фоне стен. Дикие розы, ветви с плодами, диковинной формы раковины и тысячи других фантастических орнаментов гармонично сочетались с декоративными рисунками, изображавшими четыре времени года, четыре стихии, пастушеские идиллии, аллегории, мифологические или сельские сцены, — иногда в стиле китайской живописи.

Меблировка комнат отличалась исключительной простотой: несколько кресел, стульев и табуреток, небольшие инкрустированные столы и лакированные угольные столики, деревянные позолоченные консоли и клавикорды — ничего громоздкого, никаких «музеев редкостей». Все предметы искусства были вынесены в галереи. Из-за этого высокие салоны казались, быть может, чересчур обширными и пустыми.

Сан-Суси был слит с частной жизнью Фридриха: название этой резиденции фигурирует в его письмах друзьям, в то время как на деловых бумагах король неизменно ставил название своей столицы, подчеркивая этим, что он хочет быть в Берлине – королем, а в Сан-Суси – человеком.

Свои сочинения Фридрих выпускал в свет за подписью «Философ Сан-Суси», что можно было прочитать и как «Беззаботный философ»[1].

Он замечательно доказывал, что не бывает следствия без причины и что в этом лучшем из возможных миров замок владетельного барона – прекраснейший из возможных замков, а госпожа баронесса – лучшая из возможных баронесс.

Вольтер, «Кандид, или Оптимизм»

---

[1] Sans souci (*фр.*) — буквально: «без забот».

Название дворца имело для короля и другой смысл — в духе чувствительного и несколько унылого романтизма, который так любила та эпоха. Под одной из террас он распорядился устроить склеп для своих останков. Это святилище было скрыто от посторонних глаз скульптурной

Дворцовый комплекс Сан-Суси в Потсдаме

группой, высеченной из каррарского мрамора и изображавшей Флору, играющую с амуром. Однажды Фридрих указал одному из друзей место своего склепа и произнес: «Quand je serai la, je serai sans souci!» («Когда я буду там, — я буду без забот»).

Кабинет короля выходил окнами как раз на это место. Передают, что, когда Фридрих бывал раздражен, он подходил к окну и при первом взгляде на богиню цветов, хранительницу его гробницы, успокаивался.

Образ жизни Фридриха был изнурителен для него самого и его окружения.

Король вставал летом в пять часов, зимой в шесть. Если камердинер не будил его вовремя, — например, уступив приказанию сонного господина оставить его в покое, — то немедленно терял свое место; поэтому прислуга не останавливалась даже перед таким радикальным средством, как обливание спящего Фридриха холодной водой.

Королевская спальня могла показаться роскошной: серебряная решетка прекрасной работы, украшенная амурами, окружала балюстраду, на которой вроде бы должна была стоять кровать. Но за пологом находились книжные полки, а Фридрих спал на жалкой койке с тоненьким тюфяком, спрятанной за ширмой, — за эпикурейской декорацией Сан-Суси скрывался аскетизм его владельца.

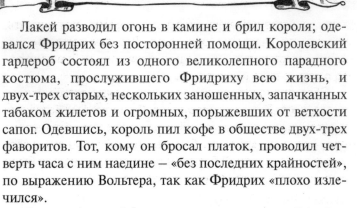

Лакей разводил огонь в камине и брил короля; одевался Фридрих без посторонней помощи. Королевский гардероб состоял из одного великолепного парадного костюма, прослужившего Фридриху всю жизнь, и двух-трех старых, нескольких заношенных, запачканных табаком жилетов и огромных, порыжевших от ветхости сапог. Одевшись, король пил кофе в обществе двух-трех фаворитов. Тот, кому он бросал платок, проводил четверть часа с ним наедине – «без последних крайностей», по выражению Вольтера, так как Фридрих «плохо излечился».

После кофе в кабинет являлся паж с огромной корзиной, наполненной письмами на имя короля, привезенными последним курьером. Это были депеши из посольств, доклады министров, известия о сборе податей, планы строений, проекты осушения болот, жалобы, просьбы о титулах, чинах, должностях. Фридрих был вполне уверен, что его окружают шпионы, поэтому тщательно осматривал печати на каждом письме. Затем он делил бумаги на несколько кучек и выражал свое решение по каждому документу двумя-тремя словами, а иногда и резкими эпиграммами; секретари быстро записывали его резолюции. Одновременно генерал-адъютант получал распоряжения по военному ведомству.

Покончив с делами к одиннадцати часам, король шел осматривать сад, но делал это не с удовольствием, а с придирчивой мелочностью, указывая садовникам на упущения и выражая свои пожелания. Затем он устраивал смотр гвардейскому полку. (В это время секретари отвечали на письма, о которых Фридрих высказал свое мнение; для них не существовало ни выходных, ни праздников, ни даже перерывов на обед: их никогда не отпускали до ужина.) Возвратясь в кабинет, Фридрих, опасаясь измены, выборочно прочитывал несколько ответов на утреннюю корреспонденцию. Если он замечал малейшее отступление от своей резолюции, то бедняга-секретарь, получивший пять-шесть лет тюрьмы, мог считать, что он еще счастливо отделался. Деловая часть дня заканчивалась подписанием приготовленных бумаг; курьер в тот же день развозил их.

Обед продолжался недолго и состоял из небольшого числа блюд. Как уже говорилось, Фридрих был бережлив и отпускал на королевский стол (с учетом сотрапезников, которых, впрочем, было немного) тридцать шесть экю в день; ни одной бутылки шампанского нельзя было откупорить без его личного указания.

 Два-три часа после обеда король посвящал сочинению стихов. В семь часов вечера избранное общество собиралось на домашний концерт, чтобы послушать флейту Фридриха. Потом все шли ужинать, и за столом беседа принимала самый непринужденный характер. Порой собеседники расходились в четыре часа утра; у лакеев от долгого стояния распухали ноги.

Напрасно он устраивал беседы,
Балы, концерты, всюду лил духи
И даже иногда писал стихи.
Вольтер, «Орлеанская девственница»

В Сан-Суси не проникали ни женщины, ни священники: первых отвергала королевская плоть, вторых — его разум. Ближайшее окружение Фридриха состояло из нескольких лиц, преимущественно иностранцев.

Из старых рейнсбергских друзей ближе всех к королю стоял Жордан. Он происходил из французской купеческой семьи и некоторое время был протестантским проповедником. После смерти жены он оставил Францию и много путешествовал. Его незаурядные познания доставили ему в Рейнсберге место библиотекаря, а после коронации Фридриха — титул тайного советника и должность вице-президента Академии наук. Знаток большого света, Жордан отличался огромной работоспособностью, из-за чего Фридрих называл его «андалузским конем, запряженным в плуг». Он был незаменим как литературный советник. Высокие душевные качества Жордана закрепили за ним прозвище «ваше человеколюбие».

Другим ближайшим другом короля был маркиз д'Аржанс, заурядный писатель, обладавший единственно талантом любезности. Этот провансалец, изгнанный из Франции за вольнодумство, был суеверен без капли религиозности. Он с ожесточением обрушивался на христианство, но безоговорочно верил снам и предсказаниям, не решался садиться обедать, если за столом было тринадцать человек, бледнел, когда кто-нибудь опрокидывал солонку, и умолял гостей не класть ножи и вилки крест-накрест. Собственное здоровье было предметом его неустанных и самых тщательных забот. Если у него вдруг учащался пульс или начинала болеть голова, то меры, принимаемые им для восстановления хорошего самочувствия, потешали весь Берлин. Малодушный и самонадеянный, он был нужен Фридриху главным образом как объект для шуток, не отличавшихся особым добродушием.

Братьев Кейт, Георга и Якова, Фридрих долго заманивал к себе. Кейты были шотландцы, приверженцы Стюартов, прошедшие военную службу во многих странах (в том числе и в России). Фридрих чрезвычайно уважал этих заслуженных воинов и держал их при себе в качестве военных советников.

Постоянное место за столом короля имели также д'Арже, литературный секретарь Фридриха, поэт д'Арно (оба французы) и Альгаротти, ученый-ньютонианец, сын итальянского банкира. Последний был одним из немногих, кто сохранял в Сан-Суси независимость — финансовую и умственную.

Фридрих переманил к себе и европейскую знаменитость — ученого-естествоиспытателя Мопертюи, сделав его президентом Берлинской академии и своим собеседником. Мопертюи прославился после того, как в 1736 году вместе с Цельсием совершил экспедицию в Лапландию для подтверждения гипотезы Ньютона о сплющивании земного шара у полюсов. Ученым удалось измерить дугу меридиана. В память об этой экспедиции Мопертюи заказал свой портрет, где он был изображен слегка надавливающим на Северный полюс своей рукой. Вольтер в стихотворении, прославляющем научный подвиг «новых аргонавтов», подхватил этот образ: «Земной шар, который Мопертюи сумел измерить, станет памятником его славы».

 Мопертюи был смел и тщеславен, носил вызывающий костюм и рыжий парик; его манера держать себя говорила о том, что президент Берлинской академии вовсе не стремился быть сносным человеком для окружающих. Однако король уверял, что «на него можно положиться».

Некоторой известностью, правда скорее скандального рода, пользовался и Ламетри, врач по образованию и философ по призванию, автор трактата «Человек-машина». Он приехал в Берлин со своей любовницей, бросив в Париже жену и дочь. Ламетри даже по отзыву Вольтера был «самый откровенный безбожник во всех медицинских факультетах Европы...»; он «писал и печатал по вопросам морали все, что можно только представить себе наиболее бесстыдного... Избави меня Бог от такого лекаря! Он бы прописал мне вместо ревеня средство от запора, да еще сам бы надо мной насмеялся!» Впрочем, добавляет Вольтер, Ламетри был «человек веселый, забавник, ветрогон». Фридрих, разумеется, назначил его не придворным врачом, а профессором философии.

Одним из немногих немцев, пользовавшихся расположением короля, был барон фон Кноббельсдорф, творец Берлинского оперного театра и Тиргартена. Он основательно изучил архитектуру и садоводство в Италии и Франции; это был знаток своего дела, однако отсутствие светского лоска закрепило за ним прозвище «королевский дуб».

Наконец, единственной женщиной, вхожей в Сан-Суси, была сестра Фридриха Вильгельмина, маркграфиня Байрейтская.

Иностранцы были весьма высокого мнения о прусском дворе. «Можно по справедливости назвать прусский двор школой вежливости, — писал один путешественник. — Там господствует такая простота в обращении, что совершенно забываешь о различии рангов и сословий». Немцы-провинциалы, напротив, осуждали царящие там гомосексуальные нравы и называли Сан-Суси центром атеизма и враждебности ко всему немецкому.

Вам ведомо распутство, но, увы,
Без удовольствия! Познайте вы,
Коль так, хоть прелести грехопаденья.
Вольтер, «Орлеанская девственница»

IV

В Берлине Вольтер был принят как признанный глава республики свободных умов. Фридрих даже поцеловал его костлявую руку. Правда, король оборвал Вольтера, когда тот начал сыпать комплиментами от имени госпожи Помпадур. «Я ее не знаю», — процедил Фридрих, который вообще был любезен с дамами, но продажных женщин не переносил. Однако медоточивые уста короля тут же заставили поэта забыть об этой неловкости.

Оба делали вид, что очарованы друг другом. Фридрих писал Жордану: «Я видел Вольтера... Он обладает красноречием Цицерона, приятностью Плиния и мудростью Агриппы[1]». Вольтер в свою очередь писал в Париж: «Я видел одного из самых приятных людей в мире. Каждый стал бы искать его общества, даже если бы он не был королем. Это философ, без всякой суровости, кроткий и снисходительный, любезный и обаятельный

За пьесу, написанную по заказу госпожи де Помпадур, Вольтер получил звание камергера и историографа Франции. Но из-за экспромта, в котором он высмеял произношение маркизы, писатель впал в немилость

---

[1] Агриппа Неттесхеймский Генрих Корнелий (1456—1535) — немецкий гуманист, философ-неоплатоник.

в общении. Он сам забывает о том, что он — монарх, в сношениях со своими друзьями, и меня самого заставил позабыть, что возле меня сидит государь, повелевающий стотысячной армией. И я должен был насильственно напомнить себе об этом».

Двор старался не уступить королю в любезности. Принцы, фельдмаршалы, министры ухаживали за Вольтером как за божеством, кстати и некстати цитируя стихи из его трагедий. Его присутствие держало умы в напряжении — никому не хотелось сплоховать перед этим великим насмешником.

Вольтеру отвели замок Шарлоттенбург, в его распоряжение были предоставлены королевские повара и кучеры. Фридрих пожаловал ему камергерский ключ, почетный крест и назначил пять тысяч талеров жалованья.

 Придворные обязанности Вольтера, по сути, сводились к тому, чтобы жить в роскоши, вдыхая фимиам лести и почестей. Казалось, он наконец обрел то убежище, о котором мечтал. Большую часть дня он был совершенно свободен и мог всецело посвятить себя творчеству.

В утренние часы он трудился над окончанием «Века Людовика XIV» и «Опыта о нравах и духе народов», писал новые песни «Орлеанской девственницы» и сочинял стихи принцессам. «Я люблю их всех девятерых, — говорил он о музах, — надо искать счастья у возможно большего числа дам».

Он ставил домашние спектакли для прусского двора — в Берлине этот вид развлечения был в новинку и вызывал всеобщий восторг. Играли, разумеется, трагедии Вольтера — «Заиру», «Альзиру», «Магомета», «Брута», «Спасенный Рим» и др. Братья и сестры Фридриха наперебой требовали ролей для себя и покорно внимали наставлениям автора, не стеснявшегося в выражениях. «У вас внутри должен сидеть дьявол! – кипятился Вольтер. – Иначе нельзя добиться чего-либо в искусстве. Да, да, без дьявола под кожей нельзя быть ни поэтом, ни актером». Нередко он и сам принимал участие в спектакле. Передают, что особенно ему удавалась роль Цицерона.

Вечер Вольтер должен был проводить с Фридрихом. Часа два они занимались разбором королевских сочинений. Присутствие Вольтера заставило Фридриха с новым рвением взяться за перо: он готовил к печати «Сочинения философа Сан-Суси», стихотворную «Военную науку» и ряд биографий современников (сочинения короля выходили малым тиражом — только для немногих избранных). Вольтер был суровым критиком. Он хвалил удачные места и безжалостно вычеркивал все, что, по его мнению, никуда не годилось. «Эта строфа ни гроша не стоит!» — то и дело восклицал он или ехидно спрашивал, прослушав длиннейшую оду: «Как это вам удалось сочинить четыре хорошие строки?» Фридрих безропотно по сто раз правил свои рукописи. В записках, пересылаемых учителю, он пытался убедить его, что невысоко ставит свои стихотворные опыты: «Занятия поэзией служат мне лишь отдыхом. Я знаю, что мои поэтические дарования весьма ограничены, но писать в стихах для меня удовольствие, которого я не хотел бы лишиться, тем более что оно решительно для всех безвредно: публика никогда не видит моих произведений и, стало быть, не имеет случая над ними скучать. Стихи мои не назначаются для света. Они стерпимы для друзей — и этого довольно. Я плаваю в поэтическом океане на пробках и пузырях и пишу гораздо хуже, чем мыслю; идеи мои почти всегда сильнее, чем выражения. Вы, любезный г-н Вольтер, пишете для славы; я — для препровождения времени. И мы оба достигаем цели, хотя различными путями. Пока солнце на небе, пока сохранится хоть тень знания, хоть искра вкуса, пока не переведутся головы, любящие мысль, и уши, чувствующие гармонию, до тех пор ваше имя и творения ваши будут жить в веках. А о моих скажут: „Видно, этот король был не совсем слабоумный! Будь он простым гражданином, то мог бы, по крайней мере, служить корректором в какой-нибудь типографии и не умер бы с голоду". Затем книгу мою бросят, потом употребят на папильотки, и делу конец». Был ли Фридрих искренен в своем поэтическом самоуничижении? Вольтер, безусловно, не верил ни одному его слову, но в виде утешения посылал в ответ стихи, воспевавшие короля, который утром управляет государством, после обеда пишет стихи, а вечером становится блестящим застольным товарищем. Час до ужина обыкновенно посвящался музыке. Фридрих появлялся из внутренних покоев с нотами и флейтой и сам раздавал оркестрантам их партии. Исполняли в основном его собственные музыкальные произведения или сочинения Кванца, директора придворной капеллы.

– Этот шум, – сказал Пококуранте, – можно с удовольствием послушать полчаса, не больше, потом он всем надоедает, хотя никто не осмеливается в этом признаться.

Вольтер, «Кандид, или Оптимизм»

Во время этих концертов король брал маленький реванш. Фридрих владел флейтой с замечательным искусством; особенно в адажио игра его была мягка, нежна, увлекательна. Профессиональные музыканты удивлялись его глубокому знанию контрапункта и смелой фантазии. Он первый ввел в инструментальную музыку речитатив, что в то время считалось дерзостью, но вскоре это новшество было принято знаменитыми композиторами. В одном речитативе Фридрих удачно выразил мольбу о пощаде, чем привел в восторг слушателей. «Где вы берете эти звуки?» — спросил короля Фаш, основатель Берлинской певческой академии. «В моем воображении, — ответил Фридрих. — При сочинении этой пьесы я представлял себе минуту, когда Волумния, мать Кориолана, умоляет его удалить вольсков из Рима и спасти отечество[1], — оттого она и вышла удачно».

За веселым ужином начиналась война умов и остроумий. Постепенно собеседники уступали поле сражения двум сильнейшим бойцам — Вольтеру и Фридриху. Мопертюи, пылавший рыжим париком, считал себя слишком важной персоной, чтобы участвовать в словесном фехтовании, тем более что присутствие Вольтера делало его еще более угрюмым и кислым, чем обычно; д'Арже откровенно скучал в мужском разговоре; Ламетри больше следил за сменой блюд, чем за движением беседы; прочие от времени до времени вставляли более или менее удачные замечания.

Вольтер был превосходным собеседником. Госпожа Графиньи, незадолго перед тем посетившая его в поместье Сирей, вспоминала: «Все собирались за ужином, и тогда-то надо было послушать Вольтера! Его трудно было вытащить из-за стола, но раз он появлялся за ужином, то этот самый человек, который казался умирающим и как будто всегда стоял одной ногой в могиле, делая другой необычайные прыжки, вдруг оживлялся и расточал свое сверкающее вдохновение по поводу каждого предмета. Ужинать вместе с ним было истинным наслаждением». Что касается Фридриха, то природная живость его ума в сочетании с широкими житейскими и научными познаниями делали его достойным соперником Вольтера в застольных беседах.

---

[1] Легендарный римский полководец и герой Гней Марций Кориолан, в 491 г. до н. э. изгнанный из Рима плебеями, бежал к вольскам и в 488 г. до н. э. привел их под стены родного города. Лишь уговоры его жены (а не матери) Волумнии вынудили Кориолана снять осаду.

«Нигде в мире никогда не говорилось с такой свободой обо всех человеческих предрассудках, — вспоминал Вольтер ужины в Сан-Суси, — нигде они не вызывали столько шуток и столько презрения. Бога щадили, но все, когда-либо его именем обманывавшие людей, не встречали никакой пощады». Папа Римский не совсем ошибался, когда называл Фридриха «еретическим маркграфом Бранденбургским».

Короля весьма занимал вопрос о свободе воли. Вольтер, отвечая ему, указывал на два главных аспекта этого вопроса: существование Бога и бессмертие души. «Бог существует — версия наиболее правдоподобная, которую могут принять люди, — говорил он. — И такой Бог не допустит ни мучеников, ни палачей. Он — то же самое, что понятие об атоме. С таким Богом связаны законы, управляющие вселенной. Но его свойства и его природа никому не известны. Все споры о провидении и справедливости Бога — праздные рассуждения».

Что касается души, продолжал Вольтер, то «я вовсе не уверен, что имею доказательства против ее духовной природы и бессмертия, но все вероятности говорят против них». Бог, пожалуй, мог бы наделить материю свойством мыслить, но зачем вмешивать сюда Бога? По его словам выходило, что бессмертие души — гипотеза, малопонятная для разума и бесполезная для общества.

Из всего этого следовал непреложный вывод: «Шар, толкающий другой шар; охотничья собака с необходимостью, но добровольно преследующая оленя, или этот олень, перепрыгивающий глубочайший ров с неменьшей неизбежностью и охотой; лань, порождающая на свет другую лань, а та в свою очередь третью, — все это не более неодолимо предопределено, чем мы предопределены ко всему, что мы делаем».

Иногда, воодушевленный венгерским, Вольтер читал «Орлеанскую девственницу». Фридрих восхищался новыми песнями этой поэмы, написанными Вольтером в Сан-Суси, а именно теми, где конюха принимают в аду и где прекрасную Доротею хотят сжечь на костре за сопротивление, оказанное ею дяде-епископу, пытавшемуся ее изнасиловать. Разговор, обыкновенно следовавший вслед за чтением, Вольтер сравнивал с беседой семи мудрецов, сидящих в борделе.

Итак, все выглядело как нельзя лучше. Но мудрецы, собиравшиеся за королевским столом, знали, что дружба, как и любовь, по большей части есть только промежуточный этап на пути от равнодушия к вражде.

V

Осенью Вольтер написал госпоже Дени: «...дружба Фридриха может оказаться ненадежной, вполне вероятно, он поведет себя как король». Далее письмо полно таинственных и многозначительных «но»:

«Вечерние собрания великолепны. Король — душа всего. Но... Я имею оперы и комедии, смотры и концерты, мои занятия и книги. Но, но... Берлин красивый город, принцессы восхитительны, фрейлины хорошенькие. Но...»

«Милое дитя, — заканчивает Вольтер, — ветер становится холодным».

Что же скрывалось за этими словами?

Сентиментальный гуманизм Фридриха носил абстрактный характер и редко принимал во внимание конкретного человека. Чувствительность в молодости обыкновенно оборачивается цинизмом в зрелую пору жизни; к тому же чувствительность Фридриха выражала скорее его литературные вкусы и пристрастия, чем природную склонность души. Король отнюдь не был добр; но его остроумие и образованность позволяли ему выражать свою злобу более приличным способом, чем это делали другие государи (правда, он оставил за собой наследственное право на пинки и тычки, но пользовался им только в минуты чрезвычайного раздражения и распространял его действие на одних немцев).

Фридриху нужны были люди, которые могли бы забавлять и потешать его и которых он мог бы презирать. У него была наклонность к жестоким шуткам, что в человеке зрелых лет и твердого ума служит верным признаком дурного сердца.

Он очень ловко находил слабые стороны у других и охотно делился своими открытиями: досада и смущение захваченных врасплох «друзей» были лучшей наградой для него. Если в ком-то замечали чрезмерную заботу о своем платье — на него проливали масло; у скупца выманивали деньги; ипохондрика убеждали, что он болен; желавшего уехать пугали дорожными опасностями. Д'Аржансу король подарил дом, стены которого были украшены картинами из прошлой жизни его нового обитателя, неприличного и унизительного содержания. Когда у д'Арже умерла жена, Фридрих послал вдовцу сочувственное письмо и одновременно сочинил и распространил насмешливое стихотворение о покойнице. За столом король обычно просил забыть, что у него под началом состоит стошестидесятитысячная армия и что он волен над жизнью и смертью сотрапезников; однако последним было нелегко выбрать, как держать себя с ним. Если человек осторожничал, то говорили, что это портит королю удовольствие, а за доверчивую откровенность король платил оскорблениями. Вольтер говорил, что Фридрих гладит и ласкает одной рукой, между тем как другой наносит легкие царапины.

Ссора Вольтера и Фридриха была не столкновением идей (хотя было и это, — например, Вольтеру не нравилась милитаризация Пруссии, и он считал, что в Берлине «дух казармы сильнее, чем дух академии»); их скрытая и явная борьба была столкновением характеров, которые не умели подчиняться. Они оба все острее осознавали ложность своего положения и фальшивость чувств, высказываемых

> — А как вы считаете, — спросил Мартен, — когда ястребам удавалось поймать голубей, они всегда расклевывали их?
>
> — Да, без сомнения, — сказал Кандид.
>
> — Так вот, — сказал Мартен, — если свойства ястребов не изменились, можете ли вы рассчитывать, что они изменились у людей?
>
> Вольтер, «Кандид, или Оптимизм»

друг другу. Несомненно, Вольтер ничему не мог научиться в Берлине, и, что гораздо важнее, ему некого было поучать: король был вольтерьянцем, так сказать, по самому складу своего ума и характера. В свою очередь Фридрих устал ждать признания своего превосходства от человека, который привык первенствовать сам. Конечно, сказывалась и усталость от многочасового ежедневного общения.

Их нараставшее раздражение прежде всего отразилось на ужинах, которые перестали быть веселыми из-за участившихся перебранок. Вслед за тем до Вольтера дошли слова Фридриха о нем: «У него все уловки обезьяны, но я не подам вида, что замечаю это, — он мне нужен для изучения французского стиля. Иногда можно научиться хорошему и от негодяя. Апельсин выдавливают, а корку отбрасывают». Вольтер не замедлил с ответом. Получив очередной пакет с королевскими стихами, присланными для разбора, он обратился к Ламетри и Мопертюи, с которыми в это время беседовал: «Извините, господа, что я вас оставлю. Король прислал мне свое грязное белье — надо его поскорее вымыть».

Вскоре после этого Вольтер заметил, что ему подают хуже очищенный сахар, безвкусный шоколад, чай и кофе без аромата и совсем перестали отпускать свечи. Он пожаловался королю на слуг, хотя, конечно, понимал, откуда дует ветер. Фридрих посочувствовал ему и пообещал разобраться. Тем не менее все осталось по-прежнему. На повторную жалобу король огрызнулся:

— Не могу же я повесить этих каналий из-за куска сахара!

Одновременно он перестал присылать в Шарлоттенбург свои стихи.

«Я был в настоящей опале», — вспоминал Вольтер.

На всякий случай он перевел свое состояние — триста тысяч франков — на имя герцога Вюртембергского под залог его земель.

Вольтер часто вносил исправления в поэтические опусы Фридриха, но со временем эта обязанность привлекала его все меньше

VI

Зима 1750/51 года была очень тяжела для Вольтера. В замке царили холод и сырость — дрова, предназначенные для него, постигла участь сахара и свечей. Вольтер страдал от болей в желудке и стал похож на обтянутый кожей скелет. Как всегда в таких случаях, он принимал без разбора лекарства и возбуждал себя бесчисленными чашками кофе.

 Потеряв расположение короля, Вольтер счел необходимым уделить больше внимания личным делам. Он имел обыкновение вкладывать значительную часть капитала в государственные бумаги. Здесь, в Берлине, ему показалось, что он может совершить выгодную спекуляцию.

В то время в Германии весьма прибыльным делом считалась скупка и перепродажа саксонских податных свидетельств, с правом получения процентов с них в срок, указанный в документах. Однако Фридрих запретил пруссакам производить финансовые операции с саксонскими бумагами.

Вольтер был камергером прусского двора, но не прусским подданным. Соблазн наживы был слишком велик для него, между тем как ему более, чем кому-либо другому, следовало опасаться нарушить волю короля.

Он решил действовать через Авраама Гиршеля, берлинского негоцианта, у которого незадолго перед тем взял напрокат бриллианты для роли Цицерона в придворном спектакле. Теперь Вольтер поручил ему скупить саксонские податные свидетельства за шестьдесят пять процентов их стоимости. Гиршель выехал в Дрезден и написал оттуда, что может приобрести бумаги только за семьдесят процентов. Вольтер дал свое согласие на сделку. Буквально на следующий день он получил от Гиршеля письмо, где тот говорил уже о семидесяти пяти процентах стоимости. Вольтер заподозрил, что его поверенный ведет нечистую игру, и опротестовал самый крупный из выданных ему векселей. Гиршель возвратился в Берлин, потребовав возмещения дорожных издержек. Вольтер вместо этого выразил желание приобрести находящиеся у него бриллианты. Покупка состоялась за тридцать тысяч талеров; прибыль от сделки должна была удовлетворить все претензии Гиршеля к Вольтеру.

Мотивы и детали дальнейшего поведения Вольтера неясны. Он почему-то стал требовать обратно деньги, утверждая, что оценка камней была завышена; Гиршель отказывался это сделать и в свою очередь обвинил Вольтера в том, что он пытался возвратить ему поддельные драгоценности. Достоверно известно только то, что произошла бурная сцена, во время которой Вольтер схватил почтенного негоцианта за горло. Тот подал в суд. Начался скандальный процесс, закончившийся не в пользу поэта.

Фридрих получил отличный повод унизить Вольтера: королевский камергер нарушает королевский приказ да еще судится с евреем — куда уж дальше! (Впрочем, нелестный для Вольтера отзыв об этой истории дал и Лессинг, которому тогда было двадцать два года: его, голодного студента, Вольтер нанял для перевода на немецкий язык требуемых для суда бумаг.) Напрасно Вольтер пытался представить дело так, что будто бы лишь теперь узнал от берлинского бургомистра о запрете покупать саксонские податные документы, — король не дал провести себя.

Фридрих стал холоден и резок со своим камергером; после окончания рождественского карнавала он уехал в Потсдам, впервые не взяв с собой Вольтера, который заканчивал процесс. Рождество было для поэта необычайно грустным. «Я пишу тебе у печки, с тяжелой головой и больным сердцем, — делился он с госпожой Дени своими горестями. — Смотрю в окно на Шпрее, она впадает в Эльбу, а Эльба — в море. Море принимает и Сену, а наш дом в Париже близко от Сены. Я спрашиваю себя, почему я в этом замке, в этой комнате, а не у нашего камина?»

Через четыре дня в своем насквозь промерзшем жилище он получил письмо от Фридриха: «Вы можете вернуться в Потсдам. Я рад, что это неприятное дело кончено, и надеюсь, что у Вас не будет больше неприятностей ни с Ветхим, ни с Новым Заветом[1]. Дела такого рода обесчещивают. Ни самыми выдающимися дарованиями, ни своим светлым умом Вы не сможете смыть пятна, которые угрожают навсегда запачкать Вашу репутацию».

Побитого пса пускали в дом.

 В эту зиму несчастья сыпались на Вольтера одно за другим. У него началась цинга, и он потерял почти все зубы. Его впалый рот приобрел то саркастическое выражение, которое мы привыкли видеть на скульптурах Гудона.

---

[1] То есть ни с иудеями, ни с христианами.

VII

Между тем королевский кружок редел. Первым его оставил Ламетри — он умер, съев в конце обильного обеда паштет, начиненный трюфелями. Кто-то пустил слух, что перед смертью он исповедался. Фридрих был этим возмущен и навел справки. Присутствовавшие при кончине заверили короля, что Ламетри умер, как жил, «отрицая Бога и врачей». Фридрих, «очень довольный», сочинил надгробное слово философу и назначил пенсию девице, с которой жил покойный.

Ему передали также, что Вольтер по этому поводу сказал: «Со смертью Ламетри освободилось место королевского атеиста». Фридрих оставил остроту без внимания.

Вслед за тем Сан-Суси покинули Альгаротти и д'Арже. Они уехали по своей воле, быть может, не желая далее терпеть королевские шутки.

Оставшиеся участники ужинов косо посматривали на Вольтера, снова занявшего свое место за круглым столом. У каждого из них накопился свой счет к нему — Вольтер был не из тех, кто щадит чужие самолюбия. Более других был недоволен Мопертюи, которого приезд Вольтера отодвинул на второе место. Вскоре их отношения приобрели характер непримиримой вражды.

Фридрих с присущей ему язвительностью объяснял причину их ненависти друг к другу следующим образом: «Из двух французов, живущих при одном и том же дво-

299

ре, один непременно должен погибнуть». Были, однако, и другие основания для раздоров.

Мопертюи недавно опубликовал исследование о так называемом «принципе минимального действия», которому он приписал значение нового закона механики (того же мнения, в частности, придерживался и Эйлер). Другой член Берлинской академии, Самуэль Кениг, выступил с возражениями, ссылаясь на отрывок из письма Лейбница, из которого явствовало, что великий ученый уже знал об этом принципе, но не счел его столь значительным, чтобы возвести в закон. Оскорбленный Мопертюи через суд потребовал от Кенига предъявить оригинал цитируемого письма. Кениг ответил, что владеет только копией, снятой для него владельцем письма, ученым Гиенци, который к этому времени уже умер, так что получить оригинал письма не представляется возможным. Научная честность Кенига до сих пор никем не ставилась под сомнение. Однако Мопертюи публично опозорил его и добился его исключения из академии.

Внимание Вольтера в этой истории привлекла не научная, а моральная сторона. Он написал памфлет под названием «Диатриба доктора Акакия», где взял под защиту Кенига и высмеял притязания Мопертюи на роль крупного ученого современности.

«Философские письма» Мопертюи в самом деле содержали много нелепиц. Так, там утверждалось, что все животные произошли от некоего прототипа (вероятно, Мопертюи пытался приложить учение Платона к биологии); что при сильном душевном возбуждении можно предвидеть будущее; что при вскрытии мозга людей можно узнать о строении души, для чего предлагалось использовать в качестве подопытных жителей Патагонии. Мопертюи выдвигал проекты строительства «латинского города» для лучшего изучения латыни, отстаивал необходимость бурения дыр до центра земли для научных целей и советовал мазать больных слюной, чтобы остановить опасное потение, а главное — не платить врачам. Вольтер, как никто, умел подметить смешную сторону идей, поэтому памфлет удался на славу.

Фридрих, которому Вольтер прочитал рукопись «Акакия», от души посмеялся над Мопертюи, но взял с автора слово не публиковать это сочинение, порочащее авторитет президента академии, чье содержание обходилось королю в весьма кругленькую сумму. Он обещал выступить посредником в этом деле и действительно опубликовал статью, в которой, однако, весьма неравномерно распределил остроты между Мопертюи и Вольтером.

Последний счел, что это освобождает его от данного королю слова и напечатал «Акакия», правда анонимно. Впрочем, авторство памфлета ни у кого не вызывало сомнения — не узнать стиль Вольтера было невозможно.

Много у нас нелепых писаний, но и все вместе они не так нелепы, как книга Гоша, доктора богословия; я так пресытился этим потоком отвратительных книг, которым нас затопляют, что пустился понтировать.

Вольтер, «Кандид, или Оптимизм»

Теперь оскорбленным почувствовал себя король. Все же он еще какое-то время сохранял чувство юмора. Он послал одного придворного к Вольтеру, поручив ему убедить упрямца попросить прощения у Мопертюи. Вольтер резко ответил: «Пусть король идет в ж...». Когда Фридриху передали эти слова, он расхохотался.

Однако скандал разрастался. Мопертюи требовал человеческих жертвоприношений. Голос повелителя стошестидесятитысячной армии не мог успокоить двух раздраженных литераторов. 24 декабря 1752 года сатира Вольтера была по королевскому приказу сожжена под его окнами рукой палача.

1 января 1753 года Вольтер, по настоянию Фридриха, отослал ему камергерский ключ и крест, сопроводив их следующим четверостишием:

> Je les resus avec tendresse,
> Je les renvoie avec clouleur,
> Commc un amant jaloux, dans sa mauvaisc humeur,
> Rend le portrait de sa maitraisse[1].

Раньше он называл эти вещи великолепными безделками, теперь — знаками рабства. В письмах в Париж он извещал, что трудится над составлением словаря королевских выражений. Согласно Вольтеру, «мой друг» на языке Фридриха означало «мой раб», «мой дорогой друг» — «ты безразличен для меня», «я вас осчастливлю» — «я буду терпеть тебя, пока ты будешь мне нужен», «поужинаем со мной сегодня» — «я хочу сегодня позабавиться над тобой» и т. д.

Пушкин в своей статье о Вольтере, касаясь этого эпизода, пишет: «К чести Фридерика II скажем, что сам от себя король, вопреки природной своей насмешливости, не стал бы унижать своего старого учителя, не надел бы на первого из французских поэтов шутовского кафтана, не предал бы его на посмеяние света, если бы сам Вольтер не напрашивался на такое жалкое посрамление. До сих пор полагали, что Вольтер сам от себя, в порыве благородного огорчения, отослал Фридерику камергерский

---

[1] Я их получил с нежностью, отсылаю с горем, как ревнивый любовник, в минуту досады, отдает портрет возлюбленной (*фр.*).

ключ и прусский орден, знаки непостоянства его милостей; но теперь открывается, что король сам их потребовал обратно. Роль переменена: Фридерик негодует и грозит, Вольтер плачет и умоляет...»

Надо сказать, что Вольтер, желая загладить свой проступок, пытался свалить вину за опубликование «Акакия» на переписчика и издателя. Фридрих, отвечая ему, писал: «Ваше бесстыдство меня удивляет. Тогда как поступок ваш ясен как день, вместо сознания вины вы еще стараетесь оправдаться. Не воображайте, однако, что вы можете убедить меня в том, что черное — бело: иногда люди не видят, потому что не хотят всего видеть. Не доводите меня до крайности; иначе я велю все напечатать, и тогда мир узнает, что если сочинения ваши стоят памятников, зато вы сами, по поступкам своим, достойны цепей. Я бы желал, чтоб только мои сочинения подвергались стрелам вашего остроумия. Я охотно жертвую ими тем, которые думают увеличить свою известность унижением славы других. Во мне нет ни глупости, ни самолюбия других авторов. Интриги писателей всегда казались мне позором литературы. Не менее того я уважаю всех честных людей, которые занимаются ею добросовестно. Одни зачинщики интриг и литературные сплетники в моих глазах достойны презрения».

 Вольтер прикинулся несчастным, просил лишить его жизни, раз уж у него отнята милость монарха... В тот же вечер состоялось формальное примирение; Фридрих даже пошутил над Мопертюи. Вольтер получил знаки рабства обратно.

Однако быть по-прежнему накоротке они, разумеется, уже не могли. В марте Вольтер выговорил себе отпуск на Пломбьерские воды, пообещав непременно вернуться в Берлин. Фридрих, сделавший вид, что верит клятве, все же попросил оставить ключ, орден и рукописи своих стихов, подаренные Вольтеру. Беспокойство короля относительно своих сочинений объяснялось тем, что в сборнике находились его эпиграммы на европейских государей, а также поэма «Палладиум», пожалуй, превосходившая в непристойности даже «Орлеанскую девственницу», так как, по замечанию одного английского писателя, непристойный немец в большинстве случаев хуже непристойного француза.

26 марта Вольтер навсегда покинул Берлин. Он отбыл как барин: в карете, запряженной четверкой лошадей, с двумя лакеями на козлах. В багаже он увозил все те вещи, которые Фридрих просил возвратить ему.

...пользоваться ногами в свое удовольствие — неотъемлемое право людей, так же как и животных.
Вольтер, «Кандид, или Оптимизм»

Теперь он был свободен и зол.

Приехав в Лейпциг, он немедленно напечатал в местных газетах сатирические статьи против Берлинской академии и Мопертюи. Последний прислал ему вызов; Вольтер ответил новыми остротами. В Берлине по рукам ходила анонимная пародия на стихи короля. (В подобных случаях, желая отказаться от авторства, Вольтер обычно приводил неотразимый аргумент: «Я не мог написать таких плохих стихов!»)

В Лейпциге Вольтер посетил известного писателя профессора Готшеда. Последний, подобно Сократу, имел обыкновение приводить в смущение сограждан, имеющих репутацию умных и образованных людей. Но если великому греку нужно было для этого задать собеседникам множество вопросов, то славному профессору достаточно было просто некоторое время послушать их разговор. Обыкновенно он становился в оконной нише возле карточного стола и записывал каждое слово научных и литературных светил. Дождавшись окончания игры, он подходил к столу и говорил примерно следующее: «Я долгое время мечтал побывать в обществе великих людей, работающих на пользу отечества. Поэтому я и почел себя счастливым сегодня, когда мое желание исполнилось». После этого многообещающего вступления он громко зачитывал мудрые изречения, которыми обогатили человечество ничего не подозревавшие светила в течение тех двух-трех часов, пока длилась игра: «Снимайте. Я сдаю первый. Разве это дозволено? О да! От всего сердца. Четыре трефы. Пять взяток. Играйте! Черви. Еще. Козырь. Победа. Зачем вы оставили карту? Для меня это слишком высоко. Наша взяла. Я играю бубны. Покупаю шесть. А я все остальные. Вы взяли игру. Победа. Ваш слуга. У вас была хорошая игра» и т. д. Готшед и Вольтер произвели друг на друга наилучшее впечатление.

Из Лейпцига Вольтер направился в Гот, где его радушно приняла принцесса Саксен-Готская. Пять недель, проведенных у нее, были для него счастливой передышкой, и он писал своим друзьям о «лучшей из всех земных принцесс, самой кроткой, самой мудрой, самой ровной в обращении» и к тому же не сочинявшей стихов.

Вечером 31 мая Вольтер прибыл во Франкфурт-на-Майне. Здесь его ожидала госпожа Дени, которая, по словам философа, «имела мужество покинуть Париж, чтобы разыскать меня на берегах Майна».

Во Франкфурте Вольтер для начала расхворался (это с ним случалось в каждом новом городе); затем его арестовали. Фридрих все-таки настиг беглеца.

 Король мучился судьбой своих рукописей, боясь, что Вольтер опубликует их. Кроме того, он тешил свое литературное тщеславие, уверяя, что его камергер (теперь уже, без

всяких сомнений, бывший), «вороватый, как сорока», совершит литературное воровство, то есть присвоит себе авторство «Палладиума» и других шедевров.

Вольтера задержал барон Фрейтаг, прусский военный советник и резидент. Дальнейшие события известны по двум источникам: воспоминаниям самого Вольтера, которым, видимо, не стоит чрезмерно доверять, и мемуарам Коллини, секретаря Вольтера.

По Вольтеру, Фрейтаг явился к нему в гостиницу в сопровождении купца Шмидта, якобы некогда присужденного к штрафу за обмен фальшивых денег. «Оба уведомили меня, что я не выеду из Франкфурта, пока не возвращу драгоценности, мной у Его Величества увезенные».

Коллини сообщает: «Когда все было готово к отъезду и лошадь стояла у крыльца... Фрейтаг в сопровождении прусского офицера и франкфуртского сенатора именем короля потребовали у Вольтера возвращения ордена, камергерского ключа, рукописи Фридриха II и книжки его стихов». Потом он упоминает и Шмидта, но говорит о нем гораздо сдержаннее.

Между Вольтером и Фрейтагом произошел следующий разговор.

— Увы, месье, — сказал Вольтер, — я не взял с собой из этой страны ничего. Клянусь вам, что не увожу даже никаких сожалений. Каких же украшений бранденбургской короны вы требуете от меня?

— Сьер монсир, — отвечал Фрейтаг на ломаном французском языке, — летр де поэзи де мон гран метр (это, месье, поэтические произведения моего повелителя).

Вольтер сказал, что его багаж еще не прибыл из Лейпцига, и затем стал уверять Фрейтага, что имел полное право увезти «летр де поэзи», поскольку это подарочный экземпляр. Но Фрейтаг был неумолим и потребовал от Вольтера дождаться багажа и вернуть стихи.

По рассказу Вольтера, над ним учинили форменное насилие: его отправили в другую гостиницу под конвоем двенадцати солдат; госпожу Дени якобы даже «волочили по грязи» (Коллини не известны эти подробности). Содержали их в той же самой гостинице, где остановился Вольтер; откуда они 20 июня бежали в Майнц, но были возвращены Фрейтагом.

21 июня во Франкфурт пришел приказ Фридриха отпустить арестантов сразу, как только Вольтер отдаст требуемые вещи. 25-го король велел освободить обоих узников без всяких условий. Фрейтаг, однако, почему-то задержал их еще на две недели.

Вольтер был разъярен. Когда надзиратель Дорн вошел к нему в номер с вестью об освобождении, арестант чуть не пристрелил его из пистолета – Коллини едва успел схватить его за руку! Вольтер возмущался и тем, что с него взыскали сто гульденов за насильственное содержание в гостинице, и его, конечно, можно понять. Позже он утверждал, что его ограбили догола, хотя ему были возвращены все изъятые вещи вплоть до табакерки. (Справедливости ради следует заметить, что Фридрих иногда давал приказы грабить дома своих врагов, но с тем, чтобы его имя не было скомпрометировано.)

– Моя милая, – отвечал Кандид, – когда человек влюблен, ревнив и высечен инквизицией, он себя не помнит.

Вольтер, «Кандид, или Оптимизм»

Как бы то ни было, у Вольтера имелись к раздражению все основания – ведь арест подданного чужого государства произошел по приказу прусского короля в свободном имперском городе.

Уплатив таким образом по всем счетам, Вольтер уехал в Майнц и прожил там три недели, чтобы «высушить свои вещи после кораблекрушения».

Может показаться невероятным, но через несколько лет Фридриха и Вольтера вновь потянуло друг к другу! Во время Семилетней войны они возобновили переписку, полную горьких упреков и великодушных уверений в забвении прошлого. Однако взаимная обида была слишком сильна, чтобы совершенно изгладиться из памяти.

Через некоторое время после размолвки Вольтер и Фридрих вновь вступили в переписку

Вольтер впоследствии часто повторял друзьям:

— Он сто раз целовал эту руку, которую потом заковал.

История эта сильно подействовала и на других писателей. Так, д'Аламбер упорно отказывался ехать в Берлин, несмотря ни на какие посулы «философа Сан-Суси».

Постскриптум. Восемьдесят три года спустя Пушкин, тяготившийся своим камер-юнкерством, писал, подводя итог размышлениям о бурном романе Вольтера и Фридриха II: «Что из этого заключить? Что гений имеет свои слабости, которые утешают посредственность, но печалят благородные сердца, напоминая им о несовершенстве человечества; что настоящее место писателя есть его ученый кабинет и что, наконец, независимость и самоуважение одни могут нас возвысить над мелочами жизни и над бурями судьбы».

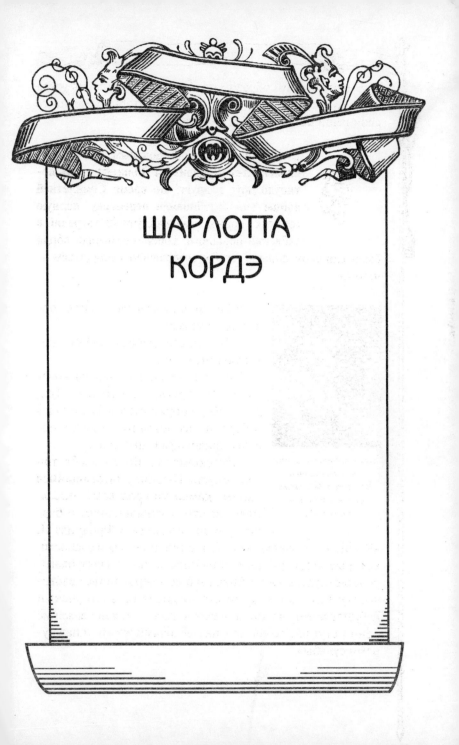

ШАРЛОТТА
КОРДЭ

Таким образом прекраснейшее и презреннейшее столкнулись и уничтожили друг друга.

Карлейль

Культ политического убийства едва ли имеет право на существование, и если тем не менее он существует, многократно подтвержденный авторитетом Платона, Плутарха, Шекспира, Макиавелли[1], Вольтера, Мирабо, Шенье, Стендаля, Гюго, Пушкина, Герцена, то, как правило, распространяется на те исключительные случаи, когда чувство справедливости отказывается осудить убийцу: слишком чист его облик, слишком чудовищны преступления его жертвы. Убийство Марата относится именно к таким случаям.

Благородство побуждений, толкнувших Шарлотту Кордэ на этот шаг, не вызывало сомнений у крупнейших ученых и писателей, изучавших историю Французской революции. Тьер, Тэн, Карлейль, Ленотр, М. Алданов писали о ней скорее как о жертве, чем как о преступнице. Приведу свидетельства двух последних авторов. «Историки, политики, поэты вот почти полтора столетия совершенно по-разному оценивают поступок Шарлотты

---

[1] Макиавелли даже писал о «судьбе тиранов», подразумевая под этим неизбежность для них насильственной смерти или изгнания.

Кордэ, — пишет Марк Алданов. — Но разногласия больше не касаются ее личности. Только еще несколько изуверов сомневаются в высокой красоте морального облика женщины, убившей Марата».

У Ленотра читаем: «Если статуя ее не воздвигнута до сих пор на одной из наших площадей, то это происходит оттого только, что тот, кого она убила, причислен к лику, так что официально ему будут отдаваться все почести, в то время как его убийце принадлежат все симпатии».

Судить политических деятелей, как и вообще людей, только по их делам было бы чересчур просто и вряд ли правильно (иначе убийство Цезаря Брутом и убийство Нероном своей матери следует в равной мере признать дворцовой уголовщиной). Их намерения и побуждения должны приниматься в расчет не меньше, чем сами поступки; рискну даже сказать, что они одни и имеют значение, так как над нашими делами мы не властны[1].

---

[1] «Все, все, что делают люди, — делают по требованию всей природы. А ум только подделывает под каждый поступок свои мыслимые причины, которые для одного человека называет — убеждения, вера и для народов (в истории) называет — идеи. Это одна из самых старых и вредных ошибок. Шахматная игра ума идет независимо от жизни, а жизнь от него... Одно искусство чувствует это. И только то настоящее, которое берет себе девизом: нет в мире виноватых!» (Л. Толстой. «Дневник»). Сошлюсь также на учение о воле Шопенгауэра и Ницше и на учение Лютера о Предопределении. Думаю, что и Тот, кто сказал, что ни один волос не упадет с головы человека без воли Отца, придерживался того же мнения.

Мария Шарлотта Кордэ д'Армон родилась 27 июля 1768 года в Нормандии, в коммуне Линьерэ. Ее семья принадлежала к обедневшему аристократическому роду. Мать Шарлотты вела свое происхождение от Корнеля.

Доходы господина д'Армона были весьма скудны. Дом, в котором Шарлотта провела свое детство, был покрыт соломенной крышей, как и большинство окрест-

Шарлотта Кордэ принадлежала к обедневшему аристократическому роду и вела свое происхождение от Корнеля, у которого она заимствовала свой девиз «Все для отечества»

ных ферм. Опрятная бедность сопровождала Шарлотту всю жизнь. Впоследствии конфискация вещей преступной «аристократки» обогатила революционное правительство одним платьем, двумя нижними юбками, двумя парами чулок и несколькими косынками.

После смерти госпожи д'Армон, случившейся в 1782 году, отец поместил Шарлотту на воспитание в монастырь Богоматери в Кане. К этому времени характер девушки вполне оформился. Ее воспитательница госпожа Понтекулан обрисовала его следующим образом: «Эта девочка беспощадна к самой себе; никогда не жалуется она на страдания, и надо угадать, что она больна, — так твердо переносит она самую сильную боль». Эти слова заставляют подозревать, что в многолюдной семье (у четы д'Армон было пятеро детей) Шарлотта была очень одинока.

Воображение юной монастырской воспитанницы в равной степени волновали мистические тайны Креста и тайны монастырской библиотеки; последние, возможно, чуть больше. Сочинения аббата Рейналя, Боссюэ, Плутарха, Корнеля сменяют друг друга на ее ночном столике; «Общественный договор» и «Исповедь» Руссо были прочитаны еще дома. Как у всякой сильной души, современность вызывала у Шарлотты отвращение. Деяния древних казались ей свободными от пошлости и мелочности, которые она видела в своих соотечественниках.

«Как мало в наше время истинных патриотов, готовых умереть за отечество! — восклицает она в одном из писем. — Почти везде эгоизм!» Презрение к современникам приобрело у нее крайние формы. Госпожа Маромм, близко знавшая Шарлотту, пишет: «Ни один мужчина никогда не произвел на нее ни малейшего впечатления; мысли ее витали совсем в другой сфере. К тому же я утверждаю, что она менее всего думала о браке. Она отвергла несколько прекрасных партий и объявила о своем твердом решении никогда не выходить замуж».

Воспитание – великое дело: им решается участь человека.

В. Г. Белинский

Обетом безбрачия Шарлотта окончательно порвала с настоящим, с действительностью. Она предпочитала жить в мире своих грез. Ее мыслями и чувствами полностью завладела суровая доблесть античности; культ родины, республики и самопожертвования сделался ее религией. Шарлотта заимствовала у Корнеля девиз: «Все для отечества». Героическая мономания служения родине, служения несколько жутковатого, в котором нет места ничему личному, ничему будничному, рано развила в ней необыкновенную серьезность и сосредоточенность. Шарлотта говорила мало, думала много; случалось, что она вздрагивала, словно очнувшись, когда с ней заговаривали.

II

Революция оборвала последние духовные связи Шарлотты с семьей. Господин Кордэ д'Армон, сделавшийся депутатом провинциального собрания, ограничил свою революционность рамками конституционной монархии, хотя и требовал скорейших реформ законодательства и всего феодального порядка в духе новых идей. Шарлотта же сразу приняла сторону республиканцев. Правда, и в их среде она держалась особняком. Начавшиеся гонения на Церковь возбуждали в ней негодование. Республиканизм и религиозность мирно уживались в ней. Впрочем, подобные противоречия в страстных натурах, подобных Шарлотте, только делают их человечнее и симпатичнее в наших глазах; неуклонная последовательность в убеждениях вопреки голосу сердца иссушает душу и приводит разум к безумию.

Декретом 13 февраля 1790 года в стране были закрыты монастыри. Шарлотта возвратилась из аббатства к отцу в Аржентон. Она пробыла здесь недолго. Господин д'Армон, не имея возможности содержать детей на собственные средства, вскоре отослал ее в Кан к одной из родственниц, старой тетушке госпоже Бреттевиль. Там Шарлотта встретила поначалу очень холодный прием: тетка приняла ее за самозванку. Госпожа Левальян, соседка и подруга госпожи Бреттевиль, получила поручение дознаться, кем на самом деле является нежданная гостья и что ей нужно. Первая беседа только усугубила подозрения. «Она ничего не говорит, задумчива и замкнута в себе, — делилась посредница своими впечатлениями с госпожой Бреттевиль. — Какие-то мысли поглощают ее. Не знаю почему, но она меня пугает, точно замышляет что-то недоброе».

Недоразумение скоро прояснилось, Шарлотта сблизилась с обеими старушками и очаровала их. «Я не могу больше жить без нее, — признавалась тетка. — В ней какая-то чарующая смесь энергии и кротости. Это сама доброта в соединении с правдивостью и тактом».

Из своих сверстниц Шарлотта подружилась с мадемуазель Левальян и мадемуазель Фодоа, отец которой был роялистом. В его доме возникали частые и жаркие споры о политике, в которых Шарлотта в одиночестве отстаивала свои взгляды. Во время одного из таких столкновений она воскликнула:

— Прекрасные времена древности воспроизводят образ великих республик! Герои тех времен не были людьми пошлыми, как наши современники, они стремились к свободе и независимости. Все для отечества, для одного отечества!

— Но послушать тебя, подумаешь, что ты республиканка, — укоризненно возразила ей госпожа Левальян.

— Почему бы и нет? Если бы только французы были достойны республики!

— Что ты! А короли, помазанники Божии, разве ты их отвергаешь?

— Короли созданы для народов, а не народы для королей.

В другой раз, за обедом в честь отъезда в Кобленц[1] старшего сына господина Фодоа хозяин и гости подняли тост за короля и встали. Шарлотта не притронулась к бо-

---

[1] Кобленц — немецкий город на границе с Францией, место сбора французских дворян-эмигрантов.

калу и осталась сидеть. Турнели, племянник госпожи Бреттевиль, уезжавший вместе с сыном Фодоа, сделал гневное движение и обратился к ней:

— Почему же ты отказываешься пить за здоровье короля, такого хорошего, такого добродетельного?

— Я верю, что он добродетелен, — ответила Шарлотта, — но слабый король не может быть хорошим королем, он не способен предотвратить несчастья своего народа.

Однако грезить о возрождении доблестей античного республиканизма становилось с каждым днем все труднее. Хотя террор еще не был провозглашен и узаконен, произвол революционной черни уже захлестывал страну. Нормы человеческой морали были попраны давно, теперь фанатизм революционеров все чаще обрушивался на законы Божеские.

Общество уже не могло быть таким, как прежде: нельзя разучиться говорить.

П. Вайль, А. Генис

В апреле 1792 года в Версоне, деревне, расположенной неподалеку от Кана, местный кюре отказался приносить обязательную конституционную присягу. Часть крестьян поддержала его. На усмирение мятежников была послана Национальная гвардия Кана с двумя пушками. Дело кончилось кровопролитием и победой революционеров.

Это событие потрясло Шарлотту, показав ей, что — как она и опасалась — французы недостойны республики. Ее письмо подруге с сообщением об этой резне свидетельствует о повороте в ее умонастроении: «Вы спрашиваете, что случилось в Версоне? Совершились возмутительные насилия: 50 человек убиты, избиты; женщины изнасилованы... Кюре успел спастись, бросив на дороге покойника, которого везли хоронить... Приход тотчас преобразился в клуб; праздновали новообращенных, которые выдали бы своего кюре, если б он к ним вернулся. Вы знаете народ — его можно изменить в один день. От ненависти легко переходит он к любви... Я во всех отношениях была бы рада, если б мы поселились в вашей местности, тем более что в близком будущем нам грозят восстанием». В этом же письме есть слова, указующие на то, что Шарлотта внутренне созрела для той жертвы, которая в недалеком будущем обессмертит ее имя. «Умирать приходится лишь раз в жизни, — пишет она, — и в нашем ужасном положении меня успокаивает мысль, что никто, кроме меня, ничего не потеряет...»

Следующее письмо тому же адресату содержит еще более пространные размышления Шарлотты о происходящем. Из него видно, что она уже пребывает в смятении, разрываясь между попытками сохранить верность своим убеждениям и отвращением, вызываемым в ней новым деспотизмом:

«Упреки, которые делает мне господин д'Армон и вы, друг мой, очень меня огорчают, — мои чувства совсем иные. Вы роялистка, как те, что окружают вас. У меня нет ненависти к нашему королю, — напротив того, потому что у него добрые намерения; но, как вы сами сказали, ад полон добрых намерений и тем не менее не перестает быть адом. Зло, причиняемое нам Людовиком XVI, слишком велико... Его слабость составляет и его, и наше несчастье. Мне кажется, стоит ему только пожелать — он был бы самым счастливым королем, царствующим над любимым народом, который обожал бы его и с радостью бы видел, что он сопротивляется дурным внушениям дворянства... Ибо ведь это правда — дворянство не хочет свободы, которая одна может дать народу спокойствие и счастье. Вместо того мы видим, что король наш сопротивляется всем советам добрых патриотов, и сколько от этого бедствий? А предстоят еще большие бедствия, —

после всего, что мы видели, нельзя уже питать иллюзий... Все указывает нам, что мы приближаемся к страшной катастрофе...

Все революции происходят оттого, что правительства вовремя не удовлетворяют назревшие народные потребности. Они происходят оттого, что правительства остаются глухими к народным нуждам.
С. Витте

И можно ли после этого любить Людовика XVI?.. Его жалеют, и я его жалею, но не думаю, чтобы такой король мог составить счастье своего народа». Наконец давно подготавливавшийся в ней переворот свершился. Казнь Людовика XVI заставила эту республиканку признать людей, требовавших его смерти, палачами свободы. Имеется письмо — точный слепок ее душевного состояния через несколько дней после этого трагического события, оно адресовано мадемуазель Дюфайо, одной из ее знакомых. «Вы знаете ужасную весть, дорогая Роза, — сердце ваше так же, как мое, содрогнулось от негодования. Итак, наша бедная Франция в руках людей, принесших нам столько зла. Я содрогаюсь от ужаса и негодования. Будущее, подготовленное подобными событиями, грозит самым ужасным, что только можно себе представить. Ясно, что ничего худшего не могло случиться. Я почти завидую судьбе покинувших отечество родных, — так мало надеюсь я на возвращение того спокойствия, о котором я еще недавно мечтала. Все эти люди, обещавшие нам свободу, убили ее; это палачи — и только. Прольем слезы над судьбой нашей бедной Франции... Все наши друзья — жертвы преследований; тетушка моя подверглась всевозможным неприятностям с тех пор, как узнали, что она дала приют Дельфину, когда он отправлялся в Англию. Я бы последовала его примеру, но Бог удерживает нас здесь для других целей... Мы здесь — жертвы всякого рода разбойников, они никого не оставляют в покое, так что можно бы возненавидеть эту республику, если б мы не знали, что человеческие преступления не доходят до небес...»

Редко встречаются строки, где бы демон, владеющий человеком, был виден с такой ясностью. Тетива спущена, стрела обрела свободу направленного полета. Она еще не знает своей цели (ее знает Стрелок), но чувствует, что ее полет может прервать только чья-то грудь. Грудь того, кто должен ответить за все преступления.

III

Марат, доктор медицины, среди коллег пользовался репутацией сторонника живосечений и экспериментов над животными

В Марате с началом революции обнаружилось столько патологических признаков, что лучшие французские историки признавали его едва ли не сумасшедшим. Тэн, например, писал: «Марат граничит с душевнобольным; тому доказательством служит его звериная экзальтация, беспрерывное возбужденное состояние, чрезвычайная, почти лихорадочная подвижность, неиссякаемый писательский зуд, автоматизм мышления и тетаническое[1] состояние воли, постоянная бессонница, крайняя нечистоплотность».

Современная психиатрия, наверное, согласится с одними доводами и отвергнет другие. Суть не в этом. К сожалению, даже признав в Марате душевнобольного, историк уже не может поместить его в психиатрическую лечебницу. Современники же признавали Марата вполне нормальным человеком, более того, сотни тысяч людей пристально

---

[1] Здесь: судорожное напряжение (от греч. tetanus – столбняк).

внимали его словам — одни с надеждой и верой, другие с ненавистью и страхом.

Справедливее видеть в поступках Марата проявление общего безумия мира, живущего столкновением воль и страстей. Всякая сильная страсть граничит с безумием, а Марат знал одну из сильнейших страстей — честолюбие. Он сам писал о себе с обескураживающей откровенностью, за которую, впрочем, он заслуживает некоторой благодарности от потомков: «С раннего детства меня мучила жажда славы; когда мне было 5 лет, мне хотелось быть школьным учителем, в 15 лет — профессором, в 18 лет — писателем, в 20 лет — творцом гениальных произведений, а затем в течение всей моей жизни моим постоянным стремлением было стать апостолом и проповедником высших идей». В самих этих желаниях, разумеется, нет ничего предосудительного, все они весьма почтенны и разумны, в последнем случае дерзки или дерзновенны, но настораживает саморазоблачение: причина всему — не желание послужить просвещению или истине, а мучительная жажда славы.

 Между тем Марат действительно обладал незаурядными задатками и способностями. Многие историки долгое время держались мнения, что до революции он был всего лишь ветеринаром, — видимо, из-за недостатка сведений о нем и в немалой степени из-за заманчивой символики его преображения: этакий ветеринар-гуманист, сначала лечивший бешенство у животных, а затем распространявший его среди людей. На самом же деле, когда пора юношеских мечтаний миновала, Марат выбрал медицинскую карьеру и получил диплом доктора медицины.

Его искусство обеспечило ему место лейб-медика при дворе графа Артуа, члена королевской фамилии. В научных кругах Марат был известен как автор трактата

«О человеке» и монографий по оптике и электричеству; все эти труды, по отзывам специалистов, были далеко не посредственные и в свое время вызвали живой интерес.

В медицинском мире Марата знали как сторонника живосечений и экспериментов над животными. Одно время он заключил с неким мясником контракт, по которому тот предоставлял ему для опытов предназначенных к забою животных. Существует письмо Марата, адресованное английскому ученому Дэю, где наш доктор откровенно и выразительно высказывает свои мысли и чувства по поводу этих экспериментов. Оно написано за семь лет до падения Бастилии, человеком уже зрелым и вполне сложившимся (Марату тогда было тридцать девять лет), следовательно, изложенные в нем мысли глубоко продуманы. Вот выдержки из этого письма.

«Вы пишете, что не можете видеть, как режут невинное животное; поверьте мне, что мое сердце так же чувствительно, как и Ваше, и я так же, как и Вы, не нахожу удовольствия смотреть на страдания животных».

«Желая оказать много добра одним, приходится причинять немного боли другим; только таким образом можно стать благодетелем человечества».

«Я никогда не мог бы произвести всех моих наблюдений и открытий над мышцами и кровью, если бы не отрезал головы и конечности большому числу животных. Должен признаться, что сначала мне было больно это делать, и я испытывал даже отвращение, но я постепенно привык к этому и утешал себя тем, что действую так во имя блага человечества».

«Если бы я был законодателем, то настоял бы, во имя блага моей родины и всего человечества, чтобы на преступниках, приговоренных к смертной казни, врачи производили трудные или новые операции, и, в случае удавшейся операции, приговоренные к смерти были помилованы или присуждены к более слабому наказанию».

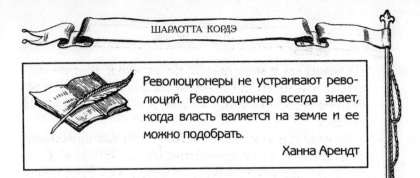

> Революционеры не устраивают революций. Революционер всегда знает, когда власть валяется на земле и ее можно подобрать.
>
> Ханна Арендт

Эти эксперименты не принесли Марату широкой известности; его кандидатура в члены Мадридской академии была отклонена.

 Революция открыла перед ним новое, широкое поле для экспериментов. Скальпель был заменен гильотиной, и живосечению подверглись десятки тысяч людей — согласно все тому же давно сформулированному принципу: «Желая оказать много добра одним, приходится причинять немного боли другим».

Марат основал газету «Друг народа», вскоре ставшую полуофициальным органом вынесения смертных приговоров. В 1792 году Марат на страницах газеты потребовал казни 20 000 человек, через год — 40 000, а затем 270 000, — все это, разумеется, «ради блага родины и всего человечества». Окровавленные останки казненных он предложил развесить на стенах Конвента — в острастку будущим изменникам. После ареста короля он в каждом номере «Друга народа» требовал смерти для «предателя Капета», которому еще недавно льстиво посвящал свои научные труды.

Непосредственное воздействие призывов Марата на умы парижан было ужасно. В сентябре 1792 года жаждущая крови толпа вломилась в тюрьмы Парижа и растерзала находящихся там «аристократов» — а на самом деле всех, кто попадался ей под руку: священников, дворян,

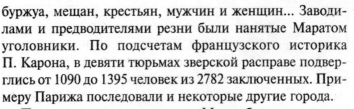
буржуа, мещан, крестьян, мужчин и женщин... Заводилами и предводителями резни были нанятые Маратом уголовники. По подсчетам французского историка П. Карона, в девяти тюрьмах зверской расправе подверглись от 1090 до 1395 человек из 2782 заключенных. Примеру Парижа последовали и некоторые другие города.

По настоянию жирондистов Марат был предан суду Революционного трибунала за разжигание гражданской войны и подстрекательство к убийствам. Но 24 апреля 1793 года он был оправдан — у судей не нашлось «мотивов для обвинения». Покидая зал суда, Марат вызывающе крикнул, обращаясь к жирондистам:

— Никакая земная сила не может помешать мне видеть изменников и изобличать их, вероятно благодаря высшей организации моего ума!

На улице толпа увенчала его дубовым венком и на руках отнесла домой.

IV

Последний год Шарлотта жила очень замкнуто, ее подруги, Фодоа и Левальян, покинули Францию. Из дому она выходила только затем, чтобы ходатайствовать за политических преступников: священников, монахов, эмигрантов. Просьбы «милостивой Мари» (так называли ее в Кане) обычно выполнялись. Свободное время у нее поглощало чтение. По ее словам, за два года она прочла около пятисот политических брошюр, не считая газет и книг. Чтение выработало в ней отвращение к Горе[1] и сочувствие Жиронде[2].

Взаимная неприязнь Горы и Жиронды весной 1793 года перешла, по выражению Карлейля, в «бледную злобу». Государственной философии, порядочности и красноречию жирондистов Гора противопоставляла смелость, убежденность и решимость, перерастающую в свирепость. Исход столкновения был предрешен. 31 мая Робеспьер и Марат добились

Максимилиан
Робеспьер

---

[1] Депутаты крайних взглядов, занимавшие верхние скамьи в Конвенте.

[2] Депутаты департамента Жиронда, сторонники умеренной демократии.

от Конвента декрета об аресте «преступных депутатов» по сфальсифицированному обвинению в военном заговоре против республики. Из двадцати двух обвиненных жирондистов восемнадцать нашли убежище в Кане, где жители недавно высказались против нарушения прав депутатов.

> Люди, веря, что новый правитель окажется лучше, охотно восстают против старого, но вскоре они на опыте убеждаются, что обманулись, ибо новый правитель всегда оказывается хуже старого.
>
> Никколо Макиавелли

Конвент объявил о введении режима революционного террора. Все, кто мог, торопились покинуть страну. Родные Шарлотты настаивали на ее скорейшем отъезде в Англию. Она не возражала: дорожные хлопоты облегчали исполнение плана, который к тому времени всецело завладел ее мыслями.

20 июня она пришла в интендантство к жирондисту Барбару с просьбой дать ей рекомендательное письмо к министру внутренних дел, чтобы ходатайствовать в Париже за госпожу Форбэн, лишенную своего содержания канониссы. Присутствовавший при разговоре жирондист Лувэ вспоминал позднее: «В интендантство, где мы помещались, явилась к Барбару молодая девушка высокого роста, стройная, благовоспитанная, с скромными манерами. Во всем ее лице, во всей фигуре поражала смесь кротости и достоинства, свидетельствовавшая о чудной душе».

Барбару дал ей письмо к депутату Дюперрэ, заметив при этом, что рекомендация изгнанника может скорее повредить, чем помочь. Шарлотта предложила ему передать через нее в Париж письма капских жирондистов. Барбару назначил ей день, когда письма будут готовы.

Шарлотта шла домой взволнованная, ее глаза сверкали, лицо пылало. По пути она зашла в мастерскую соседа, плотника Люнеля. После приветствий разговор коснулся политики. Здесь ее чувства прорвались наружу. Она ударила рукой по столу, воскликнув: «Нет, не удастся Марату царствовать над Францией!» — и быстро вышла, оставив соседа в изумлении.

Почему выбор Шарлотты остановился именно на Марате? Видимо, он олицетворял для нее само зло, прятавшееся за дорогими ей словами «республика», «родина», «свобода»; он был для нее вдохновителем насилия, которое ежедневно совершалось у нее на глазах и о котором она читала в газетах; ни разу не видев его, она чувствовала к нему инстинктивное омерзение: кровавая гадина. К тому же Марат добился своего: его имя было известно всей Франции. Робеспьера еще заслоняли люди, которые, как выяснилось позже, были выше его ровно на голову; у Дантона, при всей его кровожадности, были несомненные заслуги в обороне Франции от интервентов; «красный священник» Жак Ру должен был смущать Шарлотту своим саном; Фукье-Тенвиль и Сен-Жюст только расправляли свои нетопыриные крылья. Робеспьер и Дантон держали в своих руках Конвент, Марат владел Парижем, а значит, Францией. Это решило его судьбу.

8 июля Шарлотта вторично пришла к Барбару за письмами. Вместе с ним в комнате находился депутат Петион. Во время разговора он иронично высказался о республиканских убеждениях «красавицы аристократки, возжигавшей свой патриотизм у очага жирондистов».

Жорж Жак Дантон, так же как Марат и Робеспьер, был лидером якобинцев

— Вы судите, не зная меня, гражданин Петион, — с достоинством ответила Шарлотта. — Будет время, когда вы меня узнаете.

 Когда все остальные права попраны, право на восстание становится бесспорным.

Томас Пейн

Рано утром 9 июля она сожгла всю свою корреспонденцию вместе с брошюрами и газетами и сказала госпоже Бреттевиль, что хочет зарисовать сушильщиц сена за городом. Держа папку в руках, она направилась к двери и на пороге столкнулась с сыном плотника Люнеля. Мальчик ласково спросил ее, когда она вернется. Шарлотта смутилась, на ее глаза навернулись слезы. Овладев собой, она отобрала для него несколько своих рисунков из папки.

— Не забудь меня, мой маленький друг, — сказала она. — Ты меня больше не увидишь.

Ее упакованный сундук уже четыре дня стоял в бюро дилижансов под предлогом готовящегося отъезда в Англию. В десять часов утра Шарлотта села в дилижанс, идущий в Париж, и навсегда покинула Кан.

В дороге она так приглянулась одному из путешественников, что он недолго думая предложил ей руку и свое состояние (по крайней мере, он уверял, что таковое у него имеется). Шарлотта пыталась обратить все в шутку, но мужчина был так навязчив, что ей пришлось пригрозить ему разбудить других пассажиров. Отвергнутый жених пришел в дурное настроение и ночью пел жалобные песни, «располагающие ко сну», по словам самой Шарлотты.

В четверг, 11 июля, дилижанс переехал мост Нейи. Впереди лежал Париж с его тысячью черных куполов. Шарлотта не проявила к открывшемуся перед ней виду никакого интереса.

V

В полдень Шарлотта ступила на землю Парижа. Конторщик из бюро дилижансов дал ей адрес гостиницы «Провидение», которую ей рекомендовали в Кане: улица Вье-Огюстен, 19. Посыльный с багажом проводил ее. Она заняла 7-й номер на первом этаже. Даже теперь она выбрала комнату подешевле: комод, кровать, письменный стол и три стула составляли всю меблировку.

В течение всего дня Шарлотта оставалась в гостинице. Читателю не нужно воображать никаких драматических сцен: утомленная двумя ночами в дилижансе, она велела мальчику-служке приготовить постель и сразу уснула. Вечером она спустилась в контору гостиницы и, как настоящая провинциалка, спросила у матушки Роллье, каждый ли день Марат бывает в Конвенте. Та, как настоящая парижанка, гордо ответила, что понятия не имеет об этом. Шарлотта вернулась в номер и не выходила оттуда до следующего дня.

12 июля она отправилась к депутату Дюперрэ на улицу Сен-Тома-дю-Лувр, 41. Это был ее первый выезд в Париже, но ей не пришло в голову по пути осмотреть город — она приехала по делу. Дюперрэ был ей нужен, чтобы пройти вместе с ним в Конвент, где она надеялась встретить Марата. Но выяснилось, что Дюперрэ плохой помощник — этим утром у него опечатали все бумаги по

подозрению в связях с генералом Диллоном[1]. К тому же он сказал Шарлотте, что Марат болен и уже несколько дней не присутствует в Конвенте.

Приходилось на ходу менять первоначальный план. Ждать выздоровления Марата было немыслимо: каждый потерянный день множил аресты и казни. Шарлотта размышляла недолго.

— Прощаясь с вами, быть может, навсегда, — сказала она Дюперрэ, — я дам вам дружеский совет: уходите из Конвента. Вы уже не можете быть в нем полезны. Отправляйтесь к вашим друзьям в Кан.

— Вы забываете, что мое место в Париже и что я не могу покинуть его! — возразил удивленный Дюперрэ.

— Берегитесь, вы делаете неосторожность. Повторяю — уезжайте. Поверьте моему слову: спасайтесь до завтрашнего вечера, послезавтра будет уже слишком поздно и для вас, и для многих других!

Видя, что ее слова только увеличивают изумление Дюперрэ, она простилась с ним и уехала в гостиницу.

В субботу, 13 июля, она проснулась в шесть часов утра (Париж никак не повлиял на ее провинциальные привычки) и написала Марату письмо:

«Гражданин, я приехала из Кана. Ваша любовь к отечеству дает мне основание предполагать, что Вам интересно будет узнать о несчастных событиях в этой части республики. Будьте добры принять меня и уделить мне несколько минут. Я доставлю Вам возможность оказать большую услугу Франции».

Затем она вышла из гостиницы и попросила указать ей дорогу в Пале-Рояль, превращенный в то время в нечто вроде торгового центра. Там ей пришлось подождать до семи часов, когда открывались магазины и лавки. У

---

[1] Диллон — французский генерал, обвиненный Конвентом в роялистском заговоре; якобинцы хотели связать его имя с жирондистами.

какого-то ножовщика, кажется Будэна (следователи почему-то не озаботились разыскать его и узнать точное имя), она купила за два франка громадный кухонный нож с рукояткой из черного дерева в бумажном футляре, сделанном под шагреневую кожу.

В этом выборе орудия возмездия была какая-то жутковатая символика, о которой Шарлотта, конечно, не подозревала: сторонник живосечений должен был сам почувствовать «немного боли» от того инструмента, которым он некогда орудовал «для блага родины и человечества». Пока лавочник заворачивал покупку, уличный глашатай новостей прокричал о только что свершившейся казни над тридцатью национальными гвардейцами, обвиненными в покушении на одного из членов Конвента. Шарлотта ничем не выдала своих чувств.

Свобода воли означает, следовательно, не что иное, как способность принимать решения со знанием дела.

Фридрих Энгельс

По улице Круа-де-Пти-Шан Шарлотта вышла на площадь Национальных Побед, где заметила стоянку извозчиков. Она села в одну из карет и велела кучеру везти себя к Марату. Кучер ответил, что не знает, где живет «Друг народа».

– Справьтесь!

Кто-то из товарищей подсказал кучеру адрес. Около девяти часов утра карета остановилась на узкой и темной улице Кордельеров у дома Марата. Шарлотта легко выпрыгнула из кареты и, пройдя во двор, постучала. Дверь открыла женщина со стеклянным глазом.

*Шарлотта
у привратницы
Марата*

— Где квартира гражданина Марата? — спросила ее Шарлотта.

Привратница внимательно осмотрела ее и сказала, что Марат болен и никого не принимает. Шарлотта пыталась настаивать, но, убедившись, что ничего не добьется, передала письмо, села в карету и вернулась в гостиницу. Оттуда она написала Марату второе письмо и отправила его по почте:

«Я написала Вам сегодня утром, Марат; получили ли Вы мое письмо? Надеюсь, Вы мне не откажете ввиду важного дела; достаточно того, что я несчастна, чтобы иметь право на Ваше покровительство».

Закончив это письмо, она стала писать «Призыв к потомству», уверенная в том, что ей не суждено живой выйти из дома Марата (а может быть, и не желая этого). «Смерть Марата пошатнет кровавые троны Дантона и Робеспьера... Я хочу, чтобы мой последний вздох был полезен моим согражданам. Пусть моя голова, которую будут носить по Парижу, будет эмблемой единения всех друзей закона».

Весь день она провела очень тихо, ничем не тревожа матушку Роллье. Около шести часов вечера надела серую полосатую юбку из канифаса, шляпу с черной кокардой и зелеными лентами, спрятала на груди «Призыв к потомству» и метрическое свидетельство и, выйдя из гостиницы, остановила первого попавшегося извозчика:

— Улица Кордельеров, 20.

VI

В старину этот дом назывался Дворцом Кагора. В 1793 году он принадлежал госпоже Антеоль де Серваль и ее двоюродному брату Фаньо, принося им 3000 франков годового дохода — из них 450 франков за квартиру Марата, снятую на имя девицы Эврар. Это был обыкновенный буржуазный дом конца XVIII века. Через ворота слегка закругленной формы, проделанные между двух лавок, посетитель попадал в маленький дворик с колодцем; справа под широкой аркой каменная лестница вела на каменную площадку, выходившую во двор. Здесь была дверь квартиры Марата; вместо шнурка для звонка со стены свисал железный прут с рукояткой. Рядом с дверью находилось окно, летом всегда полуоткрытое, потому что в квартире Марата стойко держался чад от жаркого и запах приготовляемых соусов.

За дверью находилась темная передняя, направо от нее — узкая столовая, далее шли кабинет и маленькая (в ней едва могли разместиться шесть человек) комнатка с каменным полом, служившая ванной. Она была оклеена обоями, изображавшими витые колонны на белом фоне. На одной стене висела карта Франции и также зачем-то рисунок, изображавший скрещенные пистолеты, над которыми крупными буквами было начертано:

«СМЕРТЬ».

Комнаты, выходившие на улицу, были больше и обставлены лучше. Рабочим кабинетом Марату служила маленькая комната с одним окном.

Кроме Марата, в квартире жили три женщины. Роль хозяйки исполняла Симона Эврар. Марат был на двадцать лет старше ее; в 1790 году, когда они сошлись, ей было двадцать шесть лет. Симона не была красива: среднего роста, волосы и глаза черные, нос длинный, подбородок круглый. Марата она обожала и с истинным самопожертвованием сразу предоставила ему все свое небольшое состояние на издание «Друга народа». Марат, преисполненный благодарности, обещал жениться на ней. Не верящий в то, что пустой обряд составляет ценность брака, и не желавший в то же время оскорблять чувство скромности гражданки Эврар, он подозвал ее однажды к окну своей комнаты и, сжав руку своей возлюбленной, вместе с ней преклонился перед Верховным Существом. «Здесь, в этом великолепном храме природы, — сказал он ей, — я беру Его в свидетели моей верности и клянусь тебе Создателем, который слышит нас».

Революция дает иногда в повелители таких людей, которых мы не пожелали бы иметь лакеями.

Пьер Буаст

Судя по всему, Симона была нетребовательной женщиной — ее удовлетворил и «храм природы». Ее брак с Маратом так и не был оформлен. После смерти Марата в его бумагах нашли следующее обязательство:

«Прекрасные качества девицы Симоны Эврар покорили мое сердце, и она приняла его поклонение. Я оставляю ей в виде залога моей верности, на время путешествия в Лондон, которое я должен предпринять, священное обязательство жениться на ней тотчас же по моем возвращении; если вся моя любовь казалась ей недостаточной гарантией моей верности, то пусть измена этому обещанию покроет меня позором.

Париж, 1 января 1792 года,
Жан Поль Марат, Друг народа».

По замечанию Ленотра, это был новогодний подарок людоеда содержавшей его женщине.

Мария Барбара Обэн, уже знакомая нам одноглазая женщина, была консьержкой. Марат давал ей работу — складывать листы его газеты. Третьей женщиной в квартире была кухарка Жанетта Марешаль.

VII

Поднявшись на площадку перед квартирой Марата, Шарлотта увидела, что дверь открыта; консьержки на месте не было. Она вошла в приемную и очутилась перед кухаркой, державшей в руке ложку, которую ее только что попросила принести Симона Эврар, чтобы размешать в миндальном молоке кусочки глины — это лекарство было прописано Марату его докторами. Обэн складывала на полу листы газеты. Жанетта вернулась на кухню, а консьержка единственным глазом изучающе уставилась на посетительницу.

В эту минуту в переднюю с улицы вошли двое мужчин: Пиллэ, молодой человек, который принес Марату счет за последний номер газеты, и Лоран Ба с кипой бумаги для «Друга народа» (газета издавалась прямо на дому у Марата). Марат принимал ванну; Пиллэ впустили к нему. Просматривая бумаги, Марат попросил Пиллэ приоткрыть окно, затем признал счет верным и возвратил его.

 Выйдя из ванной, Пиллэ увидел препирательство Шарлотты с Обэн, которая убеждала девушку уйти. Пиллэ попрощался и вышел, но спровадить Шарлотту никак не удавалось. На шум из кухни вышла Симона Эврар. Узнав, что упрямая посетительница уже приходила утром, она согласилась пойти к Марату и спросить, не примет ли он ее.

Вернувшись с утвердительным ответом Марата, Симона проводила Шарлотту через столовую, впустила девушку в ванную и закрыла дверь, после чего вернулась в прихожую.

Спустя два часа она уверяла следователя, что инстинктивно чего-то боялась, — возможно, ее просто кольнула понятная ревность. Во всяком случае, через минуту она снова открыла дверь в ванную, — Шарлотта спокойно сидела около ванны спиной к окну. Симона с графином в руках подошла к Марату и спросила, не много ли глины в молоке. Марат ответил, что глины не много, но все же она может вынуть кусочек. Симона прихватила стоявшее здесь же блюдо с телятиной, рисом и мозгами, предназначенное для ужина, и ушла.

Шарлотта Кордэ 3 июля 1793 года. Картина Поля Жака Эме Бодри

Едва она успела поставить блюдо на кухне, как из ванной донесся хриплый клекот. Она бросилась назад и рывком распахнула дверь.

— Ко мне, мой добрый друг! — еще успел воскликнуть Марат, и тотчас голова его упала на грудь, погруженную в красную от крови воду. Струя крови толщиной с палец била у Марата из груди, и страшные ручейки уже тянулись к дверям спальни.

Бледная Шарлотта стояла у окна; нож лежал на полочке среди газет, совершенно мокрых от крови.

Революции начинаются энтузиазмом, а сопровождаются исступлением, за которым следует раскаяние.

Багни

По показаниям Шарлотты, когда она вошла, Марат сидел в ванне, имевшей вид сапога, тело его было покрыто какой-то коростой (у него была экзема). Перекинутая через ванну доска служила ему письменным столом.

Он спросил Шарлотту, каковы политические настроения в Кане, что делают жирондисты, а потом потребовал от нее назвать их имена. Шарлотта послушно стала перечислять, Марат вносил их в записную книжку.

— Хорошо, — наконец сказал он своим хриплым замогильным голосом, — через несколько дней я отправлю их на гильотину.

В следующую секунду он увидел в своей груди черную рукоять ножа (боль пришла позднее). Шарлотта вложила в удар все силы.

Сбежавшиеся женщины подняли истошный крик, но ничего не предпринимали. Шарлотта сумела выйти в прихожую, но здесь маленький и слабосильный Лоран Ба сбил ее с ног ударом стула и кинулся на поверженную: «бросил это чудовище на землю и удерживал ее за груди», по его рассказу.

Входная дверь квартиры оставалась открытой. Дантист Клэр Мишон Делафонде, главный арендатор дома,

Прибежавшие на шум люди, узнав о смерти Марата, требовали выдать им убийцу тут же

прибежал на шум и увидел в прихожей Лорана Ба, который бил лежащую Шарлотту кулаками. Не останавливаясь, Делафонде проследовал в ванную и здесь увидел умирающего Марата, тщетно пытающегося что-то произнести. Последние удары сердца извергали потоки крови из раны, которую Симона тщетно пыталась зажать рукой.

Делафонде вытащил Марата из ванны и перенес в соседнюю комнату, поручив Обэн привести доктора Пеллетана, члена Совета здравия. Через консьержку слух об убийстве распространился по всему городу.

Через несколько минут дом оказался полон народу, требовавшего выдать ему убийцу. Кровь из ванной на башмаках разносили по всей квартире; в спальне кровь из раны Марата залила стены; окровавленная вода разлилась до самой кухни.

В прихожей два человека держали за руки связанную Шарлотту, казавшуюся кроткой и спокойной, несмотря на перенесенные побои. Прибывший по вызову полицейский комиссар Гальяр-Дюмениль втолкнул ее в одну из комнат для предварительного допроса. Вместе с ним туда вошли четыре депутата: Мор, Шабо, Друэ и Лежандр.

Во время борьбы с Лораном Ба косынка сползла, и грудь Шарлотты обнажилась; она попросила развязать ей руки, чтобы привести в порядок туалет. Ее просьбу исполнили, она отвернулась, поправила платье и надела перчатки, чтобы скрыть следы веревок на запястьях. Затем она спокойно повернулась к комиссару.

При допросе она сохраняла полное самообладание и ясность мышления. На вопрос, что побудило ее пойти на преступление, ответила, что при виде разгорающейся во Франции междоусобной войны предпочла пожертвовать своей жизнью ради спасения отечества; на требование назвать сообщников сказала, что никто на свете даже не подозревал о ее намерениях. Прочитав протокол, она потребовала исправить некоторые неточности в своих словах.

— Вы отправитесь на эшафот! — вскричал Шабо, выведенный из себя ее спокойствием.

— Я это знаю, — хладнокровно ответила она.

Шабо и Друэ вызвались сопроводить ее в тюрьму. Когда Шарлотту около полуночи вывели на улицу, толпа перед домом уже успела расспросить кучера и узнала, что он привез молодую аристократку. Крики негодования усилились, а когда в дверях появилась преступница со связанными сзади руками, раздались вопли, требующие немедленной расправы над ней.

Наибольшее снисхождение проявляет тот, кто к себе никакого снисхождения не требует.

Мария фон Эбнер-Эшенбах

При виде враждебной толпы силы покинули Шарлотту. (Перед толпой терялись и Марий[1], и Наполеон, — видимо, это общая слабость личностей с сильно развитым индивидуальным началом.) Ее почти без чувств бросили в экипаж, карета тронулась, с трудом продвигаясь среди обступивших ее людей, старающихся заглянуть в окна.

---

[1] Марий Гай (ок. 157—86 гг. до н. э.) — римский полководец, победитель германских племен кимвров и тевтонов, участник гражданских войн в Италии, диктатор Рима.

VIII

Всю ночь тело Марата бальзамировали, в доме жгли благовония. Свет из окон озарял лица людей, толпившихся вокруг дома, дальше горели огни сотен факелов. Одинокие крики: «Марат умер! Народ, у тебя нет больше друга! Смерть аристократам!» — время от времени подхватывались всеми, заглушая плач женщин и грудных детей.

Неестественно-патетические и злобно-мстительные вопли не смолкали два последующих дня. Наутро секции клубов огласились рыданиями и призывами к отмщению. В Комитете Общественного Спасения кричали, что «фурия, исшедшая из Кана, вонзила кинжал в грудь апостола и мученика революции»; Шабо в Конвенте подытожил свой рассказ о допросе Шарлотты призывом: «Пусть же суд накажет эту кровожадную женщину, подвергнув ее и ее сообщников самым жестоким пыткам!» — и предложил перенести останки Марата в Пантеон. Монтаньяры, якобинцы и кордельеры оспаривали друг у друга право на тело «Друга народа». Этой чести удостоились кордельеры: было решено похоронить Марата на следующий день в Саду кордельеров, где он по вечерам читал народу свою газету.

15 июля тело Марата было выставлено в старинной церкви, занимаемой клубом кордельеров. Рядом с гробом стояла ванна и висела окровавленная простыня Марата. Цере-

монию похорон разработали художник Давид и Французский театр.

Конвент (триста подлецов и четыреста недоумков, по определению современника) явился на похороны в полном составе. Каждый депутат подходил к гробу и кидал цветы на тело Марата. Громадная толпа слушала нескончаемые речи ораторов. Представление об этом мутном потоке революционно-похоронного словоблудия может дать речь депутата Друэ: «О, люди слабые и заблудшие, вы, которые не осмеливались поднять на него своих взоров, подойдите и созерцайте окровавленные останки гражданина, которого вы при жизни не переставали оскорблять!» Как будто этот оратор не знал, что те, кому «Друг народа» был не по нутру, уже не могли «подойти и созерцать», за отсутствием головы.

Львиного сердца, крыльев орлиных
Нет уже с нами! – что воевать?

Гавриил Державин

Не обошлось, разумеется, и без кощунства. Из толпы раздался возглас: «Сердце Иисусово — сердце Марата, у вас равные права на наше почитание!» Какой-то оратор тут же подхватил и развил эту мысль, приравняв (вряд ли понимая, что говорит) Симону Эврар к Богоматери, а затем, воодушевясь, воскликнул: «Иисус был пророк, а Марат — божество!» Его заглушил гром рукоплесканий. Нашелся, однако, недовольный, заявивший: «Марата нельзя сравнивать с Иисусом, ибо человек этот породил суеверия и защищал королей, а Марат имел смелость раздавить их. Не надо говорить об Иисусе, это глупость; для республиканцев нет другого Бога, кроме философии и свободы».

Бюсты Марата шли нарасхват. Народ умилялся и проливал слезы, молясь на это грубое и звероподобное лицо.

В салонах читали чеканное четверостишие маркиза де Сада, которое в переводе на презренную прозу звучит примерно так: «Единственный истинный республиканец и дорогой кумир! Потеряв тебя, Марат, мы утешаемся, глядя на твое изображение, мы, нежно любящие великого человека, усыновившего добродетели. Из праха Сцеволы родится Брут».

Впрочем, были и другие мнения, которые широко не оглашались. Робеспьер почтил память «Друга народа» такими словами: «Марат наделал много глупостей, пора было ему умереть».

IX

Шарлотту по случайности поместили в ту камеру тюрьмы Аббэ, где недавно содержались жирондист Бриссо и госпожа Ролан. Последняя оставила описание этого помещения: «Это была маленькая темная комнатка, с грязными стенами и толстыми решетками; по соседству находился дровяной сарай — отхожее место для всех животных дома. Но так как эта комнатка вмещает по объему лишь одну кровать и можно помещаться в ней отдельно, то обыкновенно ее, в виде любезности, дают новому лицу или тому, кто желает пользоваться этим преимуществом... Я не знала, что комната эта тогда же предназначалась Бриссо, и не подозревала, что вскоре ее займет героиня, достойная лучшего века, — знаменитая Шарлотта Кордэ».

Тюремное начальство благосклонно позволило Шарлотте написать несколько писем

К Шарлотте приставили двух жандармов. В остальном тюремное начальство отнеслось к ней довольно снисходительно и даже позволило ей написать письмо Барбару в Кан и отцу в Аржентон. Письмо Барбару начинается словами: «В тюрьме Аббэ, в комнате, принадлежавшей Бриссо, на второй день подготовления к миру». Далее Шарлотта описывает уже известные нам подробности своего путешествия в Париж и убийства Марата. «Я хотела, уезжая из Кана, убить его на вершине его горы, но он уже не бывал в Конвенте», — пишет она. Только один ее поступок, по ее мнению, нуждается в оправдании: «Признаюсь, я прибегла к хитрости, чтобы побудить его принять меня. Все средства хороши в подобном случае». После просьбы защитить свою семью от преследований она говорит о себе: «Я наслаждаюсь эти два дня миром, счастье моего отечества составляет мое счастье. В моей жизни я ненавидела лишь одно существо. И все-таки ненависть моя, — я доказала, как она сильна, — не так велика, как моя любовь к тысяче других существ. Пылкое воображение, чувствительное сердце обещали бурную жизнь; пусть те, кто мог бы сожалеть обо мне, примут это во внимание, и они порадуются безмятежному спокойствию, ожидающему меня в Елисейских Полях, в обществе Брута и нескольких героев древности... Объявляю всем парижанам, что мы беремся за оружие лишь против анархии, это — истинная правда». Здесь письмо обрывается (ее вызвали на вторичный допрос, а затем перевели в тюрьму Консьержери) и возобновляется записью от 16 июля: «Меня судят завтра в 8 часов; вероятно, в 12 часов я покончу жизненные счеты... Не знаю, как пройдут последние минуты, а ведь дело венчает конец. Мне нечего притворяться равнодушной к своей судьбе, так как до этого мгновения у меня — ни малейшего страха смерти. Я никогда не ценила жизнь иначе, как по той пользе, которую она может принести... Я напишу одно слово отцу, Я ничего не говорю другим моим друзьям и прошу у них лишь скорого забвения: сожаление их оскорбило бы мою память...»

Где человек находится противясь, там его тюрьма.

Эпиктет

Отцу она написала: «Простите, милый папа, что я распорядилась своей жизнью без Вашего разрешения. Я отомстила за многих безвинных жертв и предупредила много других бедствий. Народ, когда-нибудь вразумленный, порадуется, что его освободили от тирана. Я постаралась уверить Вас, что я уехала в Англию, в надежде, что мне удастся сохранить инкогнито; но это оказалось невозможным. Надеюсь, что Вас не будут беспокоить. Во всяком случае, вы найдете защитников в Кане. Прощайте, милый папа. Прошу Вас забыть меня или, скорее, — радоваться моей судьбе. Вы знаете Вашу дочь: предосудительная цель не могла руководить ею. Целую сестру мою, которую люблю всем сердцем, также всех родных... Меня судят завтра, в 8 часов, 17 июля».

X

Революционный трибунал заседал в Тюильри в зале Равенства под председательством Фукье-Тенвиля. Решения этого судилища не подлежали апелляции. Суд над Шарлоттой происходил с участием присяжных и защиты. Шарлотта выбрала своим адвокатом Дульсэ де Пантекулана, но он не явился, и суд назначил ей другого защитника — депутата от Кана Шово де Лагарда, знаменитого впоследствии адвоката жирондистов.

 Лагард оставил воспоминание об этом заседании Трибунала. По его словам, появление Шарлотты в зале произвело потрясающее впечатление: так велико было обаяние ее облика и сила нравственного превосходства.

«Ни один живописец не дал нам верного изображения этой необыкновенной женщины, — пишет Лагард. — Искусство не могло бы воспроизвести отражавшуюся в ее лице великую душу. Точно так же не трудно было буквально записать слова ее, но невозможно описать как раз то, что меня поразило более всего, а именно — интонации ее голоса, почти детского и всегда гармонировавшего с простотой ее внешних приемов и с невозмутимой ясностью ее выражения, — что с виду так мало согласовалось с теми мыслями и чувствами, которые она выражала. Нельзя так же дать понятия о том впечатлении, которое она произвела на присяжных, судей и на громадную толпу зрителей: казалось, они ее принимали за судью, призвавшего их к высшему трибуналу».

Приведу некоторые ответы Шарлотты на вопросы судей, — и без интонаций ее голоса они все же дают понятие о великой душе этой женщины. На вопрос Фукье-Тенвиля, что побудило ее убить Марата, она ответила:

— Его преступления. Я убила одного человека, — здесь она сильно повысила голос, — чтобы спасти сотни тысяч других, убила негодяя, свирепое дикое животное, чтобы спасти невинных и дать отдых моей родине. До революции я была республиканкой, у меня никогда не было недостатка в энергии.

— Кто внушил вам такую ненависть?

— Мне не нужно было ненависти других, достаточно было моей собственной.

Был только один момент, когда она смутилась. Судебный пристав показал ей нож со следами засохшей крови на лезвии и спросил, узнает ли она его. Шарлотта отвернулась и взволнованно сказала:

— Да, я узнаю его, узнаю!

— Вероятно, вы упражнялись в таких преступлениях, — ядовито заметил Фукье-Тенвиль.

...Иногда хорошо любить – значит хорошо ненавидеть, а праведно ненавидеть – значит любить.

Эразм Роттердамский

— Чудовище! Он принимает меня за убийцу! — презрительно ответила Шарлотта: ее совесть говорила ей, что убийца — это тот, кто соглашается жить после убийства.

Затем слово предоставили защитнику. Положение Лагарда было сложное не только из-за неопровержимости улик и преступного умысла, не только из-за враждебной настроенности судей и присяжных, но и из-за того, что сама подсудимая не желала оправдательного приговора.

«Когда я встал, чтобы говорить, — вспоминает Лагард, — в собрании сначала послышался глухой и смутный шум, как бы изумления... Затем настало мертвое молчание, пронизавшее меня до мозга костей. Пока говорил прокурор, присяжные поручили передать мне, чтоб я молчал, а председатель — чтоб я ограничился утверждением, что обвиняемая не в своем уме. Все хотели, чтобы я унизил ее. Что касается Кордэ, выражение лица ее было все то же. Но взглядом она давала мне понять, что не желает быть оправданной. В этом после прений я не мог и сомневаться; притом оправдать было невозможно, ибо, помимо ее признаний, имелось законное доказательство предумышленности убийства. Тем не менее, твердо решив исполнить свой долг, я ничего не хотел сказать, что моя совесть и подсудимая могли бы отвергнуть. И вдруг меня осенила мысль ограничиться простым замечанием, которое, в собрании народа или законодателей, могло бы служить основой полной защиты, и я сказал: „Подсудимая хладнокровно сознается в совершенном ею ужасном покушении... сознается и в сопровождающих его ужасных обстоятельствах, — словом, она сознается во всем и не пытается оправдаться. В этом, граждане присяжные, вся ее защита. Это невозмутимое спокойствие и полное самоотречение, так сказать, перед лицом смерти, не в природе вещей и объясняются лишь экзальтацией политического фанатизма, вложившего ей в руку меч. Граждане присяжные, вам судить, какое значение должно иметь это нравственное соображение на весах правосудия“».

Лагард действительно сказал все, что можно было сказать в оправдание Шарлотты перед этими упырями, уже заранее вынесшими приговор. Решение присяжных было: «Да, виновна».

Председатель встал и прочитал приговор: «Трибунал, выслушав заключение прокурора о применении закона, присуждает Шарлотту Кордэ к смерти... повелевает, чтобы означенная Мария Шарлотта Кордэ была отведена на место казни, одетая в красную рубашку, сообразно параграфу четвертому первой статьи первой части Уголовного кодекса... и повелевает, кроме того, чтобы имущество означенной Кордэ было передано во владение республики».

Казнь должна была состояться вечером того же дня.

Хладнокровно выслушав приговор, Шарлотта подошла к адвокату.

— Благодарю вас за смелость, с которой вы меня защищали, — сказала она. — Она достойна вас и меня.

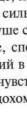

XI

В тюрьме Шарлотту уже ожидал конституционный священник. Она поблагодарила, но от его услуг отказалась: оставаясь ревностной католичкой, не признавала ренегатов.

В шестом часу вечера повозка с Шарлоттой выехала из тюремного двора. Громадная толпа встретила ее появление бешеным ревом, в котором особенно выделялись проклятия и брань фурий гильотины — так называли женщин, за плату оскорблявших жертв Революционного трибунала. Внезапно разразилась короткая, но сильная гроза. Шарлотта ехала, стоя на телеге, в красной рубашке, вспыхивавшей кровавым багрянцем при каждом сверкании молний, — такой она сохранилась в памяти всех, кто ее видел. Особенно поражал ее ясный взор, которым она обводила толпу. «Бессмертие сияло в ее глазах; на лице ее отражалась благородная ясность, спокойствие добродетели и сострадание к проклинавшему ее народу», — пишет очевидец. А молодой депутат города Майнца Адам Люкс, влюбившийся в Шарлотту на суде, нашел для выражения своего преклонения еще более сильные выражения: «Прекрасные очи ее говорили о душе столь же нежной, сколь мужественной; очи чудные, способные растрогать скалы!.. Взор ангела, проникший в мое сердце и взволновавший его неведомым дотоле чувством, которое изгладится лишь с последним моим вздохом».

Гроза стихла, снова выглянуло солнце. Путь до эшафота длился почти два часа. Все это время твердость и кротость не оставляли Шарлотту, хотя ее и осыпали проклятиями и руганью люди, недостойные этого имени. Ее взгляд блуждал по толпе, словно ища в ней человеческое существо. Вдруг она увидела горящие глаза Адама Люкса[1] — этого было достаточно, теперь она знала, что она не одна.

Меч палача, как ты бы не сказала, приравнивает к полу небосвод.
Иосиф Бродский

Около семи часов повозка въехала на площадь Революции. Взойдя на эшафот, Шарлотта вздрогнула, увидев гильотину. Палач[2] сделал попытку заслонить от нее орудие казни, но Шарлотта остановила его:

— Оставьте, я имею право быть любопытной: я этого никогда не видела.

Палач сорвал с ее груди косынку; Шарлотта покраснела. Спустя несколько секунд палач показал ее голову с еще пунцовыми щеками народу.

---

[1] Люкс после казни вернулся домой в полубреду. На следующий день он публично предложил поставить Шарлотте памятник с надписью: «Более великая, чем Брут». Друзья отговаривали его печатать эту статью, ссылаясь на смертельную опасность для автора, но Люкс был непреклонен и твердил, что было бы прекрасно умереть ради Шарлотты.

[2] Знаменитый Сансон, законопослушно умертвивший Людовика XVI, Марию-Антуанетту, жертв революционного террора, а потом и самого Робеспьера.

XII

В заключение будет уместно вернуться к эпиграфу и сказать несколько слов о внешности Шарлотты Кордэ. Некоторые приведенные цитаты могут подтолкнуть читателя к представлению о том, что Шарлотта была красавицей. К сожалению, прижизненных достоверных изображений ее не существует.

 Единственный портрет, снятый с нее в зале суда и поправленный в камере, принадлежит художнику-любителю. На нем Шарлотта представлена не очень привлекательной блондинкой сильного сложения, с голубыми глазами и в чепчике. Ее лицо выражает кротость и серьезность, в нем совершенно отсутствуют всякая патетика и героизм.

Паспорт Шарлотты в чем-то расходится с этим изображением, а в чем-то подтверждает его: «...ростом 5 футов и 1 дюйм, волосы и брови у нее каштановые, глаза серые, лоб высокий, нос длинный, рот маленький, подбородок круглый, раздвоенный, лицо овальное...». Итак, ясно, что не красавица; однако в ее облике было что-то необыкновенное, заставившее одну ее подругу в возрасте восьмидесяти лет вспомнить о ней в таких выражениях: у Шарлотты, по словам этой дамы, был такой кроткий вид, что она внушала к себе любовь раньше, чем успевала заговорить, это был ангел Божий.

Впрочем, имеется одно, и вроде бы веское, свидетельство, ставящее под сомнение обаяние Шарлотты, — реестр Революционного трибунала. «Эта женщина, — значится в нем, — про которую говорили, что она очень красива, вовсе не была красивой; лицо у нее было скорее мясистым, чем свежим, она была лишена грации и нечистоплотна, как почти все философы и умницы женского пола. Ее лицо было грубо, дерзко, безобразно и красно. Ее полноты, молодости и вида знаменитости было достаточно, чтобы ее сочли красивой во время допроса... Шарлотте Кордэ было двадцать пять лет; то есть, по нашим понятиям, она была почти старой девой, в особенности если принять во внимание ее мужеподобные манеры и мальчишеское сложение; она была лишена чувства стыда и скромности».

Жизнь – борьба и странствие по чужбине; посмертная слава – забвение.

Марк Аврелий

Последних чувств были явно лишены авторы этого документа, когда ставили в вину избитой и вывалянной в грязи женщине, проведшей трое суток в тюрьме, нечистоплотность и несвежий цвет лица и попрекали ее, добровольно обрекшую себя смерти, видом знаменитости и безбрачием. Что касается прочего, опровергать эти свидетельства не имеет смысла — эти люди увидели то, что хотели увидеть. Для нас Шарлотта Кордэ остается прекрасным образом свободной Франции, как и другая прекрасная дева — мужеподобная Жанна д'Арк.

История Шарлотты вдохновила Эдварда Мунка на создание полотна под названием «Смерть Марата»

ТАЛЬМА

I

Слава актера издавна признана одной из самых эфемерных. Действительно, актер царит в сиюминутном, преходящем; он либо состоялся сейчас, здесь, на сцене, либо не состоялся вовсе. Знать его — означает видеть его, наблюдать его игру, проживать десятки жизней вместе с его героями, которых он наделяет своей душой.

Но ведь преходяща любая слава. Ее пресловутое бессмертие редко превышает две-три сотни лет. Великие знают это лучше нас. Стендаль, например, говорил, что хочет, чтобы его книги читали через сто лет. Правда, у писателя, художника, ученого, полководца остается хотя бы надежда на признание потомков — у актера эта надежда отнята с самого начала. Поэтому он избирает ту славу, которая не может быть отсроченной и, следовательно, не может обмануть. Мысль о том, что все — суета сует, не нова, но как знать, может быть, именно актер делает из нее наилучший вывод. Ведь говорит же Шекспир устами Гамлета: «Блажен, в ком кровь и ум такого же состава. Он не рожден под пальцами судьбы, чтоб петь, что та захочет».

II

*Франсуа-Жозеф
Тальма*

Год рождения великого французского актера не вполне ясен. Его биограф Реньо-Варен говорит, что с 1816 года Тальма начал из странного кокетства скрывать свой возраст. Однажды, когда у них зашла об этом речь (надо было указать год рождения Тальма на гравюре с его портретом), Тальма, вместо ответа, снял с полки четыре книги: биографические собрания, изданные в Брюсселе и Лейпциге, а также парижские «Биографии современников» и «Биографии знаменитостей» — и по очереди прочитал вслух статьи, посвященные ему: «Тальма (Франсуа-Жозеф) родился в Лондоне 17 января 1766 года»; «Тальма родился в Париже 15 января 1760 года»; «Тальма родился в Париже в январе 1762 года»; «Тальма (Жозеф-Франсуа) родился 15 января 1767 года».

— Но кто говорит правду? — спросил изумленный биограф.

— Любезный друг, — ответил Тальма, — разве вы не знаете, что актер то же, что хорошенькая женщина, то есть что он не имеет лет? Каков, например, возраст Отелло, которого я сыграл вчера, Леонида, которого я создал на прошлой неделе, или Жоада[1], которого я сыграю в субботу? Друг мой, актер должен обладать всеми возрастами, как и всеми характерами.

— Но речь идет не о драматических героях, а о человеке, который их представляет!

— В таком случае вы обратились неудачно: я родился так давно, что уже позабыл об этом.

— Так, значит, граверу придется самому порыться в актах гражданского состояния в приходе Святого Николая...

— Пусть он возьмет среднюю цифру — пожалуй, он попадет в самую точку! — очень живо воскликнул Тальма.

Большинство биографов последовали этому совету и отнесли его рождение к 1763 году, хотя сам актер в мемуарах настаивает на 1766 годе.

Тальма был сыном дантиста, убежденного адепта философской «секты» просветителей, который избрал своим местожительством свободную Англию. Какие мотивы — профессиональные или политические — толкнули его на этот шаг, точно неизвестно, но мы знаем, что, несмотря на конкуренцию среди дантистов, удачно вырванный зуб у лорда Гаркорта доставил ему рекомендацию к наследнику английской короны принцу Уэльскому. Лейб-дантист быстро пошел в гору. Тальма-старший, видимо, не отказывал в помощи и бедным, но не любил прибедняющихся, что видно из следующей истории. Как-то, уже после революции, к нему пришел французский маркиз-эмигрант и, ссылаясь на свое разорение, умолял сделать искусственную челюсть по цене, которая была даже ниже себестоимости. Человеколюбие и сострадание к соотечественнику взяли верх, Тальма-старший согласился. Однако из разговора с другим эмигрантом он узнал, что маркиз в действительности очень богат. Поэтому, когда маркиз в назначенный день пришел к не-

---

[1] Персонаж трагедии Расина «Лталия».

му, лейб-дантист ни слова не говоря выдернул ему зубы, после чего заявил, что передумал, и назначил за работу цену, значительно превышающую обычную. Маркиз схватился за голову, но делать было нечего, и ему пришлось раскошелиться.

Детство Тальма прошло частью в Лондоне, частью в Париже — в учебном заведении Вердье, куда он был отправлен отцом, видимо не желавшим, чтобы мальчик наблюдал разгульную жизнь лондонской золотой молодежи во главе с кутилой-принцем. Пожалуй, главное, чем молодой Тальма обязан Англии, — это открытием для себя «необузданного» (как писали тогда театральные критики) гения Шекспира, создавшего героев, столь непохожих на галантных Ахиллесов, которых мальчик встретил на французской сцене.

 Увлечение театром началось у Тальма с юных лет. Его первый актерский опыт относится к девятилетнему возрасту. Вердье ставил в школе свою трагедию «Тамерлан», и Тальма досталась в ней крохотная роль наперсника (confident), рассказывающего в конце о смерти друга. Это было постоянное амплуа в классической трагедии, придворный или воин, роль которых — выслушивать монологи главных героев и либо подавать реплики, либо произносить резюме.

Здесь впервые сказалось основное качество будущего Тальма-актера — его необыкновенная впечатлительность, собственное внутреннее потрясение от страстей своего героя, которое он с необыкновенной силой передавал зрителям. Несмотря на то что его роль не превышала двадцати стихов, маленький Тальма так сжился со своим героем, что его голос задрожал и сорвался, он зарыдал и упал без чувств. Когда он пришел в себя, до него долетели звуки аплодисментов — возможно, это решило его судьбу.

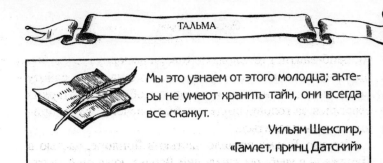

Мы это узнаем от этого молодца; актеры не умеют хранить тайн, они всегда все скажут.

Уильям Шекспир,
«Гамлет, принц Датский»

Тальма начал брать уроки декламации. Желание отца видеть его продолжателем своего ремесла не вызывало в нем встречного рвения – юноша испытывал отвращение перед анатомическими занятиями до такой степени, что в день посещения анатомического театра ничего не мог взять в рот. Зато «вскрытием» психологии любимых героев Тальма мог заниматься бесконечно. Все же ему пришлось посвятить медицине почти полжизни.

Дату его творческого совершеннолетия можно установить довольно точно – это 30 марта 1778 года, в один из тех дней, когда Париж с истинно французским энтузиазмом чествовал Вольтера, вернувшегося на родину в феврале этого года из своего имения Ферне, где он прожил отшельником двадцать лет. Вот как описал чествование парижанами своего кумира Д. И. Фонвизин:

«Прибытие Вольтера в Париж произвело точно такое в народе здешнем действие, как бы сошествие какого-нибудь божества на землю. Почтение, ему оказываемое, ничем не разнствует от обожания... Сей восьмидесятилетний старец сочинил новую трагедию: „Ирена, или Алексей Комнин“, которая и была представлена.

...При выезде со двора карета его препровождена была до Академии бесчисленным множеством народа, беспрестанно рукоплескавшего. Все академики вышли навстречу. Он посажен был на директорском месте и, минуя обыкновенное баллотирование, выбран единодушным восклицанием в директоры на апрельскую четверть года. Когда сходил он с лестницы и садился в карету, тогда народ закричал, чтоб все снимали шляпы. От Академии до театра препровождали его народные восклицания. При вступлении в ложу публика аплодировала многократно с неописанным восторгом, а спустя несколько минут старший актер, Бризар, вошел к нему в ложу с венком и надел ему на голову. Вольтер тотчас снял с себя венок и с радостными слезами вслух сказал Бризару: „Ah, Dieu! Vous voulez done me faire mourir!"[1] Трагедия играна была с гораздо большим совершенством, нежели в прежние представления. По окончании ее новое зрелище открылось. Занавес опять был поднят. Все актеры и актрисы, окружа бюст Вольтеров, увенчивали его лавровыми венками. Сие приношение публика препроводила рукоплесканием, продолжавшимся близ четверти часа».

 Среди этого гула восторга выделяется голос Тальма, сказавшего после спектакля: «Я бы сыграл иначе». Это прозвучало как приговор эпохе классицизма, называвшей трагедии Шекспира «варварскими», а самого поэта «площадным шутом». Символично, что Вольтер умер ровно через два месяца после этих слов Тальма. Боги живут нашей смертью и умирают нашей жизнью, говорили древние. Жизнь театра Тальма — это смерть театра Вольтера.

---

[1] Ах, Боже! Вы хотите уморить меня! (*фр.*).

III

Французскому театру ко времени появления в нем Тальма насчитывалось немногим более 130 лет. Кардинал Ришелье одарил Францию трагедией, Мазарини — оперой, — «каждый согласно своему характеру», по замечанию Дюма-отца.

Актеры долгое время были париями общества и вели полуголодное существование в двух театрах: Бургонском отеле и Маре. Костюмов не было; платья для представлений брались напрокат в Лоскутном ряду. Мизерную плату за вход собирал у дверей директор театра, который, как правило, одновременно был и актером. Первым актером, который стал получать сносную плату, был Гуго-Герю, чей дебют состоялся в 1597 году в Маре. Чуть позже Генри Легран, не сходивший с подмостков пятьдесят шесть лет, мог уже снимать меблированные комнаты. В 1631 году актеру Мондори была назначена первая пожизненная пенсия. А Флоридор первым купил за 20 000 ливров директорскую должность в Бургонском отеле у Беллльроза, ушедшего в монастырь. Одновременно возросли гонорары драматургов. Директор Маре говорил про Корнеля: «Корнель очень нас обидел; прежде нам продавали пьесы за три экю и сочиняли их в одну ночь; к этому все привыкли, и мы получали большие выгоды. В настоящее же время пьесы господина Корнеля обходятся нам очень дорого и приносят нам менее выгоды». С «Сидом» Корнеля соперничала только «Марианна» Тристана л'Эрмижа, не сходившая со сцены целый век. Прочие драматурги вынуждены были подчиниться мнению публики или искать для себя другие виды славы. Так, Пюже де ла Сер, при постановке одной из трагедий которого толпа выломала дверь и задавила четырех привратников, говорил хвалившим «Сида»: «Я уступлю место господину Корнелю только в том случае, если хотя бы на одной его пьесе будет убито не четыре, а пять привратников театра».

...одно время за пьесу ничего не давали, если в этой распре сочинитель и актер не доходили до кулаков.

Уильям Шекспир,
«Гамлет, принц Датский»

Актерское искусство того времени сводилось к декламации, актера ценили за голос. Подражание античному театру проявлялось также в ношении масок. Роберт Герен, переименовавший себя в Гро-Гильома, осмелился выступать без маски. Взамен ее он покрывал лицо мукой, за что и получил от товарищей прозвище La Farine (Мука). Видимо, его и следует считать первым реформатором французской сцены.

Расцвет театра наступил в эпоху Людовика XIV. Пьесы Корнеля, Мольера, Расина становились событием в Париже. Король сам участвовал в балетных постановках в роли Солнца, декламируя стихи вроде следующих:

Уже я правлю сам моими бегунами,
За ними льется свет огромными волнами;
Вручила вожжи мне небесная десница,
Богине властию обязан я своей.
Мы славою равны: она цариц денница,
Светило я царей.

Несмотря на это, в ремесле актера была одна важная деталь, о которой не следует забывать: избрать эту профессию означало обречь себя на муки ада. Церковь не прощала тех, кто, быть может, последовательнее всех осуществлял евангельское требование жить сегодняшним днем, — это казалось ей посягательством на вечность. Комедианты той эпохи знали, что отлучены от церкви: ради Мольера они лишались вечного спасения. Знаменитая Адриена Лекуврер на смертном ложе хотела исповедаться и причаститься, но отказалась отречься от ремесла, которому посвятила всю жизнь, и тем самым утратила право на исповедь.

Век Просвещения вырвал актера из рук дьявола; театральный костюм перестал быть санбенито[1], на котором пылали языки адского пламени и извивались черти и драконы. Поэтому Вольтер был не только драматургом, чьи постановки приносят хороший доход: его трагедии были мистериями, в которых актеры получали очищение.

Ко времени появления Тальма в театре Французской Комедии ведущим актером в ней был Лекэн — ученик Вольтера и лучший его истолкователь. Некрасивый, с глуховатым голосом, он резко отличался своей внешностью от лощеных красавцев актеров придворного театра. Видимо, это обстоятельство послужило не последней причиной его вольтерьянства, но не только оно. Лекэн действительно был талантлив, он первый уловил тот дух историзма, который нес с собой надвигающийся XIX век. Он начал театральную реформу, чьим символом и знаменем вскоре стал Тальма. Лекэн усилил психологизацию траги-

---

[1] Санбенито — одежда приговоренных к аутодафе: желтый мешок с нарисованными языками пламени, дьяволами и драконами.

*Театр Французской
Комедии*

ческой читки и мимическую выразительность, пытался придать костюму черты исторической достоверности. Его озадачивало то, что античные герои на сцене выступают в париках, камзолах и чулках; начиная с 1756 года в роли Нина («Семирамида» Вольтера) он выходил из могилы с обнаженными руками, окровавленный и с растрепанными волосами. Особого успеха это воскрешение не имело.

Лекэн экспериментировал и со сценой. В 1759 году он удалил с нее скамьи, где по обычаю сидело дворянство. Таким образом, аристократия была удалена им с театральной сцены за тридцать лет до того, как революция убрала ее со сцены исторической.

Лекэн умер в 1778 году, незадолго до приезда Вольтера в Париж. Передают, что когда актер Белькур сказал Вольтеру, указывая на своих товарищей: «Вы хотите видеть Лекэна? Вот, сударь, все, что осталось от Французской Комедии», — тот лишился чувств.

Среди мимов особой славой пользовался Дюгазон, известный, в частности, тем, что придумал сорок способов движения самой неподвижной частью лица — носом. Популярностью пользовался также Дезессар. Он был невероятно толст, так что на сцене для него делали специальную мебель. Дюгазон однажды сыграл с ним злую шутку. Он попросил Дезессара надеть траурное платье и отправился с ним к первому министру, якобы для того, чтобы устроить его судьбу. На вопрос, почему его товарищ в трауре, Дюгазон невозмутимо отвечал, что таковое платье прилично наследнику, и пояснил, что вчера в Ботаническом саду умер слон и он, Дюгазон, от имени Французской Комедии, просит министра, чтобы место павшего слона было дано Дезессару. Эта шутка дала повод к знаменитой дуэли: Дюгазон начертил мелом огромный круг на животе противника, говоря, что выстрел, попавший за круг, будет не в счет. Дуэль кончилась веселым завтраком в ближайшем трактире.

Прошу тебя,
продолжай; ему надо плясовую
песенку или непристойный рассказ,
иначе он спит...

Уильям Шекспир,
«Гамлет, принц Датский»

Эти люди стали учителями Тальма. Правда, окончательное решение посвятить себя сцене он принял только в тридцать лет — до этого его, видимо, удерживала воля отца и материальные соображения. Но в 1786 году Тальма сделал выбор, отклонив предложение герцога Шартрского стать придворным дантистом. Он поступил в школу декламации, которая вскоре стала комплектовать кадры для Французской Комедии. Тальма проучился в ней два года, проштудировав за это время около ста восьмидесяти ролей.

Его дебют состоялся 21 ноября 1787 года в театре Французской Комедии в роли Сеида в «Магомете» Вольтера. Тальма на всю жизнь запомнил те наставления, которые дал ему Дюгазон перед выходом на сцену:

«Добивайтесь великого или, по крайней мере, поражающего: надо оставить по себе след и разжечь любопытство зрителя. Быть может, было бы лучше дать правильный образ, чем заботиться только о силе впечатления, но любители театра многочисленны, а знатоки —

Пьеса Вольтера «Магометане» стала для Тальма дебютной

редки. И все же вы соберете все голоса, если соедините силу изображения с правдивостью образа.

Не опьяняйтесь аплодисментами и не отчаивайтесь от свистков. Свистки убивают только дураков, аплодисменты кружат голову лишь пустым людям. Расточаемые без разбора, они задерживают развитие таланта в начале его пути... Освистывали Лекэна, Превиля, Флери — а они бессмертны; а где те иксы и игреки, которых покрывали градом аплодисментов, где они?

Поменьше трюков и побольше учения; поменьше снисхождения к себе и побольше преодоления препятствий; в этом залог успеха, если не внезапного и торжествующего, зато, по крайней мере, стойкого и солидного.

Вы хотите пленять женщин и молодых людей? Выступайте в чувствительном жанре: весь мир его любит, как сказал Вольтер, и никто не сочувствует ему. Чтоб нравиться массе, которая много чувствует и мало рассуждает, выбирайте обаятельные или ужасающие роли: они немедленно воздействуют на зрителя. Как устоять перед проявлением воли Магомета, великодушием Августа или угрызениями совести Ореста?

Являются ли подлинный талант, прекрасная техника и удачный дебют гарантией успеха? Первоначально — да. Но необходимо продлить успех; надо принудить публику к постоянству. Коллективное тело, именуемое публикой, имеет свои капризы, как и отдельный человек. Нужно потакать этим капризам. Что мне еще сказать? Если успеха достигают благодаря достоинствам, возможно, что его удерживают благодаря недостаткам. Но помните, что ваши недостатки должны соответствовать недостаткам ваших судей; все же прочие скройте в тени таланта.

Есть дебютанты, взлетающие, как ракеты, сверкающие несколько месяцев и уходящие во мрак забвения. Бывает несколько причин этому. Быть может, это были дутые таланты, непригодные для творческой деятельности. Несколько показов истощают их до конца. Случается и так, что уклонившись с путей своих наставников, они идут по крутой тропинке новаторства. Но здесь отвага может быть оправдана только в том случае, если она опирается на гениальность. Бывает и так, — и это уже неизлечимо, — что, слепо идя по следам знаменитостей, они становятся скверными копиями блестящих оригиналов. Не восприняв достоинств, они обезьянят недостатки. Такому актеру лучше всего провалиться в будку суфлера и отправиться в По — развлекать басков. Но вас да сохрани от этого».

 Дебют Тальма был отмечен успехом у публики и у критики. Через два года его избирают в число сосьетеров — актеров, которые получали не фиксированный гонорар (такие актеры назывались пенсионеры), а определенное число паев; сообразно им сосьетеры получали долю прибыли и участвовали в убытках. Фактически сосьетеры являлись распорядителями театра.

Но пока Тальма приходилось играть жеманных и томных «вторых любовников» в комедиях. Трагедийные роли доставались «старым парикам» — маститым актерам.

А раз так, то — да здравствует революция!

IV

«Революция — небывалое событие в истории, и при всех усилиях мысли нельзя определить — чем она кончится», — писал английский историк Гиббон. Зато определить, с чего она начинается, довольно просто — с искусства.

В 1782 году Людовику XVI предложили поставить «Фигаро» в придворном театре. Король, прочитав пьесу, воскликнул:

— Сначала нужно будет разрушить Бастилию — иначе было бы опасной непоследовательностью допустить представление этой пьесы. Этот человек (Бомарше. — *С. Ц.*) издевается над всем, что должно уважать в государстве!

Но спустя два года опасная непоследовательность все-таки была допущена — придворные от души хохотали и хлопали обаятельному проходимцу, показывавшему со сцены их полную ничтожность и ненужность. Вслед за ними хохотать и хлопать начала вся Франция.

Через пять лет пала Бастилия.

Монархию охраняют не стены — ее щитом служит священный трепет, охватывающий людей при словах «его величество». Чтобы понять весь ужас цареубийства 1793 года, следует помнить, что за предыдущие сто сорок лет во Франции сменилось всего три короля. В этом долголетии было что-то от бессмертия. В глазах народа монарх терял все атрибуты личности, превращаясь в безликую абсолютную данность, божественное существо, которое может повторить вслед за Богом Моисея только одно свое определение: «Я – сущий».

Богов низвергают их дети. Подобно тому, как Кронос был свергнут Зевсом с Олимпа, Людовик XVI был отправлен на эшафот театром — этим любимым детищем французской монархии.

Приписывать Тальма какие-либо политические убеждения – значит говорить о театре, сидя в балагане. Да, он сразу сблизился с молодыми патриотами, в то время как «черная эскадра» театра – ведущие актеры – чванились титулом «господ актеров Французской труппы короля», благодаря чему имели честь репетировать домашние спектакли королевы в Трианоне, а актрисы жили с королевскими камергерами, заправилами театрального дела. Но в революции Тальма привлекла не борьба Законодательного собрания с королем и не война плебеев с аристократией. Революция была его вдохновением, возможностью говорить на языке трагедии с трагическими зрителями; она представлялась ему в виде статуи Свободного Искусства, с ореолом трагизма на челе.

Вашего величества и нас, у которых душа чиста, это не касается; пусть кляча брыкается, если у нее ссадина; у нас загривок не натерт.

Уильям Шекспир,
«Гамлет, принц Датский»

Его час пробил 4 ноября 1789 года. В этот день во Французской Комедии была премьера «Карла IX» — ранее запрещенной трагедии Мари Жозефа де Шенье (брата известного поэта). Вследствие того что актер, которого прочили на заглавную роль, предпочел ей более симпатичный характер Генриха Наваррского, роль короля передали Тальма. То, что творилось в этот день в театре, не поддается описанию. Потрясающий образ полубезумного, до смерти перепуганного тирана с кровавыми каплями пота на лбу, в припадке самоисступления расстреливающего с балкона Лувра гугенотов, спасающихся от Варфоломеевского избиения, поверг зал в немой ужас. Мирабо из ложи первым подал знак к рукоплесканиям, и театр буквально взорвался от аплодисментов. Это был не просто успех, это был триумф. Из уст в уста по залу передавали слова Дантона: «Если „Фигаро“ убил знать, „Карл IX“ убьет монархию!» Спектакль был сыгран тридцать три раза подряд — случай по тем временам неслыханный!

Конечно, изрядную долю этого триумфа следует отнести на счет антироялистской направленности пьесы. Тальма ошибался, принимая вооруженных булочников и сапожников за новых афинян, спешащих в театр, чтобы бескорыстно насладиться искусством и пережить катарсис. Среди идеалов революции нет ни одного, который не был бы опровергнут ей самой. Вместо свободного искусства вожди революции потребовали от Тальма дальнейшего «разоблачения тиранов», целую галерею которых представил на потребу публике все тот же М. Ж. Шенье, предусмотрительно отбросивший к тому времени от своего имени частицу «де», столь неуместную при «пламенном обличении» деспотов. Искусство заменялось политическим лубком, вдохновение — «служением революции», истина — фальшью и ложью.

Психологизм игры Тальма оказался ненужным, а его стремление соблюдать историзм в костюме нашли просто смешным и вызывающим. Если публика еще снесла его появление в соответствующем одеянии в «Карле IX», то его античных героев не при-

няли прежде всего сами актеры. Когда в «Бруте» Вольтера он в тоге появился среди римлян в напудренных париках и с трехцветной кокардой (ее ношение вменялось в обязанность при любом костюме), актер Нодье счел это личным оскорблением и несколько раз пытался вызвать Тальма на дуэль.

А актриса госпожа Вестрис уставилась за кулисами на его одеяние:

— Но у вас голые руки, Тальма!

— Так было и у римлян.

— Но, Тальма, вы без камзола!!

— Римляне их не носили.

— Свинья!!!

Стремление Тальма к исторической достоверности в сценических костюмах вызывало недоумение у коллег по цеху, а зрители же считали их просто комичными

Другие просто иронически замечали, что он выглядит как античная статуя.

Во время революций люди заметно глупеют. Репертуар парижских театров вскоре стал состоять из идиотических трагедий (в одной из них весь сюжет заключался в том, что молодой человек закрывает собой пушку, которая стреляет по революционным войскам) или не менее идиотических фарсов, вроде пьесы-утопии Сильвена Марешаля «Страшный суд над королями», где венценосцы всех стран, объединившись, погибали под вулканической лавой. Даже в «Фигаро» граф Альмавива носил гордое звание «гражданин» и соблазнял девиц с той же неизменной трехцветной кокардой во лбу.

Тальма от подобного «искусства» воротило. Античные трагедии шли не часто, поэтому он стал играть все реже. Одно время он надеялся отвести душу в трагедиях любимого Шекспира, но экспериментальные переводы изве-

Революционер Дантон помог Тальма основать новый театр после ухода актера из Французской Комедии

стного драматурга Дюси[1] повергли Тальма в ужас. Дюси не стеснялся подправлять Шекспира: так, к «Венецианскому мавру» он придумал вторую концовку − благополучную, для чувствительных сердец. Актеры должны были заканчивать трагедию так или иначе, в зависимости от реакции партера.

Мы, как французские сокольники, налетим на первое, что нам попадется; давайте сразу же монолог; ну-ка, покажите нам образец вашего искусства: ну-ка, страстный монолог.

Уильям Шекспир,
«Гамлет, принц Датский»

Все это заставило Тальма уйти из Французской Комедии; при помощи Дантона он основал Французский Театр на улице Ришелье. Дальше дружбы с Дантоном революционность Тальма не пошла: Марата и Робеспьера он ненавидел, террор вызывал у него отвращение. Вскоре его труппа оказалась в числе «подозрительных», аресты актеров и друзей шли полным ходом.

[1] Дюси Жан Франсуа − французский драматург конца XVIII в. Обработал драмы Шекспира для французской сцены. При этом очень вольно обращался с сюжетом.

Платон, изгнавший из своего идеального государства поэтов и актеров, советовал его будущим правителям отвечать тем, кто будет спрашивать, почему в их государстве нет трагедии: «Наше государство и есть лучшая трагедия». Но практики не расточают слов. Тот, кто задавал этот вопрос в Париже 1794 года, слышал в ответ только скользящий лязг шестидесятипятикилограммового ножа гильотины.

V

Смерть Робеспьера спасла Тальма от эшафота, ставшего последними подмостками для многих его собратьев по ремеслу. А давнее знакомство с одним молодым лейтенантом-корсиканцем открыло перед ним двери Сен-Клу и Мальмезона[1]: после 1799 года он играет в дворцовых спектаклях и обучает искусству декламации братьев и сестер Наполеона. Первый консул балует его, посещает спектакли, входит в обсуждение ролей. По соблазнительной, но опровергнутой легенде Тальма обучал Наполеона манерам королей. Зато достоверно известно, что Наполеон давал сценические советы Тальма: «Берите пример с меня, Тальма. Мой дворец — сцена современной трагедии, а я сам — трагический герой. Но я не воздеваю глаза и руки к небу, как это делают ваши Цезарь и Цинна». Оба они, конечно, не нуждались в советах друг друга: если их актерское дарование было весьма схоже, то амплуа сильно разнились.

 Революционные выходки Тальма были забыты, его популярность соперничала с популярностью Наполеона. «У меня, как и у моих подруг, — пишет одна дама, вспоминая те го-

---

[1] Сен-Клу и Мальмезон — дворцы, которые занимали Наполеон и Жозефина в период консульства.

ды, — было лишь одно желание: увидеть Тальма в трагедии и присутствовать на параде первого консула». Тальма и Наполеон даже вместе изменились внешне: у них исчезла республиканская худоба, и восторженный пламень в глазах сменился спокойной уверенностью гения.

Для Тальма наступило время свершений. Публика сменила гнев если не на милость, то, по крайней мере, на пристальный интерес, хотя, может быть, и сдобренный некоторым раздражением. Его манера игры притягивала и пугала в буквальном смысле: порой ему удавалось достигнуть того же эффекта, который происходил на первых сеансах братьев Люмьер, — люди в зале вскрикивали от ужаса. Однажды, говоря в роли Цинны стих об отрубленной голове, он выставил из-за спины руку, в которой держал шлем с красной выпушкой. Это произвело такое впечатление, что многие женщины закричали. В другой раз, в «Отелло», когда Тальма занес кинжал, зрители настолько забылись, что наперебой стали умолять его, чтобы он пощадил девушку, — впору было менять концовку трагедии согласно второму варианту предусмотрительного Дюси.

Новаторская отвага Тальма, несомненно, была подкреплена гениальностью, но это была гениальность особого рода, граничащая с душевным расстройством. Его основным актерским методом была передача чувств посредством движения и мимики, но к чувствам своего героя он присоединял такую дозу собственной страсти, что иногда его взгляд действительно становился безумным. Его натура представляла собой какой-то генератор — роль для него была всего лишь искрой, при помощи которой он начинал извергать из себя чудовищную энергию своей души. Его злейший зоил, театральный критик Жоффруа, не шутя говорил, что игра Тальма — это имитация «конвульсий сумасшедшего» или «приступов эпилепсии», крики, недостойные высокого искусства трагедии. «Ведь это именно пантомима Тальма привлекает любопытных, — жаловался поборник высокой трагедии, — это его искаженное лицо, блуждающие глаза, прерывающийся голос, его мрачный, зловещий вид, его дрожание, его конвульсии...»

Другой критик, Шарль Морис, выделил шесть любимых жестов Тальма: поднимать пояс; нервно потирать руки; скрещивать их, закидывая на плечи; проводить рукой по лбу, откидывая назад волосы; поднимать глаза к небу; заставлять дрожать левую ногу, сгибая ее. Но что это теперь может сказать нам о Тальма? Ведь каждый актер сделал бы это по-своему.

Увлажен взор, отчаянье в лице,
Надломлен голос, и весь облик вторит
Его мечте. И все из-за чего?
Из-за Гекубы!

Уильям Шекспир,
«Гамлет, принц Датский»

Даже такой тонкий знаток театра и человеческих страстей, как Стендаль, затруднялся однозначно определить игру Тальма. Он отмечал неестественность его резкого голоса, неприятную манерность, с которой он выворачивал кисти рук, но также и его безупречную посадку головы, и неуловимый взор. (Впрочем, возможно, что эта «апофеоза взгляда», по выражению мадам де Сталь, объяснялась близорукостью Тальма.)

В «Гамлете» и «Андромахе» Расина, считал Стендаль, Тальма был безупречен и неподражаем.

Может быть, разгадка заключается в том, что судороги страсти на лице Тальма были не чем иным, как гримасами революции, — а революция вещь неестественная.

Тальма как-то признался, что делал профессиональные наблюдения на заседаниях Конвента и во время уличных событий.

Слава несколько изменила только внешние привычки Тальма. Если раньше друзьям, приходившим к нему ночевать, приходилось застилать постель скатертями, то теперь Тальма зажил шире, обставил квартиру мебелью по старинным рисункам, стал делать долги, которые, правда, старательно записывал. Женщины всегда мало интересовали его, «мужские» разговоры он не поддерживал, за что получил от актеров прозвище

Тальма так вживался в сценический образ, что, исполняя роль Гамлета, боялся заколоть партнершу, изображавшую его мать

«девственный Ипполит»[1]. В молодости ему случилось провести шесть месяцев в обществе молодой англичанки, которая ни разу не смогла упрекнуть его в том, в чем обычно принято упрекать французов. Он был женат дважды (с первой женой его заставил расстаться Наполеон, почему-то не выносивший ее), и оба раза женщинам, чтобы услышать от него предложение, приходилось брать инициативу в свои руки.

По существу, Тальма был одинок, что, впрочем, по отношению к гению можно и не уточнять. Его вторая жена оставила следующий набросок внутреннего мира великого актера; скупость и сухость этой зарисовки говорят сами за себя: «Тальма родился чувствительным, но чувство надо было в нем разбудить. Он легко забывал самое для него дорогое, если оно было вдали от него. Занятый личными пе-

[1] Ипполит — греческий герой, сын Тесея и амазонки Антиопы, или Ипполиты, молодой стрелок, посвятивший себя девственной богине Артемиде; из-за этого Ипполит отклонил любовь своей мачехи Федры.

реживаниями, он мало обращал внимания на внешний мир, мало вникал в жизнь. Он мог засыпать, когда хотел, и спал часто и долго. Утомленный внутренней мучительной работой, он отвлекался от нее, уходя в себя. Мягкий и спокойный разговор мало привлекал его. Ему нужен был страстный, живой, возбужденный спор: тогда он выходил из обычного спокойствия, и с пылом, поражавшим окружающих, защищал свое мнение, которое, быть может, не всегда было правильным, но никогда не было лишено оригинальности и остроты. Многие его взгляды считались дикими, словно этот человек жил вдали от людей и их обычаев».

Как он относился к своему положению придворного актера? Смущало ли оно его, мешало ли ему? Был только один случай, когда Тальма захотел подчеркнуть свою независимость, — после коронации Наполеона он некоторое время перестал бывать во дворце, объяснив друзьям, что теперь между Французской Комедией и Тюильри слишком большое расстояние. Император, которому передали эти слова, нахмурил брови:

— Не понимаю, за что Тальма дуется на меня?

На другой день Тальма был в Тюильри.

Разворачивать этот случай в обширные размышления на тему «Художник и власть» вряд ли имеет смысл. Повиновение не есть раболепие; свобода художника давно определена поэтом и проявляется, так или иначе, в каждой конкретной судьбе:

... Зависеть от царя, зависеть от народа —
Не все ли нам равно? Бог с ними.

Никому
Отчета не давать, себе лишь самому
Служить и угождать; для власти, для ливреи
Не гнуть ни совести, ни помыслов, ни шеи...[1]

---

[1] А. С. Пушкин. Из Пиндемонти.

Люди, пережившие гигантомахию[1], смотрят на жизнь иначе, чем мы. Александр I после отречения Наполеона погрузился в мистицизм, находя утешение в безрадостных истинах книги Иова и в сомнительных беседах заезжих пасторов; Людовик XVIII на все предложения своих министров о реформах отвечал, что, прожив столько лет в эмиграции, имеет лишь одно желание — умереть на троне; генералы, участники легендарных походов, презрительно улыбались, когда колониальные полковники рассказывали в их присутствии о своих сражениях и победах.

В актере эта отрешенность от мира, от его обманчивой видимости была еще более острой, не говоря о том, что она была и более удивительной.

 Гениальная впечатлительность Тальма оборачивалась против него, безумие порой заглядывало прямо ему в глаза. Однажды он не смог доиграть спектакля: ему показалось, что перед ним разверзлась черная пропасть. Он стал отказываться от ролей: поднимая кинжал над матерью в «Гамлете», он боялся, что не сможет сдержать себя и убьет партнершу.

И все же мысли Тальма до конца принадлежали театру. Некий принц как-то сказал, глядя на актера, которого хватил на сцене апоплексический удар: «Человек еще жив, но артист умер». Чаша сия миновала Тальма. Умирая, он говорил окружавшим его людям, что его исхудалые щеки должны очень идти к роли Тиберия.

---

[1] Гигантомахия — в греческой мифологии битва богов с гигантами, великанами, порожденными Геей из капель крови, пролившейся при оскоплении бога неба Кроноса.

VI

Реставрация Бурбонов внешне ничего не отняла у его славы и ничего не прибавила к ней. В день въезда Людовика XVIII в Париж Тальма было поручено прочитать со сцены куплеты академика Брифо во славу Бурбонов. Каждый куплет заканчивался стихом: «Да здравствует король!» Эти слова Тальма произносил очень слабо. После спектакля Людовик, толстый человек с бычьим взглядом и опухшими ногами, тяжело пыхтя, все же сделал ему комплимент за чтение, добавив:

— Я могу быть несколько строгим, господин Тальма, ведь я видел Лекэна.

Раз королю не нравятся спектакли,
То, значит, он не любит их, не так ли?
Уильям Шекспир,
«Гамлет, принц Датский»

В последние годы жизни Тальма играл мало, и в основном Шекспира. Один за другим умирали его друзья, Жоффруа и другие недоброжелатели усиливали нападки. Тальма все глубже уходил в себя. В 1818 году Ламартин рисует его мудрым созерцателем — отшельником в халате, с лицом, схожим с профилями на бронзовых римских медалях.

Эту свободу знал и Тальма. Его искусство не служило никому, кроме его гения. Мысль об угождении кому-либо была ему противна; подачки всякого рода счастливо миновали его. Наполеон одно время хотел пожаловать ему орден Почетного легиона, но не решился раздражать общественное мнение, все еще строгое по отношению к артистам.

Слышите, пусть их примут хорошо, потому что они – обзор и краткие летописи века; лучше вам после смерти получить плохую эпитафию, чем дурной отзыв от них, пока вы живы.

Уильям Шекспир,
«Гамлет, принц Датский»

Всеевропейское признание пришло к нему в 1808 году. Собираясь на свидание с Александром I в Эрфурт, Наполеон сказал:

— Тальма, я тебя повезу играть перед партером царей.

Там, в Эрфурте, Тальма продемонстрировал Европе, по-видимому, все, чего может достичь искусство в мире политики. На представлении Вольтерова «Эдипа», когда Тальма в роли Филоктета произнес: «L'amitie de un grand homme est un bienfait cles dieux»[1], Александр I повернулся к Наполеону и демонстративно пожал ему руку.

На спектакле в Эрфурте Александр I был потрясен игрой Тальма

«Зрелище — петля, чтоб зааркнить совесть короля», — говорит Гамлет.

_____

[1] Дружба великого человека – благодеяние богов (фр.).

БРАММЕЛ – ЧЕЛОВЕК
МИРА СЕГО

I

Легче познать людей вообще, чем одного человека в частности, говорит Ларошфуко. Это тем более верно, если речь идет о человеке, чья жизнь есть всецело влияние на других. Здесь мы имеем дело с артистом, который играет не в определенные часы и дни, а в течение всей жизни. Он знает, что лицо и личина — одно, как едины душа и тело, и потому не задается вопросом, кому предназначаются восторженные рукоплескания взволнованной им толпы — ему или надетой на него маске. Если он к тому же великий артист (а подлинный артист всегда велик), то он повторяет вслед за Сенекой: «Знай: великое дело играть одну и ту же роль».

Щеголи разных стран на протяжении двух десятилетий старались подражать костюмам и манерам знаменитого денди. Портрет Браммела работы Джорджа Брайана

Изучая людей подобного рода, чувствуешь, что постоянно обманываешься. Лицо и личина непрестанно двоятся, а попытка сорвать маску равнозначна стремлению понять жизнь, анатомируя труп. Загадка этих людей не в том, что они недостаточно глубоки, а в том, что они даже не поверхностны.

«Вы — дворец в лабиринте», — написала Браммелу одна женщина, отчаявшаяся найти подступы к сущности этого человека. Афоризм — каравелла истины, на которой мысль лавирует среди противоречий бытия.

Сама того не зная, эта женщина дала нам ключ к пониманию великого денди. Да, Браммел был лабиринтом, а в лабиринте имеют значение даже ложные ходы и тупики. Не надо бояться заглянуть в них — важно лишь помнить, что нитью Ариадны в этом лабиринте служит тщеславие.

 Мимолетный властелин мимолетного мира, Браммел царствовал милостью граций, как выражались о нем современники. Однако влияние этого человека, о котором Байрон сказал, что предпочел бы родиться Браммелом, чем Наполеоном, не ограничивалось сферой моды.

Дендизм не имеет синонимов в других языках. Браммел не был ни пошлым фатом, ни безмозглым щеголем. Подобно тому, как Наполеон был мерилом политического успеха, Браммел в глазах людей того времени олицетворял меру вкуса. Само сопоставление этих имен в устах поэта говорит о многом, хотя вряд ли теперь мы можем вполне понять его смысл. Знаменитый фрак Прекрасного немногое расскажет о былой популярности его владельца (которая была если не глубже, то шире популярности императора французов, ибо подражать костюмам и манерам Браммела на протяжении двадцати двух лет стремились миллионы людей по всей Ев-

Макарони - щеголь времен Браммелла

ропе), поскольку главным шедевром Браммела был он сам. Его фраки и галстуки — только сброшенная кожа змеи, сохранившая великолепный узор, но навсегда лишенная упругой грациозности тела.

> А слава – даже слава Бонапарта –
> Есть детище газетного азарта.
> Джордж Гордон Байрон, «Дон Жуан»

В жизни и характерах Наполеона и Браммела можно обнаружить много общего. Правда, те черты Браммела, которые роднят его с Наполеоном, как правило, наиболее остро позволяют ощутить и различие между этими людьми. Это особенно заметно при сравнении тщеславия одного и другого. В титанических свершениях Наполеона угадывается неискоренимая потребность гения превзойти пределы человеческого. Он как бы чувствует, что является чем-то большим, чем мир, к которому принадлежит душой и телом, и потому старается вобрать его в себя; он заглатывает его, как удав кабана, и в утробе страшным напряжением мышц ломает ему ребра, чей хруст и есть те фанфары славы, которые слышны вот уже двести лет. Тщеславие Браммела не менее высокой пробы, но совершенно лишенное честолюбия, также неразрывно связано с миром, но удовлетворяется всеобщим вздохом восхищения, а еще более — молчаливым преклонением. Ему нет нужды потрясать мир, оно чувствует себя в нем монархом, занявшим трон славы по праву престолонаследия. Его спокойствия не возмущают ни лесть, потому что она бесполезна, ни проклятия, которые невозможны. Если Наполеон — это демон славы, то Браммел — ее блаженный.

II

На пути к славе ему пришлось взять на себя единственный труд – родиться. Джордж Брайан Браммел появился на свет в 1778 году в Вестминстере. Его отец был частным секретарем лорда Норта, известного тем, что в парламенте он засыпал на министерской скамье в знак презрения к оппозиции. Будучи человеком деятельным и приверженным к порядку, отец Джорджа устроил на этой службе свое благосостояние и остаток жизни провел в Беркшире на должности первого шерифа. Его дом был известен широким гостеприимством. Фокс[1] и Шеридан[2] были в нем частыми гостями, и поэтому совсем не случайно Джордж Браммел позднее слыл одним из первых собеседников Англии.

Бо Браммелл

Двенадцати лет он был отдан в Итон, а затем в Оксфорд, где провел четыре года, страдая от холода в комнате и от страха выглядеть не столь элегантно, как более богатые учени-

---

[1] Фокс Чарльз Джеймс (1749–1806) – лидер радикального крыла вигов. Славился как оратор.

[2] Шеридан Ричард Бринсли (1751–1816) – английский драматург и политический оратор.

ки. Трудно сказать с достоверностью, принес ли он свою манеру держаться и одеваться из дому или выработал ее здесь, но известно, что вскоре за ним укрепились клички Buck и Macaroni[1], которые тогда давали законодателям элегантности вместо более общепринятого «денди».

Никто не имел большего влияния на товарищей, чем Браммел; он притягивал к себе, он вел за собой, потому что держался на расстоянии. Он, как и Наполеон, словно оправдывал слова Макиавелли: «Мир принадлежит холодным умам».

Браммел вышел из Оксфорда в 1794 году, через три месяца после смерти отца, и был зачислен корнетом в 10-й гусарский полк под начало принца Уэльского. Он не мог пожелать себе лучшего командира.

Колледж в Итоне. Картина Каналетто. 1746—1754

Они сразу сошлись: «первый джентльмен Европы», как называли наследника престола, гораздо более гордился изяществом своих манер, чем высотой общественного положения. Принцу было тридцать два года, и он стремился сделать блеск своей молодости вечным. «Нарисовать его портрет не составит труда, — говорит Теккерей. — Сюртук со звездой, парик, под ним — лицо, расплывшееся в улыбке. Но, прочитав о нем десятки книг, переворошив старые газеты и журналы, описывающие его здесь — на балу, там — на банкете, на скачках и так далее, под конец убеждаешься, что нет ничего и не было, только этот самый сюртук со звездой, и парик, и под ним — улыбающаяся маска; только одна пышная видимость».

---

[1] Буквально: «самец» и «макароны», но также и «щеголь», «фат».

*Принц-регент,
будущий Георг IV,
близкий друг Браммела,
гордился изяществом
своих манер и был
признанным модником*

Когда-то он был красив и носил прозвище Принц Флоризель[1] — этим именем он подписывал свои письма к актрисе Мэри Робинсон, исполнявшей роль Пердиты. Принц начал свою молодость с изобретения новой пряжки на башмаках: она имела один дюйм в длину, пять в ширину, закрывала почти весь подъем и доставала до полу с обеих сторон. Изобретение имело бешеный успех среди придворных. Однако щеголять изяществом во дворце, где король проводил время, мурлыкая под нос Генделя и проверяя конторские книги, а королева вышивала на пяльцах и нюхала табак, — занятие неблагодарное. Поэтому разгул, в который вскоре ударился принц, был бы извинителен и для человека с менее пылким темпераментом, чем у него.

Кровь у принца Уэльского буквально кипела в жилах. Он сделался завсегдатаем всех злачных мест Лондона. Молодость канула в бешеной игре, умопомрачительных попойках, неистовом обжорстве и беззастенчивом распутстве. Он был идолом золотой молодежи; только на сюртуки наследник тратил 10 000 фунтов в год.

Он ввел в моду синие фраки с полированными стальными пуговицами размером с яйцо. Общество мгновенно облачилось в них. Принц, не довольствуясь одной только славой, сумел извлечь из своего нового изобретения и некоторые практические выгоды. Надо сказать, что сам он застегивал фрак только при холоде, другие же

---

[1] Принц Флоризель — персонаж «Зимней сказки» Шекспира.

в его присутствии должны были быть застегнутыми всегда. Однажды лорд Ярмут сел играть с ним и все проигрывал, пока не догадался, что его пуговицы, как семь зеркал, отражают его карты. Он тотчас расстегнул фрак, а на гневный взгляд раздосадованного его догадливостью принца простодушно ответил: «Здесь слишком жарко, ваше высочество».

Похождения принца Уэльского стали фактом внутренней политики Англии: помимо ежегодных выплат 120 000 фунтов стерлингов на его содержание, парламент был вынужден погасить два его неоплатных долга — в 160 000 и 650 000 фунтов. Впрочем, народ все прощал ему — ведь принц был большой демократ: он не только давился в толпе вместе с остальными зрителями на боксерских матчах, но и сам любил, скинув сюртук, схватиться на кулачки с каким-нибудь лодочником.

Любой великой нации кумир
Имеет нежелательные свойства,
Вредящие традициям геройства!
Джордж Гордон Байрон, «Дон Жуан»

С годами принц Уэльский обрюзг, его мучила одышка и головокружения. Но он продолжал вести прежний образ жизни и гасил приступы дурноты стаканом коньяка. Увы, он старел, вместе с ним старели и делались скучны его собутыльники, и потому Браммел попал ему на глаза как нельзя более кстати. «Со своей лимфатической и застывшей красотой Ганноверского дома, — пишет один из биографов Браммела, — которую он старался одушевить нарядной одеждой, оживить огненной игрой алмазов, имея душу столь же золотушную, как и тело, но храня, однако, природную грацию, эту последнюю добродетель придворных, будущий король признал в Браммеле часть самого себя, ту часть, которая оставалась доброй и светлой».

Браммела представили принцу на знаменитой Виндзорской террасе, в присутствии самого взыскательного светского общества. Здесь он и выказал все, что почитал принц: цветущую юность наряду с уверенностью опытного человека; самое тонкое и смелое сочетание дерзости и почтительности; гениальное умение одеваться и замечательную находчивость и остроумие в ответах. С этого момента он занял очень высокое положение в мнении общества, которое затем не покидал уже никогда. Вся аристократия салонов устремилась к нему, чтобы восторгаться им и подражать ему.

III

Пока это было только везение — Браммел «родился с серебряной ложкой во рту», как говорят англичане. Но у него была и своя звезда, которая решает нашу жизнь за нас.

Байрон сказал о портрете Наполеона в императорской мантии: «Кажется, он родился в ней». То же можно сказать и про знаменитый голубой фрак Браммела, им изобретенный.

В моде можно быть оригинальным, как некий лорд, носивший фрак с одной фалдой с невозмутимостью человека, на чьем сюртуке их было две; можно быть эксцентричным, как золотая молодежь Парижа 1795 года, почтившая конец террора красной нитью на открытой шее и волосами, связанными в пучок на затылке; можно быть глупцом, как член Конвента Жавог, который разгуливал по улицам нагишом в надежде, что такой костюм наиболее соответствует идеалу античности. Ко времени Браммела денди решились носить потертое платье (другие пределы были уже пройдены): прежде чем надеть фрак, они протирали его с помощью отточенного стекла, пока он не становился своего рода кружевом или облаком. Работа была очень тонкая и требовала немало времени.

Браммел одним своим появлением опроверг все их усилия и одновременно вывел денди из положения lazzaroni[1] гостиных, сделав дендизм синонимом хорошего вкуса. Его подход к костюму родился в точке пересечения оригинальности, которая не выходит за пределы здравого смысла, и эксцентричности, протестующей против него.

Сам Браммел придавал искусству туалета совсем не то значение, которое можно было бы ему приписать. Его портные, Дэвидсон и Мейер, которых многие хотели представить отцами его славы, вовсе не занимали в его жизни много места. Браммела отталкивала сама мысль, что портные могут играть какую бы то ни было роль в его славе, как Наполеон не терпел притязаний маршалов на славу его побед. Он более полагался на тонкое очарование благородной и изысканной непринужденности, которой обладал от природы. Только в первый момент своего его появления в обществе, когда Чарльз Фокс вводил на

Карикатура на макарони, которые выглядели нелепо и вычурно. Бо Браммел заставил щеголей выглядеть иначе

коврах лондонских салонов красные каблуки, Браммелу пришлось заботиться о форме. Однажды он появился на рауте в перчатках, облегавших его руки как мокрая кисея, так что были видны очертания ногтей. Эти перчатки повергли в благоговейный трепет присутствующих. Но в глазах самого Браммела они имели цену лишь тем, что были изготовлены четырьмя художниками: тремя специалистами по кисти руки и одним — по большому пальцу. Впоследствии, не упраздняя изысканности вкуса своей юности, он упростил покрой и пога-

---

[1] Нищие (*ит.*).

сил краски своей одежды. Он мог потратить несколько часов на туалет, но, одевшись, забывал о нем, и в этом еще раз сказывалось отличие человека со вкусом от заурядного щеголя.

Мир стал иным, потому что в него пришли вы, созданный из слоновой кости и золота. Изгиб ваших губ переделает заново историю мира.

Оскар Уайльд, «Портрет Дориана Грея»

Он вступил на престол законодателя мод и вкуса так же уверенно, как Наполеон на свой. Все содействовало его необычайной власти, и никто ей не противился. Браммел имел скорее почитателей, чем соперников среди наиболее выдающихся политических деятелей, знати и творческой элиты. Женщины способствовали его славе, разнося ее по всем салонам от Лондона до Петербурга, но Браммел не сделался распутником. Он царствовал, как султан без гарема. Тщеславие душило в нем все другие страсти. У Браммела не было ни головокружения, ни вскруженных им голов — это удваивало его власть над женщинами, так как любая из них, примеривая наряды или прикалывая цветок, думала о его суждении, а не о той радости, которую доставит этим своему возлюбленному. Одна герцогиня на балу чуть не во всеуслышание внушала своей дочери, чтобы та тщательно следила за своими жестами и словами, если случится, что Браммел удостоит ее разговором.

В первую пору он еще ходил на балы, но позднее счел это чересчур обыденным для себя. Явившись на несколько минут в начале бала, он пробегал его взглядом, высказывал свое суждение и исчезал, олицетворяя знамени-

Эскиз костюма денди по-браммеловски: ничего лишнего, лишь мужественная простота и элегантность

тый принцип дендизма: «Оставайтесь в свете, пока вы не произвели впечатление, лишь только оно достигнуто, удалитесь».

Все ступени прижизненной славы были пройдены им очень быстро. В двадцать лет Браммел-человек исчез — вместо него появился Браммел-легенда, Браммел-символ. Личина стала лицом.

IV

Дендизм несовместим с военным мундиром, даже гусарским. Браммел покидал строй во время занятий, не повиновался приказам полковника, который, впрочем, находился под его обаянием и не был с ним суров: за три года Браммел сделался капитаном. Но когда полк было решено перевести в Манчестер, Браммел подал в отставку. Он сказал принцу Уэльскому, что не хочет оставлять его; на самом же деле он не хотел оставлять Лондон: денди в Манчестере, городе фабрик, так же неуместен, как Наполеон в роли правителя на острове Эльба.

Браммел поселился в Лондоне на Честерфилд-стрит, 4, напротив дома Джорджа Сэлвина — одного из светил моды, которого он затмил.

Его доходы не были на уровне его положения, но роскошь Браммела была скорее обдуманна, чем блестяща. Он оставлял ослепляющую пышность другим, сам же никогда не нарушал великую аксиому туалета: «Чтобы быть хорошо одетым, не надо носить одежду, бросающуюся в глаза».

Но во всем, что касалось интерьера, экипажа, стола, он не терпел экономии. У него были отличные выездные лошади, великолепный повар и домашняя обстановка в духе аристократического салона. Браммел давал восхитительные обеды, на которых общество было подобрано не менее обдуманно, чем вина. Подобно своим современникам, он любил пить до опьянения, ибо дендизм спасал от скуки только наполовину. Но и пьяный он оставался элегантен и остроумен. Впрочем, понятия о пьянстве тогда сильно отличались от нынешних. Пили все — от денди до министров. Генерал Пишегрю выпивал за обедом двенадцать бутылок шампанского — если в этот день не заключал пари на большее количество или не хотел удивить кого-либо из гостей. Премьер-министр Уильям Питт отправлялся в парламент, предварительно распив дома бутылку портвейна, а из парламента шел в ресторан Белами, чтобы утолить жажду еще двумя-тремя бутылками. Выражение «пить как Питт и денди» стало пословицей.

Проснется за полдень, и снова
До утра жизнь его готова,
Однообразна и пестра.
И завтра то же, что вчера.

А. С. Пушкин, «Евгений Онегин»

Проповедники-моралисты рисовали Браммела куклой без мозгов и души, как и всю эпоху Англии 1794—1816 годов — эпоху Уильяма Питта, Фокса, Байрона, Вальтера Скотта и Браммела! — именовали эпохой упадка и безумия. На него смотрели как на существо приземленное и порочное, но его чувственность и порочность были только ложными ходами того лабиринта, которым он являлся. Браммел был весь преисполнен той, так сказать, породистой одухотворенности, которой природа наделяет наиболее удавшуюся ей тварь — будь то лошадь или человек. Он блистал больше выражением лица, чем правильностью черт. Его великолепные локоны, с невыразимым благородством ниспадающие на открытый лоб, были рыжего цвета, а падение с лошади во время атаки навсегда исказило его греческий профиль. Однако манера держать голову была привлекательнее его лица, а осанка — красивее превосходного стана. «Он не был ни красив, ни дурен, — говорит его биограф Листер, — но было во всем его существе выражение утонченности и сосредоточенной иронии, а в его глазах невероятная проницательность». Разве это портрет куклы? Утонченная элегантность поднимала Браммела на вершины духовности, а он в свою очередь одухотворял все, к чему прикасался, — от человека вряд ли можно требовать большего.

Не следует забывать, что Браммел умел выводить из оцепенения общество, охваченное сплином и пресыщенное до предела, при этом сам оставаясь холодным и не жертвуя ничем из личного достоинства.

 Его уважали за все, даже за капризы. Там же, где на толстокожих не действовала грация, его ум подчинял людей чудовищной силой ироничной насмешливости, ибо, по словам одного французского писателя, ирония всегда заинтересовывает, но никогда не позволяет себя разгадать. Браммел не бросал свои язвительные слова, а ронял их.

Его ирония будила ум и будоражила кровь в собеседниках. Порой она была жестокой, но дендизм — дитя скучающего общества, а скука не делает человека добрым. Браммел больше стремился изумлять и подчинять, чем нравиться, а вершина изумления — ужас.

Браммел замешивал свое обаяние на ужасе и симпатии, лаская и царапая. Но действие его иронии было заключено не только и не столько в словах, а и в звуке голоса, линии жеста, наконец даже в молчании. Превосходно владея разговором, Браммел умел быть молчаливым. От него вообще осталось мало слов и приводить их здесь не имеет смысла. Их время прошло, как прошло время самого дендизма.

V

Байрон состоял членом клуба Уатье, президентом которого был Браммел

Наверное, он был счастлив. С 1799-го по 1814 год не было ни одного раута в Лондоне, где бы на его присутствие не смотрели как на торжество, а на отсутствие — как на несчастье. Свет не нанес ему ни одной раны, не отнял ни одной радости. Газеты печатали его имя во главе самых знаменитых гостей. Он был президентом клуба Уатье, членом которого состоял Байрон. Браммела дарили дружбой самые разные люди — от чопорного Шеридана, навлекшего на себя гнев прекрасного пола тем, что он сделал слепок своей руки как прекраснейшей в мире, до герцогини Девонширской, писавшей стихи на трех языках и не брезговавшей целовать лондонских мясников, чтобы приобрести лишние голоса в пользу Фокса. Поэзия тех лет была полна им; его дух витает над «Дон Жуаном» Байрона. Рассказывали, что мадам де Сталь была в отчаянии оттого, что не понравилась ему. (Ее не переносил также Наполеон — еще одна черта, сближающая двух властелинов мира; но неприязнь императора знаменитая писательница перенесла легко, ибо он отказал ей только в уме, Браммел же усомнился в ее женственности.)

В 1813 году Браммел стоял на невиданной высоте. Его звезда светила так ярко, что начала ослеплять его. Его отношения с принцем Уэльским с некоторых пор сделались весьма натянутыми. Старея, принц тучнел все больше и больше, а Браммел с гордой насмешливостью неувядаемой красоты подтрунивал над этим: он перенес прозвище дворцового привратника-толстяка Big Ben (Большой Бен) на его хозяина, а его фаворитку Фиц-Герберт звал Benina.

Чопорный Шеридан одарил Браммела своей дружбой

Однажды в Гайд-парке Браммел сказал, метя в идущего принца: «Кто этот толстый человек?» Ни один биограф Браммела не обходит стороной знаменитый анекдот со звонком. Передают, что во время очередной попойки за ужином Браммел, чтобы выиграть самое непочтительное в мире пари, указал принцу на звонок: «Джордж, позвоните». Принц повиновался, но сказал вошедшему слуге: «Уложите в постель этого пьяницу». Сам Браммел отрицал этот рассказ.

Принц не мог потерпеть подобной развязной уверенности в своем могуществе от человека, которого продолжал считать своим протеже, и в 1813 году решил просто отдалить Браммела от себя в надежде, что денди падет сам собой, но тот продолжал стоять, ни на йоту не утратив своего положения в обществе. Более того, до слуха принца дошло, что директоры клуба Уатье серьезно обсуждали, пригласить ли на устраиваемое торжество принца или нет, так как он поссорился с Браммелом, без которого, очевидно, праздник не состоится. Более всего принца взбесило то обстоятельство, что Браммел с дерзким великодушием настоял на его приглашении. При их следующей встрече принц не сдержал своего дурного настроения, но элегантная холодность Браммела была неуязвима.

> Играйте роль, скрывайте вид унылый
> И с сильных мира не сводите глаз,
> Во всем себе подобным подражая
> И никому ни в чем не возражая.
>
> Джордж Гордон Байрон, «Дон Жуан»

Размолвка с принцем обошлась Браммелу сравнительно дешево, он мог делать вид, что ничего особенного не произошло. Но на беду, их ссора совпала по времени с денежными затруднениями, с которыми Браммелу до сих пор удавалось справляться.

В клубе Уатье играли наиболее рьяно, и Браммел мог оставаться на высоте, лишь играя как все. Он был игрок, и игрок страстный. Неудачная игра значительно подорвала его состояние — основу его элегантности. А в 1814 году, после падения Наполеона, приехавшие в Англию русские и прусские офицеры еще более взвинтили ставки. Это погубило Браммела — он прибег к услугам ростовщиков и погряз в долгах. При этом он начал терять достоинство, в нем появился цинизм, ранее ему не свойственный.

У Браммела было и свое отречение и своя Святая Елена. С математической точностью высчитав время своего разорения, он не стал дожидаться развязки. 16 мая 1816 года, пообедав каплуном, присланным ему Уатье, он выпил бутылку бордо и велел закладывать карету. 17-го Браммел был в Дувре, а 18-го навсегда покинул Англию. Его вещи были проданы с аукциона. В одной из табакерок нашли его собственноручную записку: «Я предназначал эту табакерку принцу-регенту, если бы он лучше держал себя со мной».

Браммел поселился в Кале, этом убежище английских должников. Остатки его состояния и помощь дру-

зей позволили ему еще несколько лет носить прозвище «царь Кале». Оттуда он перебрался в Париж, но ненадолго. Беседа, составлявшая один из главных элементов его обаяния, сделалась для него невозможной, а Браммел, коверкающий французские фразы, немыслим.

Его престиж все же пережил его разорение. Кале надолго превратилось в место паломничества европейской аристократии. Браммел принимал ее у себя с гордой надменностью. Потеряв корону, он сохранил королевские привычки. Когда один лорд прислал ему приглашение на обед, который назначил в три часа пополудни, Браммел ответил, что никогда не ест в этот час и отклонил приглашение. Своих новых подданных «царь Кале» и вовсе стыдился. Однажды некий буржуа, пригласивший Браммела на обед в этот день, приветствовал его, идущего с неким джентльменом. Браммел невозмутимо обратился к приятелю: «Кто это вас приветствует?»

Как шар стеклянный, этот мир разбился
И растворился в суете сует –
Исчезли денди, принцы, депутаты,
Ораторы, вожди и дипломаты.

Джордж Гордон Байрон, «Дон Жуан»

Мир беспощаден к своим свергнутым владыкам, он поражает их в самые уязвимые места. Конец Браммела был ужасен.

Король изящества был затравлен нищетой, один из самых блестящих умов эпохи погасило безумие. Палаты сумасшедшего дома стали расплатой за палаты Виндзора.

Браммела охватила страсть к элегантности: когда ему кланялись, он не снимал шляпу, боясь испортить прическу;

Остроты Браммела, высмеивающие тучность Георга, привели к размолвке между друзьями

в определенные дни он приказывал прислуге убрать помещение по-праздничному, надевал свой голубой фрак с золотыми пуговицами, пикейный жилет и черные обтягивающие панталоны, как в дни молодости, и застывал посреди комнаты... Затем он начинал громко выкликать имена принца Уэльского, леди Коннигам и прочих высокопоставленных лиц Англии — ему казалось, что они входят к нему. Он предлагал руку дамам, заговаривал с мужчинами — это длилось часами... Вдруг разум возвращался к нему, и он падал в кресло, заливаясь слезами.

Излагать дальнейшее излишне, ибо безумие — самый безнадежный из лабиринтов. Браммел заблудился в нем. Мы же вольны покинуть его, когда вздумается.

НАПОЛЕОН.
ИСТОРИЯ ОДНОГО
ПОКУШЕНИЯ

Подобно многим другим убежденным республиканцам, лейтенант Жюль Фонтен почувствовал первые уколы ненависти к Бонапарту после плебисцита о пожизненном консульстве[1]. Постыдный арест Моро[2] и непристойный фарс коронации сделали это чувство преобладающим.

 Творить жизнь – значит творить беспокойство. Есть только один способ избежать беспокойства: убивать.

Бернард Шоу

Он был молод, и его память не сохранила никакого другого обвинения против монархии, кроме воспоминаний о мучительном чувстве стыда за отца, преуспевающего руанского адвоката, пытавшегося привить ему свою гордость дворянским титулом, который он приобрел за год до революции, купив небольшое поместье в Кальвадосе, и неприятного ощущения, испытываемого им при взгляде на чересчур белые руки иезуита аббата Паскье, своего наставника, весьма сведущего в вопросах вредоносности естественных наук для юношества и пользы религии для

---

[1] 4 августа 1802 г. Декрет Сената провозгласил Наполеона Бонапарта пожизненным консулом на основании плебисцита (за — 3 568 885 голосов, против — 8374).

[2] Генерал Моро был арестован 15 февраля 1804 г. по бездоказательному обвинению в участии в так называемом «заговоре Кадудаля» с целью убить Наполеона.

*Жан-Виктор Моро,
генерал Наполеона*

укрепления трона. Философ, сказавший, что республиканизм есть политическая форма семейного протеста детей против деспотии отцов, был недалек от истины. Республиканизм Фонтена, покоящийся на столь зыбких основаниях, не мог не быть восторженным и бескомпромиссным.

Тем не менее он продолжил службу под знаменами Империи и принял участие в походах 1805—1807 годов.

При Эйлау он получил несколько ран и был оставлен вместе с трупами на толстом льду одного из прудов, на которых происходило сражение. Морозной ночью он был раздет казаками до рубашки; вслед за тем на него обратили внимание два русских гвардейских офицера. Приникнув к его лицу и удостоверившись, что он жив, они покрыли его шинелью убитого солдата и на своих руках отнесли к фурам, собиравшим раненых.

Медицинская прислуга получила от них строгое указание отвезти полумертвого француза в госпиталь ближайшего города и передать особенному попечению врача. Впоследствии Фонтен узнал, что обязан спасением положению своей руки, которой он прикрывал одну из ран: случайно его пальцы сложились в масонский знак. Это происшествие было воспринято им как знамение свыше. Выздоровев, он вступил в ложу «Соединенные друзья»[1] и остался в России.

---

[1] Масонская ложа «Соединенные друзья» была открыта в 1802 г. в Петербурге действительным камергером А. А. Жеребцовым. Ее работа велась на французском языке, по актам французской системы, полученным Жеребцовым в Париже, где он был посвящен во время консульства Наполеона.

Некоторое время Фонтен надеялся, что царь Александр покончит с Наполеоном и восстановит во Франции республику, но Тильзитский мир и свидание в Эрфурте разочаровали его в русском императоре так же, как ранее коронация — в Бонапарте. Тогда он стал думать, что только кинжал патриота может уничтожить ненавистного тирана, пока неудачное покушение Штапса[1] не заставило его усомниться и в этом способе возмездия. Беседы с братьями по ложе помогли ему восстановить пошатнувшееся доверие к царю и лучше уяснить замыслы Провидения относительно судьбы Наполеона.

Из Писания явствовало, что император французов был тем человеком, названным в пророчествах царем Вавилонским, о котором Исайя говорит: «Видящие тебя всматриваются в тебя, размышляют о тебе: тот ли это человек, который колебал землю, потрясал царства, все-

Прощание с Наполеоном на берегу Немана после подписания Тильзитского мира

---

[1] 12 октября 1809 г. в Шёнбрунне немецкий студент Фридрих Штапс пытался подойти к Наполеону во время смотра, но был быстро оттеснен от императора адъютантом Ранном, который при этом нащупал у него под платьем оружие — длинный кухонный нож. Будучи арестован, Штапс сознался, что имел намерение убить императора. Наполеон сам допрашивал его и предлагал ему помилование; Штапс спокойно отвечал, что воспользуется свободой для нового покушения. Наполеон велел его расстрелять; префекту полиции приказано было распространить слух, что Штапс был сумасшедшим.

ленную сделал пустыней и разрушал города ее?» Остановить его беззакония может только Божий избранник: «Господь возлюбил его, и он исполнит волю Его над Вавилоном и явит мышцу Его над Халдеями». Этот избранник — царь Александр, кроткий ангел мира, что несомненно доказывалось стихом: «Я воззвал орла от востока, из дальней страны, исполнителя определения Моего». О том же свидетельствовал и Иеремия: «Ибо от севера поднялся против него народ, который сделает землю его пустынею»; и еще: «Вот, идет народ от севера, и народ великий, и многие цари поднимаются от краев земли». Царь Вавилонский будет низвержен в ад, в глубины преисподней, по слову пророка Исайи. Впрочем, подробности его гибели оставались неясны, так как здесь пророк прибег к иносказанию: «Все цари народов, все лежат с честью, каждый в своей усыпальнице; а ты повержен вне гробницы своей, как презренная ветвь, как одежда убитых, сраженных мечом, которых опускают в каменные рвы, — ты, как попираемый труп, не соединишься с ними в могиле». Слова эти можно было понимать и так, что тиран будет убит, однако это должно было случиться не раньше, чем Господь явит на нем свое могущество.

Катастрофа русского похода и последовавший за ней триумфальный въезд «ангела мира» в Париж были встречены Фонтеном с той спокойной внутренней радостью, какую доставляет обладание истинным знанием. Он ждал немедленного возмездия для тирана и потому с большим смущением узнал о даровании Наполеону наследственных прав на остров Эльбу.

Такой финал никак не походил на низвержение в ад; оставалось предположить, что Господь предоставил свершить окончательный суд над тираном не Александру, а кому-то другому.

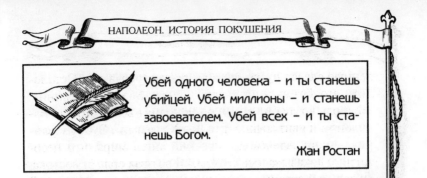

Убей одного человека – и ты станешь убийцей. Убей миллионы – и станешь завоевателем. Убей всех – и ты станешь Богом.

Жан Ростан

С неясным ощущением неизбежности новых бурь Фонтен осенью 1814 года возвратился во Францию. Дорожные впечатления убедили его в том, что мир еще не избавился от Бонапарта. Отпущенные из русского плена солдаты, чьи бесконечные колонны он видел на дорогах Германии, проходили через города и деревни с кличем: «Да здравствует император!» В Париже уволенные королем офицеры носили в петлицах искусственные фиалки в знак того, что Caporal de Violette[1] возвратится не позже весны. Один из них, привлеченный лейтенантским мундиром Фонтена, подсел к нему в кафе. «Я вижу, вы тоже не у дел, – сказал он. – Не отчаивайтесь, молодой человек! Дни Бурбонов сочтены. Стоит Наполеону водрузить палку со своей шляпой на берегу Прованса, как народ тут же соберется вокруг».

Офицер чем-то понравился Фонтену, и он вяло поддакнул ему. Они познакомились. Из дальнейшего разговора выяснилось, что они оба были при Гогенлиндене[2]. Фонтен был рад встретить человека, как и он сам помнившего последнюю победу республики. Спросив офицера, где он живет, и узнав, что тот ночует у знакомых, Фонтен предложил ему поселиться у него в снимаемой им квартире из двух комнат. Офицер с готовностью согласился.

---

[1] Капрал Фиалка (*фр.*) – прозвище Наполеона, бытовавшее среди бонапартистов в 1814–1815 гг.

[2] 2 декабря 1800 г. у Гогенлинденского леса (Германия) 120-тысячная армия генерала Моро разгромила 150-тысячную австрийскую армию эрцгерцога Иоанна.

Они были почти неразлучны до начала января 1815 года, несмотря на то что офицер делал частые визиты и принимал у них в квартире каких-то людей. После Нового года, проведенного ими весьма бурно, товарищ Фонтена подхватил сильнейшую горячку. Фонтен не отходил от него ни на шаг ни днем, ни ночью. В одно утро, когда больной почувствовал улучшение, он сказал Фонтену:

— Благодарю вас за заботу обо мне, друг мой. Все же я еще долго буду слаб, а между тем мне необходимо доставить одному человеку чрезвычайно важное письмо. Могу ли я быть откровенным с вами?

Фонтен поклялся честью, что сохранит услышанное в тайне.

— Я прошу вас доставить это письмо по адресу, — продолжал офицер. — Вы найдете его в ящике моего бюро. Это донесение императору о положении дел во Франции. Предупреждаю, что, если вы попадетесь с ним, вас расстреляют.

— Я готов, — сказал Фонтен, стараясь, чтобы голос не выдал охватившего его волнения.

 Всю дорогу до Марселя он старался не думать о том, что он делает и что ему предстоит сделать. Он то с необыкновенной четкостью видел каждый блик, скользнувший по стеклу почтовой кареты, каждое дерево или дом, мелькнувшие за ее окном, то погружался в тупое оцепенение, из которого его выводил только крик кучера, объявлявшего прибытие в очередной пункт назначения. Он боялся поверить в свое избранничество и не мог понять, чем оно больше пугает его — ощущением тяжкого бремени или необыкновенной свободы. В Лионе он сказал себе, что все решит на месте, оказавшись рядом с ним.

В середине февраля Фонтен был в Марселе и через два дня сошел на берег в Порто-Ферайо, переименованный Наполеоном в Космополит.

Вообще, всюду на острове были видны следы кипучей деятельности «нового Санчо Пансы»: украшался дворец, ремонтировались форты, строились шоссе и мосты, осушались болота, насаждались виноградники. Смотры, парады, учения сменяли друг друга; в гавани появился «флот»: шестнадцатипушечный бриг «Непостоянный» и несколько фелюг, казавшихся совсем крохотными рядом с красавцем фрегатом сэра Нила Кэмпбелла[1].

Город выглядел весьма оживленным. Улицы, кафе и рестораны были полны туристами со всей Европы, шпионами союзных монархов, а также французскими, польскими и итальянскими офицерами, желавшими поступить на службу к Наполеону.

Разузнав, где находится резиденция императора, Фонтен немедленно направился туда. Двухэтажный дом властителя Эльбы, огороженный невысокой стеной, стоял над морем, на краю высокой скалы, поросшей травой. Фонтен изложил караульному офицеру свое дело, и тот провел его к генералу Бертрану, дворцовому распорядителю. Приемная оказалась набита посетителями — Наполеон принимал у себя несколько десятков человек в день. Задав Фонтену несколько вопросов, Бертран исчез за дверью кабинета императора; спустя полминуты он приоткрыл дверь и сделал Фонтену приглашающий знак.

Войдя вслед за ним, Фонтен очутился в небольшой комнатке с низким потолком, обставленной со всевозможной роскошью. Император сидел за столом у окна; над его головой красовалась золоченая латинская надпись: «Napoleo ubicumque felix» — «Наполеон всюду счастлив».

---

[1] Нил Кемпбелл — английский полковник, следивший по поручению правительства Англии за действиями Наполеона на о. Эльба.

Фонтен поразился перемене, произошедшей в облике императора за восемь лет, прошедших со дня сражения при Эплоу. Лицо его сохранило надменное выражение, но сильно похудело, резко обозначив выдающуюся вперед челюсть.

Похудело и все его тело, за исключением живота, который теперь отвисал, что стало особенно заметно, когда Наполеон встал из-за стола и сложил за спиной руки. Фонтен заметил также, что у императора появилась привычка щуриться и глядеть сквозь полуприкрытые веки, изредка мигая левым глазом; с той же стороны слегка подергивалось и ухо.

Прочитав письмо, Наполеон в раздумье зашагал по комнате. Потом он подошел к Фонтену и, по своей давней и неизменной привычке ободряюще дернув его за ухо, сказал:

— Ваше лицо мне знакомо. Вы были со мной при Маренго?

— Нет, сир, — ответил Фонтен. — Я был с Моро при Гогенлиндене.

При упоминании Моро Наполеон нахмурился.

— Ну что ж, мне нужны храбрые офицеры, — сказал он. — Отправляйтесь к генералу Друо, он даст вам взвод.

«Я убью его, как только придет мой черед нести караул во дворце», — подумал Фонтен, выходя из кабинета.

Всю следующую неделю он был спокоен и уверен в себе. Друо сказал ему, что его взвод должен быть готов к дежурству 6 марта.

Гнев – это откровенная и мимолетная ненависть; ненависть – это сдержанный и постоянный гнев.

Шарль Пино Дюкло

Наполеон рассматривает портрет римского короля перед ссылкой на остров Эльба. Картина Беттингера

24 февраля английский фрегат покинул гавань Порто-Ферайо, держа курс на Ливорно (раз в три недели Кемпбелл курсировал между Эльбой и Италией). Через два дня, в полдень, Фонтен услышал сигнал к общему сбору. Выведя свой взвод из казармы, он повел его на плац и построил. Прошел час, войска все прибывали; офицеры расспрашивали друг друга о причине сбора, но никто ничего не мог сказать.

В два часа пополудни показался Наполеон. Он шел пешком, сопровождаемый генералами Бертраном, Друо, Мале, Камбронном и несколькими капитанами. Встреченный приветственными криками, он прошел в середину каре, образованного войсками, и заговорил. Солдаты притихли, с удивлением и радостью слушая долгожданные слова императора.

Наполеон начал с того, что приписал свои неудачи измене: если бы не Ожеро и Мармон[1], союзники нашли бы себе могилу на полях Франции. Далее он объявил причиной своего отречения преданность интересам родины. Но Бурбоны, навязанные Франции иностранными державами, предали нацию. Право народа они захотели заменить правами аристократов. Благо и слава Франции никогда не имели более злых врагов, чем эти

---

[1] В 1814 г. маршал Ожеро, возглавлявший французские войска на юге Франции, перешел на сторону союзников; маршал Мармон подписал капитуляцию Парижа.

люди, взирающие на старых воинов Революции и Империи как на бунтовщиков. Все тяготы ложатся на патриотов, богатства и почести достаются бывшим эмигрантам. Вскоре, пожалуй, награды будут даваться только тем, кто сражался против своей родины, а офицерами смогут быть только те, чье происхождение соответствует феодальным предрассудкам.

— Солдаты! — воззвал император. — В изгнании услышал я жалобы нашей родины. Мы переплывем моря, чтобы вернуть французам их права, являющиеся вместе с тем и вашими правами. Народ зовет нас! Победа двинется форсированным маршем. Трехцветный орел полетит с колокольни на колокольню, вплоть до башни собора Парижской Богоматери. Париж или смерть!

Взрыв ликующих криков покрыл его последние слова. Солдаты и офицеры обнимались друг с другом, требуя немедленного выступления. Фонтен не мог прийти в себя от изумления. Десятки рук трясли его, кто-то душил его в объятиях, а он думал только одно: «Я остановлю его».

Началась погрузка на корабли, окончившаяся к семи часам вечера. Поднимаясь по сходням, старые гренадеры кричали: «Париж или смерть!» В восемь часов император вместе со штабом поднялся на борт «Непостоянного», вслед за чем пушечный выстрел возвестил отплытие, и суда вышли в море. При свежем южном ветре эскадра направилась из залива на северо-запад, огибая берега Италии.

 Взвод Фонтена вошел в число трех сотен гренадер, разместившихся на бриге императора. Всю ночь солдаты и экипаж перекрашивали обшивку брига: желтый с серым заменили на черный и белый, чтобы обмануть английские и французские фрегаты, курсировавшие между островами Эльба и Капрая.

Гравюра «Наполеон по дороге на Эльбу»

На другой день флотилия уже была около Ливорно. Вдали показались три военных корабля, один из которых, бриг «Зефир», под белым бурбонским знаменем, направился прямо к «Непостоянному». Тотчас велено было задраить люки. Солдаты сняли свои высокие шапки и легли плашмя на палубу; офицеры передавали приказ Наполеона идти на абордаж, если «Зефир» не согласится пропустить их корабль без осмотра.

Бриг под белым флагом на всех парусах несся к «Непостоянному»; корабли прошли один мимо другого, едва не соприкоснувшись бортами. Капитан «Зефира» Андриё, состоявший в приятельских отношениях с капитаном Тальядом, ограничился тем, что окликнул его, спросив, куда направляется «Непостоянный». «В Геную», — отвечал Тальяд. «Как себя чувствует император?» — прокричал в рупор Андриё. «Превосходно», — раздалось с «Непостоянного», и корабли разошлись. Фонтен видел, что на последний вопрос Андриё ответил сам Наполеон.

Наутро всем офицерам, солдатам и матросам, умевшим писать, раздали воззвание императора к армии и французам, приказав изготовить побольше копий. Фонтен вместе с другими разлегся на палубе и аккуратно сделал семь копий. Затем принялись изготовлять трехцветные кокарды — для этого достаточно было срезать наружный край кокарды, которую войска носили на Эльбе.

Занимаясь всем этим, Фонтен не упускал из виду Наполеона, почти безотлучно находившегося на палубе, но подойти к нему близко было невозможно, так как вокруг него постоянно толпились солдаты и матросы. Они забрасывали его вопросами, на которые он охотно и подробно отвечал.

Оборона есть смерть всякого вооруженного восстания; при обороне оно гибнет раньше еще, чем померялось силами с неприятелем.

Фридрих Энгельс

— В случаях, подобных этому, — доносился до Фонтена его голос, — следует долго обдумывать, но действовать быстро. Я тщательно взвешивал этот план, я обсуждал его со всем тем вниманием, на какое способен. Излишне говорить вам о бессмертной славе и о награде, которая нас ждет, если наше предприятие увенчается успехом. Если же нас постигнет неудача, то от вас, воинов, с юных лет проявлявших равнодушие к смерти во всех ее видах и во всех странах, я не стану скрывать, какая нас ждет участь. Она нам известна, и мы ее презираем.

1 марта в четыре часа пополудни войска высадились на побережье, неподалеку от Канн. Наполеон сошел с брига последним и вместе со всеми немного отдохнул на биваке, разбитом на лугу, окруженном оливковыми деревьями.

С наступлением ночи двинулись в путь.

Шли всю ночь напролет. В прозрачном лунном свете Фонтен видел далеко впереди сутулую фигурку императора, едущего во главе своего маленького отряда. Жители селений, через которые проходила колонна, наглухо закрывали окна или выходили из домов и сбивались в молчаливые кучки; на возгласы солдат: «Да здравствует

император!» — они пожимали плечами и покачивали головой. Гренадеры хмурились и недоуменно умолкали. Они жаловались на усталость, и император спешивался, вставал в их ряды и подбадривал ветеранов, называя их своими «старыми ворчунами».

В последующие два дня настроение крестьян и горожан изменилось: сыграли свою роль воззвания Наполеона, распространившиеся по Дофине. Дальнейший путь армии напоминал триумфальное шествие. Героем дня стал гренадер Малон — первый солдат, присоединившийся к отряду Наполеона. Гренадеры заставляли его вновь и вновь повторять его рассказ о том, как полковник Жермановский[1], встретивший его дорогой, сообщил ему о возвращении императора. Малон не поверил и расхохотался: «Ладно, у меня будет что рассказать дома нынче вечером!» Полковнику стоило большого труда убедить его, что он не шутит. Тогда Малон задумался и заявил ему: «Моя мать живет в трех милях отсюда; я схожу попрощаюсь с ней и сегодня вечером приду к вам». И действительно, вечером он хлопнул полковника по плечу и не успокоился до тех пор, пока тот не обещал ему передать императору, что гренадер Малон решил разделить судьбу своего повелителя.

Все это время Фонтен размышлял, под каким предлогом он может приблизиться к Наполеону, чтобы без помех выстрелить в него. События последних дней вызвали в нем сильнейшие сомнения в своем предназначении. **Он вспоминал все случаи, когда Наполеону удавалось спастись от казавшейся неизбежной гибели, и боялся, что и его промедление служит еще одним доказательством необыкновенной благосклонности судьбы к этому человеку. Не**

---

[1] Жермановский — предводитель отряда польских улан, входивших в состав войск Наполеона на Эльбе.

доверяя больше своим чувствам, Фонтен искал во всем, что окружало его, какого-нибудь знака, подтверждающего, что он по-прежнему является орудием Провидения.

6 марта в ущелье Лаффрэ путь отряду Наполеона преградил авангард гренобльского гарнизона — батальон 5-го линейного полка и рота саперов. Жермановский, посланный к их командиру для переговоров, возвратился с известием, что тот отказывается вступать в какие-либо сношения и угрожает открыть огонь по бунтовщикам. Наполеон спешился и, приказав гренадерам следовать за ним, медленно двинулся к ущелью.

Солдаты шли, переложив ружья под левую руку и опустив их дулом в землю. Фонтен не спускал глаз с императора, сжимая рукоять пистолета, мокрую от пота.

Надежда – обычно плохой поводырь, хотя и очень хороший спутник.

Джордж Сэвил Галифакс

На выходе из ущелья он увидел королевские войска. Солдаты стояли неподвижно и молчали. Офицер, командовавший ими, выкрикивал какие-то ругательства и требовал открыть огонь. «Стреляйте, негодяи! — кричал он. — Это не Наполеон, а какой-нибудь самозванец!»

Император велел своим гренадерам остановиться. Шеренга за шеренгой застывали у него за спиной в зловещем молчании. Наполеон дернул плечом и с невозмутимым спокойствием направился к королевскому батальону.

— Вот он!.. Пли! — закричал вне себя офицер.

Фонтену показалось, что солдаты сейчас возьмут на прицел. В эту минуту где-то в вышине раздался слабый клекот. Фонтен посмотрел вверх: едва различимый орел

парил, казалось, прямо над императором. Он быстро подошел к Наполеону сзади, навел пистолет в спину и спустил курок. Раздался сухой щелчок. Мгновение спустя Фонтен вздрогнул всем телом от ужасной боли, почувствовав, как несколько штыков разом вонзились ему в спину.

Упав лицом в землю, он погрузился в темноту. Последние звуки, которые долетели к нему, были крики: «Да здравствует император!»

ЛЕГКОМЫСЛЕННАЯ РЕКЛАМА НИККОЛО ПАГАНИНИ

Если кто-нибудь задастся вопросом, много ли денег можно заработать при помощи куска дерева, то за ответом ему лучше всего обратиться к опыту великого маэстро Никколо Паганини.

Скрипка — создание природы и человека. Она появилась в XVI веке в руках у какого-то из ломбардских мастеров и приняла современную форму не сразу. Говорят, Леонардо да Винчи дал ей завиток, украсивший головку. В отличие от своей прародительницы — виолы, инструмента с нежным и мягким звучанием, — скрипка стала инструментом виртуозов, извлекавших из нее звуки то низкие и глубокие, то высокие и проникновенные.

 Паганини — создание природы и скрипки. Скрипка была продолжением его тела, а его тело приняло формы, идеально подходящие для игры на скрипке. Левая сторона его груди стала шире правой и сделалась впалой в верхней части; левое плечо — намного выше правого, так что, когда он опускал руки, одна из них казалась короче другой; кисти и пальцы рук, не длиннее, чем у обычного человека, приобрели такую гибкость, что могли совершать самые немыслимые движения и комбинации.

Левое ухо скрипача слышало гораздо обостреннее правого, и барабанная перепонка стала такой чувствительной, что он испытывал сильную боль, если рядом

громко разговаривали. В то же время он был способен уловить самые тихие звуки на огромном расстоянии. В шуме большого оркестра он легчайшим движением настраивал свою скрипку. Многие называли его уродом. Нет, Паганини был не просто красив, он был дьявольски, божественно прекрасен.

«Безумный итальянец» Никколо Паганини

Друзья утверждали, что природа, создавая его, испробовала новый рецепт и что опыт не удался...

Э.-Т.-А. Гофман, «Крейслериана»

Женщины понимали это лучше мужчин. Только так — изваяв, приспособив свое тело под скрипку, Паганини смог извлечь из нее свои несравненные каприччио и, добавим, дукаты, лиры, талеры, гульдены, франки, фунты стерлингов, рубли — из карманов своих слушателей. Можно сказать, что Паганини первым поставил музыку, свое мастерство виртуоза на коммерческую основу, став музыкантом от Бога и миллионером от музыки.

I

Но сначала было чумазое детство в бедном квартале Генуи. Отец Никколо пытался понять закономерность вращения колеса лотерейной фортуны. Он действительно иногда называл своим клиентам выигрышные номера, но — странное дело — сам для себя никогда не мог их угадать и оставался бедняком. Вообще он принадлежал к тем людям, которые живут в убеждении, что их карьера не состоялась. Страстно любя музыку и недурно играя на скрипке, Антонио Паганини в молодости мечтал о славе и аплодисментах. И вот однажды, когда четырехлетний Никколо указал ему, что он сфальшивил в одном пассаже, в голову отца пришла мысль: а что, если сделать из сына скрипача — вдруг мальчуган заработает кучу денег?

Начались изнурительные десяти-двенадцатичасовые уроки игры, серьезно подорвавшие здоровье Никколо. Но, вспоминал Паганини, «я был в восторге от инструмента и занимался непрерывно, пытаясь найти какие-то новые, никому неведомые прежде позиции пальцев, чтобы извлечь звук, который поразил бы людей». Успехи мальчика были поразительны. Когда девятилетнего Никколо представили известному композитору Ролла, тот, выслушав его игру, воскликнул: «Я ничему не могу научить тебя, маль-

Генуя, родной город Паганини

чик!» А в семнадцать лет Никколо уже сам давал уроки профессорам музыки. Тогда же он заработал свою первую скрипку Гварнери: ее обладатель, художник Пазини, неосторожно заключил на нее пари, что Паганини не сыграет с листа впервые увиденный концерт.

 *Откуда он? – Никто не знает. – Кто были его родители? – Неизвестно. – Чей он ученик? – Должно быть, большого мастера...*

Э.-Т.-А. Гофман, «Крейслериана»

Долгое время небольшой заработок от игры Никколо забирал отец.

 Паганини-младшему с трудом удалось уйти из-под опеки семьи. Оказавшись однажды на свободе, он в восторге от «взрослой», самостоятельной жизни ударился в дикий разгул; случалось, что он в один вечер спускал за карточным столом все, что заработал несколькими концертами.

От пристрастия к картам его спасло одно происшествие. Как-то некий князь-коллекционер, видя его бедственное положение, предложил довольно крупную сумму за его скрипку. Паганини, у которого оставалось всего 30 лир, отправился в игорный дом, решив, что если удача повернется к нему спиной, продать скрипку и уехать на хлеба в Россию. Когда к концу вечера у него осталось всего 3 лиры, он уже начал зябко ежиться, представляя снега и медведей, и вдруг последняя ставка принесла ему 160 лир. В этот момент он понял, что «игрок — самый ничтожный человек на свете», и навсегда отказался от карт.

В 1804 году Паганини стал скрипачом и дирижером при дворе Элизы Бонапарт (сестры Наполеона) во Флоренции. Вскоре вместе с уроками музыки он стал давать Элизе уроки любви. Правда, это не прибавило денег к его скромному жалованью, зато коронованная любовница сделала его капитаном придворной гвардии. Именно в то время про него стали распространяться легенды — про дьявольское происхождение, подпиленные завистниками струны и т. д. В последнем случае дело было так. Однажды Паганини исполнил на дворцовом концерте свою пьесу под названием «Любовная сцена» — на двух струнах: одна «говорила» голосом девушки, вторая — юноши. «А одной струны, случайно, не хватит вашему таланту?» — поинтересовалась Элиза после концерта. Слегка задетый ее словами, Паганини ко дню рождения ее царственного брата преподнес ей сонату «Наполеон» — для четвертой струны. А вообще, специально струны ему никто не подпиливал — они в то время делались из воловьих жил и рвались сами довольно часто. Паганини не опровергал легенд, разраставшихся вокруг его имени (потом стал писать опровержения в газеты, но было уже поздно). Он подходил к ним с коммерческой меркой, рассматривая их как своеобразную рекламу. Паганини относился к публике, «толпе», без артистического презрения и, чтобы раз навсегда привлечь ее к себе, не брезговал разными «фокусами», которые другие музыканты считали недостойными серьезного артиста, — подражал на скрипке пению птиц, голосам людей и т. д.

Расставшись с Элизой, Паганини нашел убежище в объятиях Паолины Бонапарт, другой сестры Наполеона, чьим девизом было: «Мои губы таят секрет моего сердца». Однако к этому времени небольшой капитал Паганини — 20 000 франков — вновь подошел к концу из-за посылок денег семье, которая требовала вернуть «долг» за его обучение. Нужно было искать более солидный заработок.

В 1813 году Паганини отправился на завоевание заграничной публики.

II

Дворец Хофбург, в залах которого выступал маэстро Паганини

Отныне жизнь Паганини — бесконечные гастроли. Он мог бы сказать то, что позднее скажет Лист: «Концерт — это я». Хотя он, по традиции, всегда выступал с оркестром, но последний, по сути, лишь аккомпанировал его скрипке, так что именно Паганини положил начало сольным концертным выступлениям инструменталистов-виртуозов. В Вене — тогдашней музыкальной столице Европы — газеты сразу нарекли его «первым скрипачом мира». Они же прозвали его «концертным корсаром», так как Паганини удивлял директоров театров и публику неслыханными ценами на билеты — место в партере стоило пять гульденов. Тем не менее ему аплодировали до безумия, в честь его писали стихи и даже поэмы. Во всех витринах висели его портреты, литографии, карикатуры.

Представители каждого ремесла называли свои произведения его именем: пирожные а-ля Паганини, шляпы а-ля Паганини, бифштекс а-ля Паганини... Даже игроки в бильярд изобрели удар а-ля Паганини. Дамы делали прическу а-ля Паганини — локоны в поэтическом беспорядке ниспадали на плечи.

Изображения маэстро можно было встретить на перчатках, носовых платках, скатертях в ресторанах. Правда, одно время у него появился соперник — жираф, подаренный австрийскому императору египетским пашой, но диковинное животное вскоре приелось венцам.

> Эти концерты самое удобное место для развлечения делового человека и гораздо предпочтительнее театра, где иногда даются представления, непозволительным образом направляющие ум на что-нибудь ничтожное и фальшивое...
>
> Э.-Т.-А. Гофман, «Крейслериана»

Извозчики изобрели новую монету — «паганинерл» (так они называли пять гульденов — минимальную стоимость билета на концерт скрипача) и соглашались везти пассажиров только за эту цену. Однажды Паганини возмутился столь высокой ценой. Извозчик, ухмыльнувшись, возразил: «Вы тоже берете пять гульденов, а играете всего на одной струне». Ему представлялось, что музыкант, мягко говоря, дурачит публику. Паганини находчиво ответил: «А ты мог бы проехать на коляске с одним колесом?» Скрипач дал ему билет на свой концерт. Потрясенный игрой маэстро, извозчик попросил разрешения нарисовать его портрет на своем фиакре. Паганини, смеясь, дал согласие, и вскоре этот человек стал так же знаменит, как и сам музыкант.

В другой раз Паганини, идя по улице, увидел нищего мальчишку со скрипкой; в шляпе перед ним ничего не было. Паганини взял у него скрипку и через полчаса карманы бродяжки были набиты монетами и ассигнациями.

В Германии, где Гете своим «Фаустом» ввел моду на мессира Дьявола, Паганини ждал не менее триумфальный прием. Один господин серьезно уверял, будто отчетливо видел за спиной маэстро дьявола в красном, который водил его рукой. Сам творец «Фауста» назвал Паганини «столпом пламени и гроз». Одни женщины падали на его концертах в обморок, другие, после концерта, — в его объятия. «Эти красавицы очень романтичны», — писал Паганини о немках.

Успеху творческому неизменно сопутствовал успех кассовый. Сбор менее 1500 талеров за концерт Паганини считал неудовлетворительным, а концертов в Германии было более сотни. Перед приездом в Париж Паганини издал там 24 своих каприччио, которые французские скрипачи сразу раскупили, но нашли их такими трудными, что заявили — это, мол, неисполнимые загадки. Но слушатели валом валили на его концерты. «Продадим, все продадим, чтобы пойти послушать Паганини!» — призывал один музыкальный критик.

 От игры маэстро сходили с ума Бальзак, Гюго, Готье, Жорж Санд. Посетив в первый раз его концерт, Лист поклялся себе, что больше не выйдет на сцену, пока не достигнет в искусстве игры на рояле такого же мастерства, как Паганини на скрипке.

Парижане ходили на концерты скрипача даже во время холерной эпидемии, пренебрегая опасностью заразиться. «Даю концерты в Опере в пользу пострадавших от холеры, — писал Паганини одному знакомому. — Россини удрал со страху. Я, напротив, бесстрашен в своем желании служить человечеству». Каждый «холерный» концерт давал 20 000 франков на борьбу с заразой. Здесь, в Париже, на одной из пирушек им была сочинена «Пуншевая ария» в честь Россини — Паганини использовал для этого шелковый шнурок от своего лорнета, натянутый на сосуд для приготовления пунша, и нитку, натянутую на трость.

Потом была Англия. Британская холодность была растоплена южной страстью маэстро. Приглашения играть в домах самых щедрых меценатов сыпались со всех сторон — Паганини не знал, с кого начать. Королю Георгу IV, пригласившему скрипача во дворец за далеко не королевскую плату, Паганини презрительно ответил, что его величество может купить место в партере на его кон-

Романтический салон: Лист за фортепьяно, его слушают Дюма, Жорж Санд, Гюго и Паганини

церт — так будет еще дешевле. Цифры его гонораров становились поистине гиперболическими — каждая неделя приносила не менее 6000 фунтов стерлингов. Только в Лондоне он собрал 10 200 фунтов стерлингов. Чтобы освободить себя от бухгалтерской работы, Паганини первый из музыкантов передал всю коммерческую сторону организации концертов импресарио. Вскоре его примеру последовали остальные музыканты. Почти ежедневно бывая на светских раутах, Паганини не приобрел светских привычек. Салонные вечера наводили на него тоску, он чувствовал себя на них редким животным — вроде жирафа египетского паши. Во время приема он обыкновенно бывал неразговорчив и рассеян — не мог даже вспомнить, что ел, если из уважения к нему на стол в этот день не подавали равиоли, ризотто по-милански, суп по-генуэзски или другие итальянские блюда. После обеда старался быстрее ускользнуть, не заботясь о впечатлении, произведенном его уходом на хозяев. Не выносил он и вокально-инструментальных упражнений дилетантов в гостиных, а если был вынужден их слушать, то демонстративно поворачивался на стуле к стене и внимательно рассматривал рисунок обоев. Но в компании итальянцев или музыкантов он был весел и общителен.

Вне Италии скрипач постоянно мерз и даже летом, бывало, сидел, закутавшись в шубу и полузакрыв глаза, как будто в зимней спячке. Утром его было трудно разбудить, а без постороннего вмешательства он мог проспать целый день.

Перед концертом Паганини всегда нервничал и был серьезнее и молчаливее, чем обычно. Входя в уборную, первым делом спрашивал, много ли народу пришло, и, услышав утвердительный ответ, радовался: «Хорошо! Есть еще славные люди!» Репетировал только перед выступлением — говорил, что достаточно наупряжнялся за свою жизнь. Ему не нужно было прикасаться к скрипке — она звучала у него в уме. Один англичанин полгода тайно следовал за ним по всем гостиницам, надеясь подслушать и раскрыть «секрет» его игры. За все время он ни разу не слышал из комнаты скрипача ни звука. Наконец однажды он увидел в замочную скважину, как Паганини вынул скрипку из футляра и положил на плечо. Англичанин застыл в предвкушении своей удачи, но маэстро молниеносно пробежал пальцами по струнам и положил инструмент на место.

Разве довольно в точности знать, как Рафаэль задумывал и создавал свои картины, для того чтобы самому сделаться Рафаэлем?

Э.-Т.-А. Гофман, «Крейслериана»

Волнуясь перед концертом, Паганини тем не менее не выходил на сцену, не получив задаток и не помучив публику ожиданием. Во время игры он плотно прижимал локоть левой руки к телу и действовал одной кистью; смычок он держал большим и указательным пальцами.

После концерта он с удовольствием забавлял дам, пришедших к нему в уборную с букетами, рассказывая о скрипке и показывая гибкость пальцев левой руки, большой палец которой отгибался в обратную сторону и касался тыльной стороны руки; он также без усилия сгибал локти в обратном направлении.

В качестве поддержки Паганини однажды подарил Гектору Берлиозу 20 тысяч франков

Паганини часто обвиняли в жадности и скупости. Он действительно брал за выступления много, а жил экономно — сказалась привычка к экономии, приобретенная в детстве. Так, он не любил тратиться на одежду и часто покупал фраки у старьевщиков, упрямо торгуясь за каждый франк. Однако он давал множество благотворительных концертов, посылал крупные суммы матери, поддерживал менее удачливых собратьев-музыкантов: например, Берлиозу подарил 20 000 франков. Ничего не требуя для себя, Паганини покупал своему Ахиллино — маленькому сыну, отсуженному им у жены после развода, — самые красивые и дорогие вещи.

Теофиль Готье слыл страстным поклонником Паганини

III

К 1833 году состояние Паганини достигло трех миллионов франков. Маэстро занялся коллекционированием инструментов и собрал великолепную коллекцию скрипок и виолончелей Амати, Гварнери, Страдивари. Немалых денег требовали и постоянные обращения к врачам из-за обострившихся застарелых болезней. О том, какие суммы Паганини постоянно носил при себе, говорит то, что однажды вор украл у него из номера 120 000 франков.

Тем не менее скрипач жил в постоянной тревоге, что будущее его сына недостаточно обеспечено. Эти опасения помогли аферистам, тершимся возле музыканта-богача, вовлечь его в сомнительное предприятие по организации в Париже музыкально-развлекательного заведения «Казино Паганини». Внося 60 000 франков первого взноса, Паганини полагал, что он делает широкий жест благодарности парижанам.

 В это время авантюристы, растратив деньги скрипача, пользуясь его именем, влезли в колоссальные долги и сразу поставили Паганини перед фактом такой затеи, которая грозила полным разорением, нисколько не отвечая его замыслам, так как выступления артиста должны были служить только яркой вывеской для привлечения любителей азартных игр.

Но Паганини, не зная этого, подписал контракт о ежедневных выступлениях в казино. Музыкант полагал, что французский закон защитит его. Вместо этого суд обязал его выплатить 200 000 франков за оборудование казино и давать концерты в этом заведении не менее двух раз в неделю. За каждый пропущенный день он должен был платить 6000 франков. Таким образом 120 пропущенных концертов в течение года грозили лишить маэстро половины его состояния.

Между тем Паганини был серьезно болен — к сифилису, беспрестанному кашлю, туберкулезу легких и горла прибавился еще и простатит. Его состояние было настолько плохо, что нескольких еженедельных концертных выступлений было достаточно, чтобы свести скрипача в могилу. Паганини проводил целые дни в постели, хотя бессонницы терзали его неделями. Чтобы развлечь отца, Ахиллино подавал ему инструменты из его коллекции, и Паганини, сидя на кровати, пробовал их. 15 мая 1840 года Паганини импровизировал на скрипке на тему произведений Байрона, которые недавно перечитал. По отзывам очевидцев, это было лучшее выступление маэстро. Вдруг блаженно-неистовые звуки оборвались, смычок замер в леденеющих пальцах...

Лежа на одре смерти, он серьезно сказал священнику, который в самых суровых и резких выражениях, без отдыха надсаживая горло, увещевал его покаяться: «Как можете вы так фальшиво петь, ваше преподобие?»

Э.-Т.-А. Гофман, «Крейслериана»

После удара Паганини прожил еще чуть больше недели. 27 мая полицейский передал его импресарио извещение о том, что на Паганини наложен штраф в размере 50 000 франков за неявку в королевский суд. Одновременно с этим было вручено приказание префекта полиции Парижа немедленно явиться в префектуру для препровождения в тюрьму. Срок заключения — десять лет.

— Но ведь он болен, страшно болен! — вскричал потрясенный импресарио.

Полицейский пожал плечами и вышел.

Комкая в руках бумаги, импресарио возвратился в комнату скрипача. Паганини был мертв. Извещение королевского суда Франции запоздало.

IV

Смерть Паганини, положившая конец судебным преследованиям, спасла Ахиллино от разорения. Миллионные суммы франков, вложенные в акции и облигации государственной ренты Англии и Королевства обеих Сицилий, должны были обеспечить на долгие годы наследника великого скрипача. Тем не менее возникли новые, громадные, непредвиденные расходы. Тело Паганини было забальзамировано. Однако, когда настало время предать его земле, возникли неожиданные трудности. Католическая церковь отказала великому скрипачу в погребении. Паганини не был атеистом, но почему-то не причастился перед смертью. Сказались также его связи с итальянскими карбонариями и давние байки про его союз с дьяволом.

Оставь меня! Я буду послушен! Я поверю, что дьявол – хорошо воспитанный galantuomo – honny soit qui mal y pense.

Э.-Т.-А. Гофман, «Крейслериана»

Душеприказчики Паганини решили похоронить тело скрипача поближе к родине и подали прошение в гражданский трибунал Ниццы. Но трибунал полностью утвердил обвинение Паганини в магии, колдовстве и ча-

Скрипка Николо Паганини

родействе, представленное епископом Ниццы, и даже усугубил кару: «Да будет прощен от грехов тот верный сын Церкви, кто выроет это дьявольское тело из земли, и выбросит из гроба, и развеет по ветру». Гроб с телом скрипача был помещен на маленьком острове Сен-Фереоль в Средиземноморье — в пещере, подвешенный на цепях. Юность Ахиллино была растрачена на чтение папских энциклик, булл и канонических правил, доказывавших его право предать земле тело отца. Он стал одним из лучших знатоков канонического права в Италии. Но помогли ему не его знания, а его деньги.

Миллион сто тысяч франков — столько потребовала римская курия за прощение великому грешнику. И даже после этого потребовалось двенадцать лет, чтобы уладить все формальности. За это время гроб с телом Паганини несколько раз зарывали в землю и выкапывали обратно. Каждое погребение приходилось оплачивать заново.

В 1876 году гроб тайком перевезли в Парму, где впервые поставили в каменном склепе на кладбище. Но прошло еще семнадцать лет, прежде чем папа разрешил предать это тело земле. Пятьдесят три долгих года длились посмертные гастроли маэстро, почти вся жизнь и состояние Ахиллино ушли на восстановление справедливости.

Легкомысленное отношение великого скрипача к рекламе дорого обошлось его сыну. Между тем реклама требует к себе более серьезного отношения, недаром в католической церкви это слово означает «собрание кардиналов».

Научно-популярное издание

Сергей Эдуардович Цветков

ЭПИЗОДЫ ИСТОРИИ В ПРИВЫЧКАХ, СЛАБОСТЯХ И ПОРОКАХ ВЕЛИКИХ И ЗНАМЕНИТЫХ

Ведущий редактор *О.С. Бабушкина*
Корректор *И.Н. Мокина*
Технический редактор *Т.П. Тимошина*
Компьютерная верстка *Е.М. Илюшиной*

Подписано в печать 29.06.11. Формат 84х108/32.
Усл. печ. л. 23,52. Тираж 3000 экз. Заказ № 3755и.

Общероссийский классификатор продукции
ОК-005-93, том 2; 953000 – книги, брошюры

ООО «Издательство Астрель»
129085, г. Москва, пр-д Ольминского, д. 3а

ООО «Издательство АСТ».
141100, Россия, Московская обл., г. Щелково, ул. Заречная, д. 96.

Электронный адрес:
www.ast.ru
E-mail: astpub@aha.ru

ОАО «Владимирская книжная типография»
600000, г. Владимир, Октябрьский проспект, д. 7.
Качество печати соответствует качеству предоставленных диапозитивов

ИЗДАТЕЛЬСКАЯ ГРУППА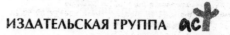

ПРИОБРЕТАЙТЕ КНИГИ ПО ИЗДАТЕЛЬСКИМ ЦЕНАМ В СЕТИ КНИЖНЫХ МАГАЗИНОВ (БУКВА)

МОСКВА:

- м. "Алексеевская", Звездный б-р, д. 21, стр.1, т. (495) 323-19-05
- м. "Алексеевская", пр-т Мира, д.114, стр. 2 (Му-Му), т. (495) 687-57-56
- м. "Алтуфьево", ТРЦ "РИО", Дмитровское ш., вл.163, 3 этаж. (495) 988-51-28
- м. "Бауманская", ул. Спартаковская, д. 16, т.(499)267-72-15
- м. "Бибирево" ул. Пришвина, д. 22, ТЦ "Александр", 0 этаж, т. (495) 406-92-65
- м. "ВДНХ", ТЦ "Золотой Вавилон - Ростокино", пр-т Мира, д. 211, т. (495) 665-13-64
- м. "ВДНХ", г. Мытищи, ул. Коммунистическая, д.1, ТРК "XL-2", 3 этаж, т. (495) 641-22-89
- м. Домодедовская, Ореховый б-р, вл. 14, стр. 3, ТЦ "Домодедовский", 3 этаж, т. (495) 983-03-54
- м. "Каховская", Чонгарский б-р, д.18а, т. (499) 619-90-89
- м. "Коломенская", ул. Судостроительная, д. 1, стр. 1, т. (495) 616-20-48
- м. "Коньково", ул. Профсоюзная, д. 109, к. 2, т. (495) 429-72-55
- м. "Крылатское", Рублевское ш., д. 62, ТРК "Евро Парк", 2 этаж, т. (495) 258-36-14
- м. "Марксистская/Таганская", Бол.Факельный пер., д. 3, стр. 2, т. (495) 911-21-07
- м. "Новые Черемушки", ТЦ "Черемушки", ул. Профсоюзная, д. 56, 4 этаж пав. 4а-09, т. (495) 739-63-52
- м. "Парк культуры", Зубовский б-р, д.17, т. (499) 246-99-76
- м. "Перово", ул. 2-ая Владимирская, д. 52, к. 2, т. (495) 306-18-98
- м. "Петровско-Разумовская", ТРК "XL", Дмитровское ш., д. 89, 2 этаж, т. (495) 783-97-08
- м. Пражская, ул. Красного Маяка, д. 26, ТЦ "Пражский Пассаж", 2 этаж, т. (495) 721-82-34
- м. "Преображенская площадь", ул. Большая Черкизовская, д. 2, к. 1, т. (499) 161-43-1
- м. "Сокол", ТК "Метромаркет", Ленинградский пр-т, д. 76, к. 1, 3 этаж, т. (495) 781-40-76
- м. "Теплый стан", Новоясеневский пр-т, вл. 1, ТРЦ "Принц Плаза", 4 этаж, т. (495) 987-14-73
- м. "Тимирязевская", Дмитровское ш., 15/1, т. (495) 977-74-44
- м. "Третьяковская", ул. Большая Ордынка, вл. 23, пав. 17, т. (495) 959-40-00
- м. "Тульская", ул. Бол.Тульская, д. 13, ТЦ "Ереван Плаза", 3 этаж, т. (495) 542-55-38
- м. "Университет", Мичуринский пр-т, д. 8, стр. 29, (499) 783-40-00
- м. "Царицыно", ул. Луганская, д. 7, к. 1, (495) 322-28-22
- м. "Щелковская", ул. Уральская, д. 2а, стр.1
- м. "Щукинская", ТЦ "Щука" ул. Щукинская, вл. 42, 3 этаж, т. (495) 229-97-40
- м. "Юго-Западная", Солнцевский пр-т, д. 21, ТЦ "Столица", 3 этаж, т.(495) 787-04-25
- м. "Ясенево", ул. Паустовского, д. 5, к. 1, т.(495) 423-27-00
- М.О., г. Железнодорожный, ул.Советская, д.9, ТЦ "Эдельвейс", 1 этаж, т. (498)664-46-35
- М.О., г. Зеленоград, ТЦ "Зеленоград", Крюковская пл., д. 1,стр. 1, 3 этаж, т. (499) 940-02-90
- М.О., г.Клин, ул.Карла Маркса, д. 4, ТЦ "Дарья", 2 этаж, т. (496)(24) 6-55-57
- М.О., г. Коломна, Советская площадь, д. 3, ТД "Дом торговли", 1 этаж, т. (496)(61) 50-3-22
- М.О., г.Люберцы, Октябрьский пр-т, д. 151/9, т. (495) 554-61-10
- М.О., г. Сергиев Посад, ул. Вознесенская, д. 32а, ТРЦ "Счастливая семья", 2 этаж,
- М.О., г.Лобня, Краснополянский проезд, д. 2, ТРЦ «Поворот»